Text & Recherche: Gudrun Maurer
Lektorat: Gudrun Maurer
Redaktion und Layout: Claudia Martins
Fotos: s. Fotoverzeichnis unten
Covergestaltung: Karl Serwotka
Covermotive: oben: River Café am Spreeufer
unten: Berliner Dom
Karten: Gábor Sztrecska, Hana Budka

Fotoverzeichnis

Alle Fotos von Gudrun Maurer, außer
BTM Berlin Tourismus Marketing GmbH / Drewes: 13
BTM Berlin Tourismus Marketing GmbH / Koch: 44, 55, 82, 223
Liam Cregg: 58
Friedrichstadtpalast: 50
Heike Pethe: 9, 63
Uli Poser: 143, 202
PT Potsdam Tourismus GmbH: 203, 206, 207, 208, 209, 212, 213, 217, 218
Presse- und Informationsamt des Landes Berlin / G. Schneider: 15, 56, 67, 87
Presse- und Informationsamt des Landes Berlin / Thie: 18, 61
Ruhrgas AG: 108

Die in diesem Reisebuch enthaltenen Informationen wurden von der Autorin nach bestem Wissen erstellt und von ihr und dem Verlag mit größtmöglicher Sorgfalt überprüft. Dennoch sind, wie wir im Sinne des Produkthaftungsrechts betonen müssen, inhaltliche Fehler nicht mit letzter Gewissheit auszuschließen. Daher erfolgen die Angaben ohne jegliche Verpflichtung oder Garantie der Autorin bzw. des Verlags. Beide übernehmen keinerlei Verantwortung bzw. Haftung für mögliche Unstimmigkeiten. Wir bitten um Verständnis und sind jederzeit für Anregungen und Verbesserungsvorschläge dankbar.

ISBN 3-932410-60-2
© Copyright Michael Müller Verlag GmbH, Erlangen 2002. Alle Rechte vorbehalten. Alle Angaben ohne Gewähr. Printed in Italy.

Aktuelle Infos online unter www.michael-mueller-verlag.de

1. Auflage 2002

Allgemeines

Reisepraktisches

Vom Kulturforum ins Regierungsviertel

Unter den Linden und Spandauer Vorstadt

Vom Checkpoint Charlie zum Alexanderplatz

City West

Prenzlauer Berg

Friedrichshain

Köpenick

Spandau

Grünes Berlin

Ausflug nach Potsdam

INHALT

Berlin – Vielfalt im Wandel ... 8
Streifzug durch die Kulturlandschaft ... 9
Wo sich die Szene trifft ... 9
Grüne Oasen im Großstadtdschungel ... 10
Industrieromantik pur ... 10
Shopping-Paradies der Extraklasse ... 11
Spaß für Klein und Groß ... 11

Stadtgeschichte ... 12
Königreich Preußen ... 12
Kaiserreich ... 13
Weimarer Republik ... 14
Das "Dritte Reich" ... 14
Berlin (Ost) und West-Berlin ... 16
Berlin seit der Vereinigung ... 18
Zeittafel ... 20

Wirtschaft und Politik ... 22

Literaturtipps ... 24

Anreise ... 26
Mit der Bahn ... 26
Mit dem Bus ... 26
Mit dem Flugzeug ... 27
Mit dem eigenen Auto ... 28
Trampen ... 28
Mitfahrzentralen ... 28

Unterwegs in Berlin ... 30
Öffentlicher Nahverkehr ... 30
Taxi und Velotaxi ... 33
Fahrrad ... 34
Stadtrundfahrten und -führungen ... 35

Wissenswertes ... 38

Übernachten ... 41
Private Unterkünfte ... 42
Gästewohnungen ... 42
Camping ... 43
Unterkünfte nach Stadtteilen ... 44

Oper, Theater, Kino, Sport ... 50
Sprechtheater ... 51
Oper ... 52
Tanztheater ... 53
Kabarett, Varieté, Kleinkunst ... 54
Musical ... 55
Musik ... 56
Diverses ... 57
Kinos ... 59
Sportveranstaltungen ... 61
Veranstaltungskalender ... 62
Sport – aktiv ... 64

Nachtleben ... 67
Bars und Kneipen ... 67
Diskotheken und Clubs ... 75

Einkaufen ... 79
Märkte ... 79
Shopping Malls u. Einkaufsstraßen ... 81
Geschäfte ... 84

Stadttouren und Ausflüge ... 92

Rundgang 1: Vom Kulturforum ins Regierungsviertel ... 93
Rundgang 2: Unter den Linden und Spandauer Vorstadt ... 104
Rundgang 3: Vom Checkpoint Charlie zum Alexanderplatz ... 118
Rundgang 4: City West ... 131
Rundgang 5: Prenzlauer Berg ... 144
Rundgang 6: Friedrichshain ... 155
Rundgang 7: Köpenick ... 166
Rundgang 8: Spandau ... 175

Grünes Berlin ... 183

Schloss Charlottenburg und Umgebung ... 183
Schloss Charlottenburg ... 186
Schlosspark ... 186

Dahlem ... 190
Museen ... 192
Domäne Dahlem ... 193
Botanischer Garten ... 193

Treptower Park ... 195
Sowjetisches Ehrenmal ... 196
Archenhold-Sternwarte ... 196
Spreepark ... 197

Müggelsee ... 199

Ausflug nach Potsdam ... 202

Sanssouci ... 206
Holländisches Viertel ... 210
Kolonie Alexandrowka ... 211
Neuer Garten ... 211

Sach- und Personenregister ... 220
Sehenswürdigkeiten in Berlin ... 222
Sehenswürdigkeiten in Potsdam ... 224

Alles im Kasten

Multikulturelles Berlin	19
Von der Pferde-Eisenbahn zum modernen Nahverkehrsnetz	31
Das KaDeWe	82
Das Brandenburger Tor	97
Berliner Juden	108/109
Wo die Konfektion erfunden wurde	122
Das Galgenhaus	124
Der Mord an Luxemburg und Liebknecht	137
Die Wassertürme einst und jetzt	148
Der Volksaufstand vom 17. Juni	160
Die Berliner Mauer und ihre Reste	163
Der Hauptmann von Köpenick	170
Potsdams Schlösser und Gärten	203
Potsdamer Konferenz	212

Was haben Sie entdeckt?

Haben Sie ein ausgefallenes Restaurant gefunden, in welchem Hotel haben Sie sich wohl gefühlt, welches Museum würden Sie wieder besuchen?

Bitte schreiben Sie uns, wenn Sie Kritik, Verbesserungsvorschläge, Anregungen oder Empfehlungen zum Buch haben.

Gudrun Maurer
Stichwort "Berlin"
c/o Michael Müller Verlag GmbH
Gerberei 19
91054 Erlangen
g.maurer@michael-mueller-verlag.de

Viel hat sich seit 1989 im Ostteil der Stadt verändert

Berlin – Vielfalt im Wandel

Hauptstadt, Laboratorium der Vereinigung, Hochburg von Wissenschaft und Kultur, Party-Stadt – das alles ist Berlin, und noch viel mehr. Immer wieder liest man, dass das einzig Besaändige in der Stadt der Wandel ist. Und so abgenutzt diese Formulierung auch sein mag, sie entspricht der Wahrheit.

Besonders deutlich treten die Veränderungen seit 1989/90 zu Tage. Zwei Stadthälften, die sich vierzig Jahre lang unter völlig gegensätzlichen Bedingungen entwickelt haben, wachsen wieder zusammen. Und immer mehr Touristen kommen, um sich das Zusammenwachsen anzusehen. Überhaupt: Nach Berlin fährt man nicht der Schönheit der Stadt wegen, denn schön ist die Stadt nicht. Dafür ist sie lebendig, und das macht ihren Reiz aus. Berlin lässt vieles zu, was anderswo nicht möglich ist.

So entstand in den Jahren nach dem Mauerfall die berühmte Partyszene mit den vielen innovativen, zunächst illegalen Clubs. Schien diese Phase vor einigen Jahren abgeschlossen, so erfährt sie in jüngster Zeit eine Wiedergeburt. Seit die Szene sich in den etablierten Clubs langweilt, gibt es wieder geheime Partyorte, die per Mundpropaganda im Freundeskreis weiterempfohlen werden.

Doch nicht nur Partygänger sind in Berlin richtig, die Stadt ist auch auf kulturellem und wissenschaftlichem Gebiet Spitze. An vier Universitäten, zahlreichen (Fach-)Hochschulen und wissenschaftlichen Einrichtungen wird geforscht und debattiert, auf drei Opern- und weit über hundert Theater-, Tanz- und Musicalbühnen finden allabendlich Vorstellungen statt. Musikfreunde haben die Wahl unter bis zu fünfzig Konzerten pro Abend, Cineasten können außergewöhnliche Kinos entdecken. Das Angebot ist so groß, dass die Entscheidung oft schwer fällt. Vor allem, wenn man tagsüber bereits das Pergamon-Museum, die jüngst wieder eröffnete Alte Nationalgalerie oder ein anderes weltberühmtes Museum besichtigt hat. Dann steht dem Stadtbesucher der Sinn vielleicht eher nach einem ruhigen Kneipenabend oder einem gemütlichen Essen im Restaurant. Aber auch hier stellt sich die Qual der Wahl: Soll es in ein Altberliner Lokal mit Eisbein und Erbspüree gehen, nascht man leichtes Sushi, kostet die Geschmacksvielfalt arabischer Vorspeisenplatten oder goutiert lieber ein mehrgängiges Menü in edlem Ambiente?

In jedem Fall bietet dieses Buch mit zahlreichen Tipps und Adressen Entscheidungshilfe. Es führt Sie außerdem in ausgewählten Stadtrundgängen zu den wichtigsten Sehenswürdigkeiten der Stadt und erleichtert damit die Programmgestaltung auch für einen kurzen Berlin-Aufenthalt. All denen, die noch mehr Information – auch über die Berliner Außenbezirke und das Umland der Hauptstadt – möchten, sei zusätzlich der umfangreiche Band "Berlin & Umgebung" aus dem Michael Müller Verlag empfohlen.

Streifzug durch die Kulturlandschaft

Die meisten Museen, Galerien und Theater liegen in der Innenstadt – in Mitte und in der West-City. Aber auch in Bezirken, in denen man sie nicht vermuten würde, gibt es interessante kulturelle Einrichtungen. So befinden sich zahlreiche Museen im grünen Südwesten der Stadt, in Dahlem. Daneben werden viele hochkarätige Wander- und Sonderausstellungen in der Stadt gezeigt. Auch an Gastspielen und anderen kulturellen Kurzzeit-Events herrscht in Berlin kein Mangel. Aktuelle Informationen dazu finden sich in Programmzeitschriften, Tageszeitungen, Stadtillustrierten und im Internet.

Wo sich die Szene trifft

War in den 1980er Jahren Kreuzberg der größte Magnet für alle, die die Nacht zum Tage machen wollten, so änderte sich dies ab 1990. Prenzlauer

Schwul-lesbische Szene am Nollendorfplatz

Berg, Mitte und seit einiger Zeit auch Friedrichshain heißen die beliebtesten Ausgehgebiete. Clubs, Diskotheken, Musikbühnen, Bars und Kneipen konzentrieren sich aber auch in anderen Innenstadtbezirken, und sogar am Stadtrand gibt es einige empfehlenswerte Ziele. Berlin kennt ja immer noch keine Sperrstunde, so dass Nachtaktive reichlich Gelegenheit haben, mit Gleichgesinnten zusammenzutreffen. Wohlhabendere Leute mittleren Alters gehen

Am Eingang zum Tiergarten wartet das Restaurantschiff Capt'n Schillow auf Gäste

gern in Mitte sowie um den Savignyplatz in Charlottenburg und um die Pariser Straße in Wilmersdorf aus. Die Homosexuellenszene trifft sich traditionell um den Nollendorfplatz in Schöneberg, in neuerer Zeit aber auch in Kreuzberg und Prenzlauer Berg. Insgesamt wandelt sich das nächtliche Geschehen sehr schnell, so dass unsere Tipps schon nach kurzer Zeit veraltet sein können. Aber dann findet sich sicher ganz in der Nähe etwas anderes.

Grüne Oasen im Großstadtdschungel

Für viele Ortsfremde kaum zu glauben: Berlin ist eine sehr grüne Stadt. Eine riesige Zahl von Straßenbäumen lockert die engen Mietskasernenstraßen auf und überall gibt es Parks – wenn auch teilweise recht kleine. Der größte und bekannteste Park Berlins ist der Große Tiergarten, die grüne Lunge der Stadt. Hier treffen sich am Wochenende türkische Großfamilien zum Picknick oder zum Grillen, verabredet man sich zum Fußballspielen oder legt sich gemütlich ins Gras. Aber auch die kleineren Parks werden ähnlich intensiv genutzt. Im Sommer besonders angenehm sind die vielen Wasserläufe und Seen im Stadtgebiet, vor allem im Süden der Stadt. Der Müggelsee im Südosten wird nicht umsonst die Badewanne Berlins genannt. Auch viele andere Strandbäder und wilde Badestellen locken an heißen Tagen die Berliner an.

Industrieromantik pur

Jahrzehntelang war Berlin durch Industrie geprägt, von der viele bauliche Hinterlassenschaften zeugen. Heute sind die alten Fabrikgebäude zum großen Teil zu Dienstleistungszentren – vor allem der New Economy – umgebaut. Andere warten noch auf eine neue Nutzung oder den Abriss. Die zahlreichen Brauereien, die früher die Berliner mit der beliebten "Molle" versorgten, werden heute als Kulturzentren,

Altersheime etc. genutzt. Am bekanntesten sind die Kulturbrauerei und der Pfefferberg in Prenzlauer Berg.

Shopping-Paradies der Extraklasse

Ob Flohmarkt-Fan oder Edelboutiquen-Besucher, in Berlin kommt jeder Modeinteressierte auf seine Kosten. Noble Geschäfte konzentrieren sich an der Friedrichstraße, am Kurfürstendamm und in den jeweiligen Seitenstraßen. Viele Berliner Modedesigner haben sich in der Spandauer Vorstadt angesiedelt und Secondhand-Klamotten findet man vor allem in Prenzlauer Berg und Kreuzberg. Aber auch Einkaufsquellen für alles andere finden sich in der Stadt – von Antiquariaten und selbst produzierenden Confiserien über Kondomgeschäfte, Parfümhersteller und Schmuckdesigner bis zu Zigarren-Fachgeschäften ist nahezu alles nur Denkbare in der Stadt vertreten. Shopping-Klassiker nicht nur für neureiche Russinnen ist das KaDeWe, das auf sieben Etagen ein riesiges Warenangebot bereithält.

Spaß für Klein und Groß

Auch für kleine Berlin-Besucher und -Bewohner hat die Stadt einiges zu bieten: Zwei Tierparks, einen Vergnügungspark, einige Kinderbauernhöfe und für Kinder gestaltete Museen. Sogar eine von Kindern betriebene Schmalspureisenbahn dampft in den Sommermonaten durch die Wuhlheide; ganz in der Nähe liegen Freibäder und Dampferanlegestellen. Im Winter bietet sich vielleicht ein Besuch in einem der "Spaßbäder" an. Nicht zu vergessen sind die zahlreichen Kindertheater mit ihren unterschiedlichen Programmen. Sogar einen Kinderzirkus zum Mitmachen gilt es zu entdecken. Vom Fahrradkindersitz aus ist vielleicht sogar der eine oder andere Rundgang interessant, vor allem, wenn sich auf der Route eine der Attraktionen für Kinder befindet.

Wochenendvergnügen für Berliner und Touristen – ein Flohmarktbummel

Nach 66 Jahren Unterbrechung wieder Parlamentssitz – das Reichstagsgebäude

Stadtgeschichte

Mit dem Hauptstadtbeschluss 1991 konnte Berlin an eine nur kurz unterbrochene Tradition als Regierungssitz anknüpfen: War die Stadt doch Residenz der brandenburgischen Kurfürsten, der preußischen Könige und der deutschen Kaiser, dann Hauptstadt Deutschlands und später der DDR. Dies darf aber nicht zu dem Schluss verleiten, Berlins Geschichte wäre kontinuierlich verlaufen. Genau das Gegenteil ist der Fall.

"Berlin" heißt die Stadt erst seit 1709. Zuvor trug die bereits seit langem zusammengewachsene Doppelstadt an der Spree noch zwei unterschiedliche Namen: Berlin und Cölln. Cölln wurde 1237 erstmals urkundlich erwähnt, Berlin 1244. Älter sind die heutigen Berliner Bezirke Spandau und Köpenick, die jahrhundertelang eigenständige Städte waren.

Zunächst hatte die Doppelstadt nur regionale Bedeutung. Dies änderte sich, als das Herrschergeschlecht der Hohenzollern Berlin-Cölln im 15. Jh. zur kurfürstlichen Residenz erhob. Nun verdoppelte sich die Einwohnerzahl der Stadt rasch auf etwa 12.000. Im Dreißigjährigen Krieg wurde die Bevölkerungszahl dann wieder halbiert und die Stadt total verwüstet.

Um das gebeutelte Land wieder aufzubauen, ließ Kurfürst Friedrich Wilhelm Ende des 17. Jh. in Frankreich protestantische Glaubensflüchtlinge, die Hugenotten, anwerben und erleichterte ihnen die Ansiedlung in Brandenburg und damit auch in Berlin-Cölln. Sie machten bald die Hälfte der Einwohner der Doppelstadt aus und beeinflussten die Stadtgeschichte ganz wesentlich.

Königreich Preußen

1701 krönte sich der Brandenburgische Kurfürst Friedrich I. selbst zum König

Preußens. Berlin wurde damit erstmals Hauptstadt. Unter seinem Nachfolger Friedrich II., bekannt als "der Große", gewann Preußen – und damit auch Berlin – an Bedeutung. Während seiner Herrschaft (1740–1786) wurden zahlreiche Repräsentationsbauten, die das Stadtbild bis heute prägen, an der Straße Unter den Linden errichtet.

1806 besetzten Napoleons Truppen die Stadt; in den anschließenden Befreiungskriegen wurde Berlin zum Mittelpunkt der patriotischen Bewegung gegen die französische Herrschaft. Während der Märzrevolution 1848 war der Platz vor dem Berliner Stadtschloss einer der Schauplätze der Kämpfe gegen den Adel. König Friedrich Wilhelm II. musste sich zu Zugeständnissen bereit erklären. Bereits im Herbst siegte aber die Reaktion, und Preußen erhielt das undemokratische Drei-Klassen-Wahlrecht, das "den kleinen Mann" von den Wahlen ausschloss.

Kaiserreich

Nach dem deutsch-französischen Krieg von 1870/71 wurde das Deutsche Reich gegründet. Residenz des zum Kaiser gekrönten preußischen Königs Wilhelm I. wurde das Stadtschloss in Berlin. Auch Reichsregierung, Reichstag und Bundesrat nahmen ihren Sitz in Berlin. Zentrum der Macht wurde die Wilhelmstraße, an der sich die wichtigsten Regierungsbauten und Botschaften ballten. Das letzte Drittel des 19. Jh. ist heute als "Gründerzeit" bekannt, zum einen wegen der Reichsgründung, zum anderen wegen der zahlreichen Unternehmensgründungen in dieser Zeit. Berlin boomte, es wurde zur internationalen Verkehrsdrehscheibe und zog hunderttausende Zuwanderer an. Insbesondere die elektrotechnischen Erfindungen der Zeit kurbelten das Wachstum der Stadt an. Firmen wie AEG und Siemens blühten in kürzester Zeit auf, verschafften vielen tausend Menschen Arbeit und prägten ganze Stadtviertel.

Anfang des 20. Jh. wurde Berlin zum Mittelpunkt wissenschaftlicher Forschung in Deutschland, es regnete Nobelpreise für deutsche Forscher wie Albert Einstein oder Robert Koch; Deutsch war international eine wichtige Wissenschaftssprache. Gleichzeitig blühte die Kultur in der Stadt; Höhe- und

Siegessäule auf dem Platz der Republik – zur Erinnerung an die preußischen Feldzüge gegen Dänemark, Österreich und Frankreich

Endpunkt dieser Entwicklung waren die so genannten "Goldenen Zwanziger Jahre". Doch herrschte neben Glanz und Reichtum in diesen Jahrzehnten immer auch unbeschreibliches Elend in der Stadt, am deutlichsten erkennbar an der extremen Wohnungsnot.

Weimarer Republik

Militärisch besiegt und in der Novemberrevolution auch von vielen Deutschen bekämpft, endete die Kaiserzeit 1918. Am 9. November wurde in Berlin gleich zwei Mal die Republik ausgerufen: vom Balkon des Reichstagsgebäudes durch den SPD-Abgeordneten Philipp Scheidemann und vom Balkon des Stadtschlosses durch den Spartakisten Karl Liebknecht. Wegen der anhaltenden Unruhen in Berlin wurde die Verfassung der Republik in Weimar ausgearbeitet und im August 1919 verabschiedet. Obwohl sie keine deutsche Stadt konkret als Hauptstadt benannte, behielt Berlin diese Funktion.

1920 entstand durch zahlreiche Eingemeindungen Groß-Berlin, das in 20 Verwaltungsbezirke gegliedert wurde. Damit sollte das Neben- und Gegeneinander der zuvor selbstständigen Gemeinden beendet und eine einheitliche Politik für den gesamten Ballungsraum mit fast 4 Mio. Einwohnern ermöglicht werden. Berlin war nun – nach London, New York und Chicago – die viertgrößte Industriestadt der Welt. Viele moderne Bauwerke und Wohnsiedlungen berühmter Architekten entstanden in der kurzen Phase der Weimarer Republik, die Infrastruktur wurde rasant ausgebaut, und die Stadt galt weit über Deutschland hinaus als unglaublich faszinierend. Doch gleichzeitig kriselte es: Inflation, Massenarbeitslosigkeit, Streiks und Straßenkämpfe waren die Kehrseite der glänzenden Medaille der "Roaring Twenties". 1932 erhielt die NSDAP in Berlin knapp 26 Prozent der Stimmen, die KPD vereinigte als stärkste Partei 31 Prozent auf sich.

Das "Dritte Reich"

Am Brandenburger Tor, ganz in der Nähe des Reichstags, veranstaltete die NSDAP am Tag der Ernennung Hitlers zum Reichskanzler einen großen Fackelzug. Kaum einen Monat später brannte das Reichstagsgebäude ab – wenige Tage vor der angesetzten Parlamentswahl. Der Brand diente den neuen Machthabern als Vorwand für eine gnadenlose Verfolgung der Opposition. Die ersten Konzentrationslager wurden eingerichtet und Systemgegner dort interniert. Ermächtigungsgesetz und Gleichschaltung der Länder führten innerhalb kurzer Zeit zur Ausschaltung demokratischer Strukturen: Deutschland war eine Diktatur.

Zu DDR-Zeiten verehrt, jetzt beschmiert – Ernst Thälmann, KPD-Führer in der Weimarer Republik

Das "Dritte Reich"

Mahnmal für die verschleppten und ermordeten Juden in der Großen Hamburger Straße

Auf kulturellem Gebiet kam dies u. a. durch die Bücherverbrennung auf dem Opernplatz, dem heutigen Bebelplatz, zum Ausdruck. Symbolisch wurden hier Bücher jüdischer und kommunistischer Autoren sowie ausgesprochen moderne, als "undeutsch" verfemte Literatur verbrannt. Gleichzeitig wurden diese Titel aus dem Buchhandel und den Bibliotheken entfernt. Während der XI. Olympischen Sommerspiele 1936 wurde den ausländischen Gästen Normalität in der Stadt vorgegaukelt, missliebige Berliner wurden in "Schutzhaft" genommen. In der Prinz-Albrecht-Straße, einer Querstraße zur Wilhelmstraße, konzentrierte sich der Terrorapparat der Gestapo.

Bereits 1933 begannen der Boykott jüdischer Geschäfte und Razzien gegen Juden. In der Reichspogromnacht vom 9. auf den 10.11.1938 brannten die meisten Berliner Synagogen und viele jüdische Geschäfte. Am nächsten Tag begann die Verschleppung von etwa 12.000 Berliner Juden in Konzentrationslager: Ein erster Höhepunkt der organisierten Judenverfolgung.

Nach dem 1. September 1939, dem Beginn des Zweiten Weltkriegs, wurde die Verfolgung noch schlimmer. Vom Herbst 1941 an fuhren vom Bahnhof Grunewald die Deportationszüge in die Vernichtungslager. Wenig später wurde die "Endlösung der Judenfrage" in einer Villa am Berliner Wannsee beschlossen. Von den etwa 175.000 Juden, die 1933 in Berlin gelebt hatten, entgingen nur 6.000 der Vernichtung.

Bereits 1940 begannen die Briten, Berlin aus der Luft zu bombardieren. Dies war der Beginn vorher ungekannter Luftangriffe, denen hunderttausende von Menschen zum Opfer fielen. Im Sportpalast, mitten in der schon stark zerstörten Stadt, stellte Joseph Goebbels handverlesenen Berlinern 1943 die rhetorische Frage "Wollt Ihr den totalen Krieg?"

Stadtgeschichte

Es gab aber auch Widerstand gegen die Nazis in der Stadt – organisierten und spontanen. Am bekanntesten ist das Attentat, das Oberst Claus Graf Schenk von Stauffenberg am 20.7.1944 auf Hitler verübte. Es misslang, und Stauffenberg und weitere 200 Männer und Frauen wurden hingerichtet.

Im Frühjahr 1945, als der bevorstehende Sieg der Alliierten unübersehbar war, befahl Hitler, die Stadt bis zum letzten Mann zu verteidigen. Er selbst beging, um den Alliierten nicht in die Hände zu fallen, am 30.4.1945 mit seiner Frau Eva Braun Selbstmord. Die sowjetische Armee nahm kurz darauf auch die letzten Teile der Stadt ein.

Am 8.5. wurde der Krieg durch die Unterzeichnung der Kapitulationsurkunde in Berlin-Karlshorst offiziell beendet. Die Stadt lag in Trümmern; in den Innenstadtbezirken waren mehr als die Hälfte der Gebäude zerstört. Berlin hatte nur noch 2,8 Mio. Einwohner und wurde im Sommer in vier Besatzungszonen aufgeteilt. Die UdSSR setzte in ihrem Sektor den von Kommunisten dominierten Magistrat als Stadtverwaltung ein.

Berlin (Ost) und West-Berlin

Der alliierte Kontrollrat bestimmte ab dem Sommer 1945 die Geschicke der in vier Sektoren (den sowjetischen, den französischen, den britischen und den amerikanischen) aufgeteilten Stadt. Aufgrund des Ost-West-Gegensatzes begann sich der sowjetische Sektor in den folgenden Jahren sukzessive von den drei anderen zu lösen und eigenständig zu entwickeln.

Schon 1946 entstand der Begriff "Kalter Krieg" für die Spannungen zwischen den Siegermächten. Im sowjetischen Sektor erfolgte in diesem Jahr die Zwangsvereinigung der SPD und der KPD zur SED. In den Westsektoren wurde diese Vereinigung mit 82 Prozent der Stimmen abgelehnt. Hier blieben SDP und KPD eigenständige Parteien. Bei den Gesamtberliner Wahlen am 20.10. wurden zwei Gremien gewählt: der Magistrat für den sowjetischen Sektor, die Stadtverordnetenversammlung für die Westsektoren der Stadt. 1948 zog sich die UdSSR aus dem Kontrollrat und anderen alliierten Gremien zurück und ordnete eine Währungsreform für die gesamte Stadt an. Nun entschieden die West-Alliierten, die in Westdeutschland bereits eingeführte D-Mark auch in den westlichen Sektoren Berlins auszugeben. Dies nahm die Sowjetunion zum Anlass für die Blockade West-Berlins, d. h. die vollständige Sperrung aller Land- und Wasserwege in den Westteil der Stadt. Auch die Stromversorgung wurde unterbrochen. Fast ein Jahr lang versorgten "Rosinenbomber" den westlichen Teil Berlins auf dem Luftweg mit dem Notwendigsten. Die Spaltung der Kommunalverwaltung im Herbst 1948 und die Gründung der beiden deutschen Staaten 1949 waren weitere Schritte auf dem Weg zur Teilung der Stadt.

Nach dem Grundgesetz war Berlin Teil der Bundesrepublik, aber die DDR machte Ost-Berlin zu ihrer Hauptstadt. Volkskammer und Regierung der Deutschen Demokratischen Republik nahmen hier ihren Sitz. Hauptstadt der Bundesrepublik wurde Bonn, das damals als kurzfristiges Provisorium betrachtet wurde. Kaum einer konnte sich eine dauerhafte Teilung Deutschlands vorstellen. 1952 ließ die SED einen bewachten Sperrgürtel an der äußeren Stadtgrenze West-Berlins errichten, doch auch weiterhin konnten die Sektorengrenzen in jeder Richtung überschritten werden. Dies änderte sich erst am 13.8.1961 mit dem Mauerbau, der die massive Abwanderung aus Ost-

Berlin (Ost) und West-Berlin

Berlin beenden sollte. In den folgenden Jahren wurden fast alle Verbindungen zwischen den beiden Stadthälften gekappt, von der Straßenbahn über U- und S-Bahn bis zur Stromversorgung. Nur die Kanalisation blieb – versehen mit Sperren, die Fluchtversuche aus Ost-Berlin verhindern sollten – vereint.

Die 165 Kilometer lange Mauer um West-Berlin, zunächst ein streng bewachtes Provisorium aus Ziegeln und Stacheldraht, wurde nach und nach perfektioniert. Zum Schluss war sie über vier Meter hoch und auf der östlichen Seite mit dem sogenannten Todesstreifen gesichert. Nur sehr wenigen DDR-Bürgern gelang die Flucht in den Westen, denn die DDR-Grenzer befolgten ihren Schießbefehl. Aber nicht nur das Verlassen der DDR wurde unterbunden, auch Kontakte zwischen Ost- und Westdeutschen waren äußerst schwierig. Der Kalte Krieg erreichte seinen Höhepunkt. Erst 1971, während der Amtszeit von Willy Brandt, wurden mit dem Viermächte-Abkommen über Berlin und dem Transit-Abkommen zwischen der Bundesrepublik und der DDR Erleichterungen im innerdeutschen Reiseverkehr erreicht: Westdeutsche bekamen das verbriefte Recht, West-Berlin zu besuchen, West-Berliner konnten die Stadt auf den festgelegten Transitwegen verlassen, ohne Angst haben zu müssen, nicht mehr zurückkehren zu können. Auch die zuvor extrem schikanösen Grenzkontrollen wurden etwas abgemildert.

Beide Halbstädte richteten sich auf eine längere Teilung ein und bauten die Einrichtungen neu, die auf der jeweils anderen Seite der Mauer zurückgeblieben waren. So entstanden z. B. eine zweite Staatsbibliothek (im Westteil), ein neuer Zoo (im Ostteil), und jede Stadthälfte erhielt einen neuen Flughafen. Es entwickelten sich zwei ganz unterschiedlich gestaltete Stadtzentren. Sowohl in

Einer der "Rosinenbomber" ziert das Technikmuseum

der West- als auch in der Osthälfte Berlins wurden riesige Neubaugebiete am Stadtrand errichtet. Die Mietskasernen der Gründerzeit riss man sukzessive ab. Auch gesellschaftlich entwickelten sich die Stadthälften ganz unterschiedlich. Ab Mitte der sechziger Jahre protestierten Teile der West-Berliner Jugend gegen die Politik der USA und gegen die einstigen Nazis, die ihre Karriere in der Bundesrepublik bruchlos fortsetzen konnten. Als bei der Anti-Schah-Demonstration 1967 der Berliner Student Benno Ohnesorg von einem Polizisten erschossen wurde, radikalisierte sich die später als "1968er-Bewegung" bezeichnete Protestbewegung. Im Zuge

Stadtgeschichte

Symbol der Wiedervereinigung der Stadt – das Brandenburger Tor

dieser Bewegung änderten sich die Lebensformen der Jugend: Man diskutierte über Marx und Mao, lebte in Wohngemeinschaften, hörte Rockmusik, ließ sich die Haare lang wachsen und verweigerte sich dem "Establishment" – zumindest für einige Zeit. Es entstand eine Alternativkultur, aus der die Partei der Grünen hervorging. Als Ende der 1970er Jahre der Abriss ganzer Altbauquartiere in West-Berlin geplant war, formierte sich die Hausbesetzerbewegung, die zum Abriss freigegebene Häuser "instand besetzte". Die Berliner Regierung ging zunächst mit Polizeigewalt gegen die Hausbesetzer vor, doch Mitte der 1980er Jahre setzte sich die "behutsame Stadterneuerung" durch; Flächenabrisse gibt es nicht mehr.

In Ost-Berlin wurden vergleichbare Aktivitäten unterdrückt. Wer mit der DDR nicht einverstanden war, äußerte dies nicht öffentlich, denn die Spitzel des Ministeriums für Staatssicherheit waren überall. Einige prominente Dissidenten wie Wolf Biermann wurden ausgebürgert, während die große Mehrheit der Ost-Berliner schwieg. Erst Ende der 1980er Jahre formierten sich angesichts der Entwicklungen in der UdSSR, der immer deutlicher zu Tage tretenden Staatskrise und der seit dem Sommer 1989 bestehenden Fluchtmöglichkeit über Ungarn Proteste, die schließlich in das Ende der DDR mündeten.

Berlin seit der Vereinigung

Am 9.11.1989 verkündete Günter Schabowski nach einer turbulenten Volkskammer-Sitzung die sofortige Reisefreiheit für alle DDR-Bürger. Als dies im DDR-Fernsehen ausgestrahlt wurde, gab es kein Halten mehr: Zehntausende Ost-Berliner stürmten an die Grenzübergänge nach West-Berlin, wo sie auf ahnungslose Grenzsoldaten trafen, die am späten Abend schließlich die Übergänge öffneten.

Nach dem so urplötzlich erfolgten "Mauerfall" wurde die gesamte Doppelung der Berliner Infrastruktur überflüssig. Über dreißig Jahre lang getrennte Verkehrsverbindungen wurden rekonstruiert. Nach und nach gewöhnten sich die Bewohner der Halbstädte wieder aneinander, man erkundete das jeweils "fremde Territorium". Der 1991 gefasste Beschluss zum Regierungs- und Parlamentsumzug von Bonn nach Berlin brachte der Stadt erneut die Funktion des Regierungssitzes. Umfangreiche Bau- und Umbaumaßnahmen bereiteten den Umzug der Bonner – teilweise zunächst in provisorische Zwischenquartiere – vor, Botschaften zahlreicher Staaten siedelten sich in Berlin an. Im Herbst 2000 trat der Bundesrat erstmals im Reichstagsgebäude zusammen, im Frühjahr 2001 bezog der Kanzler das neue Bundeskanzleramt. Die Bauarbeiten rundum werden noch einige Jahre andauern.

Nach achtzig Jahren wurde zum 1.1.2001 die Berliner Bezirks-Struktur neu geordnet. Aus den 23 Bezirken sind nun 12 geworden, um die Kosten der Verwaltung zu senken. Dabei entstand aus den Stadtteilen Mitte, Tiergarten und Wedding der zentrale Bezirk, in dem sich die Regierungsbauten konzentrieren. Die nordöstlichen Neubaubezirke Marzahn und Hellersdorf wurden verbunden, Hohenschönhausen fusionierte mit Lichtenberg und musste seinen Namen aufgeben. Der "Szenebezirk" Prenzlauer Berg wurde mit den eher ruhigen Wohngebieten Weißensee und Pankow vereinigt. Kreuzberg wurde mit Friedrichshain zu Friedrichshain-Kreuzberg zusammengelegt, und Köpenick verschmolz mit Treptow. Die westlichen Bezirke Neukölln, Spandau und Reinickendorf blieben bestehen; Schöneberg wurde mit Tempelhof, Charlottenburg mit Wilmersdorf zusammengelegt. Die zum großen Teil noblen Wohnbezirke im Südwesten der Stadt, Zehlendorf und Steglitz, bilden gemeinsam den 12. Bezirk.

Multikulturelles Berlin

Berlin ist schon seit Jahrhunderten eine Einwandererstadt. Heute bilden die Berliner mit türkischem Pass, die z. T. schon in der dritten Generation hier leben, mit etwa 130.000 Personen die größte Gruppe der 'Berliner Ausländer'. Zahlenmäßig folgen russisch- und polnisch-stämmige Berliner. Sie alle verleihen vielen Teilen der Stadt ein exotisches Flair und sorgen – zusammen mit ausländischen Touristen, Staatsgästen und Geschäftsreisenden – für ein buntes Sprachengewirr in Bussen und Bahnen. Berlin bietet Restaurants und Imbissstuben unterschiedlichster Küchen, fremdsprachige Bühnen, afrikanische Friseursalons, Moscheen, islamische und jüdische Friedhöfe und vieles mehr. Noch ist offene Ausländerfeindlichkeit glücklicherweise selten, und wer einen Blick in türkische Geschäfte oder Konditoreien werfen möchte, ist weiterhin in Kreuzberg richtig. Aber auch in Wedding und Neukölln sowie in Spandau wohnen viele Berliner türkischer Herkunft. "Spätaussiedler" und jüdische Flüchtlinge aus den GUS-Staaten werden überwiegend in die Plattenbau-Siedlungen am nordöstlichen Stadtrand eingewiesen. Russische Geschäfte und Kneipen finden sich vor allem in der östlichen Stadthälfte sowie in Teilen Charlottenburgs und Wilmersdorfs. Das wieder erwachende jüdische Leben in Berlin manifestiert sich besonders sichtbar in Mitte.

Stadtgeschichte

Zeittafel

1197	Erste urkundliche Erwähnung Spandaus.
1232	Spandau erhält das Stadtrecht.
1307	Union zwischen Berlin und Cölln.
1387	Berlin erwirbt das Schloss Köpenick als Pfandbesitz.
1572	Die erste Berliner Wasserleitung wird angelegt.
1617	Die erste Berliner Wochenzeitung erscheint.
1618–1648	Dreißigjähriger Krieg; die Stadt wird verwüstet, die Hälfte der Einwohner kommt ums Leben.
1647	Eine Nussbaum- und Linden-Allee wird zwischen Schloss und Tiergarten angepflanzt: die heutige Straße Unter den Linden.
1685	Einwanderung der hugenottischen Refugiés.
1695	Baubeginn des Schlosses Charlottenburg und des Zeughauses.
1709	Die Residenzstädte Berlin, Cölln, Friedrichswerder, Dorotheenstadt und Friedrichstadt werden zu Berlin vereinigt.
27.10.1806	Napoleon zieht durch das Brandenburger Tor in die Stadt ein.
1810	Gründung der Berliner Universität.
1826	Die ersten Gaslaternen erleuchten die Straße Unter den Linden.
1844	Der Zoologische Garten wird eröffnet.
1861	Wedding, Moabit und die Tempelhofer sowie die Schöneberger Vorstadt werden eingemeindet.
1865	Zwischen Kupfergraben und Charlottenburg verkehrt die erste Pferde-Straßenbahn Berlins.
1868	Die Stadtmauer ist komplett abgerissen. Auf einem Teil ihres Verlaufs wird bis 1882 die Stadtbahnstrecke errichtet.
1873	Erster Spatenstich für den Bau der Kanalisation.
1874	Eröffnung der Wannseebahn, eines Teils der heutigen S-Bahn-Linie 1.
1877	Berlin zählt eine Million Einwohner.
1894	Fertigstellung des Reichstagsgebäudes.
1888	Im so genannten "Dreikaiserjahr" regieren nacheinander Wilhelm I., Friedrich III., der nach 99-tägiger Regentschaft starb, und Wilhelm II.
1891	Otto Lilienthal macht in Lichterfelde erste Flugversuche.
1902	Eröffnung der ersten U-Bahn-Linie.
1905	Die Einwohnerzahl übersteigt die Zwei-Millionen-Grenze.
1907	Das KaDeWe wird eröffnet.
1918	Revolution; der Kaiser dankt ab und am 9.11. wird die Republik ausgerufen.

Zeittafel

1920	Bildung von Groß-Berlin aus acht vorher selbstständigen Städten, 59 Landgemeinden und 27 Gutsbezirken. Groß-Berlin zählt 3,8 Mio. Einwohner.
1923	Erste Rundfunk-Sendungen werden ausgestrahlt; 1926 wird der Funkturm errichtet.
1924	Der Flughafen Tempelhof wird gebaut.
1928	Auf der Berliner Funkausstellung wird erstmals das Fernsehen vorgeführt.
1932	Berlin hat über 600.000 Arbeitslose.
1933	Adolf Hitler übernimmt am 30.1. mit der NSDAP die Macht im Staat.
1937	Albert Speer erhält den Auftrag zum Umbau Berlins in die bombastische Stadt "Germania"; erste Stadtviertel fallen den Bauarbeiten zum Opfer.
1939	Hitlers "Neue Reichskanzlei" wird eingeweiht; Berlin hat 4,3 Mio. Einwohner.
1940	Mit ersten britischen Bombenangriffen auf Berlin beginnt ein Bombenkrieg ungekannten Ausmaßes.
1945	Das Deutsche Reich kapituliert am 8.5. Berlin wird in vier Besatzungszonen (Sektoren) aufgeteilt, die Stadt zählt nur noch 2,8 Mio. Einwohner.
1948/49	Blockade West-Berlins, die von den West-Alliierten mit der Luftbrücke beantwortet wird.
1949	Gründung der DDR und der Bundesrepublik Deutschland.
17.6.1953	Volksaufstand in Ost-Berlin und der DDR (→ Kasten S. 160)
13.8.1961	Bau der Berliner Mauer.
1971	Viermächte-Abkommen über Berlin und Transit-Abkommen zwischen der Bundesrepublik und der DDR.
1976	Der Palast der Republik wird fertig gestellt und zum Sitz der DDR-Volkskammer.
1982	Die im vergangenen Jahrzehnt im Ostteil errichteten Neubau-Stadtteile Marzahn, Hellersdorf und Hohenschönhausen werden zu den Berliner Bezirken 21 bis 23.
9./10.11.1989	Öffnung der Berliner Mauer.
3.10.1990	Offizielle Feier zur Vereinigung Deutschlands vor dem Reichstagsgebäude.
1991	Der Deutsche Bundestag beschließt den Umzug von Parlament und Regierung nach Berlin.
1994	Abzug der alliierten Streitkräfte aus Berlin.
1999	Umzug des Parlaments und der Regierung nach Berlin.
2001	Die Bezirksreform tritt in Kraft. Statt 23 hat Berlin jetzt 12 Bezirke.

Kaum tat Berlins Regierender Bürgermeister seinen Aufsehen erregenden Ausspruch, wurde der Satz auch schon auf T-Shirts gedruckt

Wirtschaft und Politik

Anders als zu Beginn der 1990er Jahre prognostiziert, schrumpfte Berlin im letzten Jahrzehnt statt zu wachsen. Heute leben etwa 3,3 Mio. Einwohner in der Stadt, die seit 1999 Sitz der Bundesregierung ist. Obwohl mit dem Regierungsumzug auch viele Unternehmen in die Hauptstadt zogen, ist die Arbeitslosenquote hier weiterhin hoch.

Seit der Vereinigung geht es in Berlin mit der Industrie steil bergab. Die Subventionen, die Industrieunternehmen im Westteil der Stadt lukrativ machten, sind ersatzlos gestrichen. Im Ostteil fand eine Deindustrialisierung statt, die auch in allen anderen Teilen der ehemaligen DDR zu beobachten ist. Insgesamt fielen in der Stadt seit der "Wende" fast 300.000 Industriearbeitsplätze weg. Es siedelten sich aber auch einige neue Industriebetriebe an, v. a. aus der Hightech- und der Biotechnologiebranche.

Der herbeigesehnte Umbau der Stadt von der Industrie- zur Dienstleistungsmetropole erfolgt nicht im erhofften Tempo. Schuld daran ist nicht nur der jüngste Einbruch im New-Economy-Bereich, der Berlin empfindlich traf. So liegt die offizielle Erwerbslosenqote weiterhin über 16 Prozent. Mittlerweile befürchten viele, dass ganze Stadtviertel mit Arbeitslosenquoten um die 50 Prozent "kippen" könnten; Paradebeispiel dafür ist Kreuzberg.

Auf der anderen Seite manifestiert sich rings um das Regierungsviertel der Reichtum der neuen Oberschicht der Stadt, die sich gern mit Promi-Parties feiert. Hier eröffnen beinahe wöchentlich Spitzenrestaurants, in denen ein Menü leicht mehrere hundert Euro kosten kann. Allerdings mussten im Frühjahr 2002 einige dieser Restaurants we-

Wirtschaft und Politik

gen Gästemangels wieder schließen – nur wenige Berliner sind wohlhabend. Dennoch steigen die Mieten im zentralen Bereich der Stadt rasant an. Hingegen wohnt man in unbeliebten Gegenden weiterhin spottbillig – v. a. wenn Komfort und Infrastruktur zu wünschen übrig lassen. Auch die übrigen Lebenshaltungskosten unterscheiden sich von Stadtteil zu Stadtteil stark.

Regiert wird Berlin seit dem Sommer 2001 vom SPD-Bürgermeister Klaus Wowereit, der mit dem Ausspruch "Ich bin schwul, und das ist gut so" Aufsehen erregte. Nach zehn Jahren der großen Koalition aus SPD und CDU, die viele Berliner als lähmend empfunden hatten, kam es 2001 zum großen Knall. Auslöser waren die so genannte Parteispendenaffäre der CDU, die Krise der Bankgesellschaft Berlin sowie die gravierende Haushaltskrise Berlins. PDS, Grüne und FDP begannen in dieser Situation eine Unterschriftenaktion, in der Neuwahlen gefordert wurden. Als sich dann Staatsanwaltschaft und parlamentarischer Untersuchungsausschuss mit Bankenkrise und Spendenaffäre befassten, verließ die SPD die Koalition und stürzte gemeinsam mit der PDS den Regierenden Bürgermeister Eberhard Diepgen und die CDU-Senatoren. Nun stand den geforderten Neuwahlen nichts mehr im Wege. Unerwartet fiel das Ergebnis der Abgeordnetenhaus-Wahl im Oktober 2001 aus: Die SPD erhielt fast 30 Prozent der Stimmen, die PDS über 22 Prozent. In den östlichen Stadtteilen wählte sogar jeder Zweite die PDS. Haushoher Verlierer war die CDU, deren Stimmenanteil von fast 41 Prozent auf knapp 24 Prozent fiel. Verschwindend gering war die Zahl der Wähler, die sich für rechtsextreme Parteien entschieden.

Nach der Wahl wurden zunächst Sondierungsgespräche zwischen SPD, FDP und Grünen über die Bildung einer Ampelkoalition geführt, die allerdings scheiterten. Sieht man von einer Neuauflage der großen Koalition ab, die von niemandem ernsthaft gewünscht wurde, blieb als einzige Alternative die Bildung einer rot-roten Koalition aus SPD und PDS, die die Stadt seit Anfang 2002 regiert.

Doch viel Handlungsspielraum hat die Regierung nicht. Das Berliner Haushaltsloch soll wenigstens nicht weiter wachsen, und deshalb wird ein harter Sparkurs gefahren, dem bereits Theater, Schwimmbäder etc. zum Opfer fielen. Trotz aller Bemühungen steigen die Schuldzinsen, die Berlin für seine Kredite an die Banken zahlen muss, ständig weiter an – ein Ausweg aus dieser "Zinsfalle" ist nicht in Sicht.

Da Berlin ein Stadtstaat ist, gibt es neben dem Regierenden Bürgermeister von Berlin, der dem Berliner Abgeordnetenhaus vorsteht, noch zwölf Bezirksbürgermeister. Sie stehen den Bezirksverordnetenversammlungen vor, die für kommunale Angelegenheiten der Stadtteile zuständig sind. Auch sie wurden im Oktober 2001 neu gewählt. CDU-dominiert sind Steglitz-Zehlendorf, Tempelhof-Schöneberg, Spandau, Neukölln und Reinickendorf. In Mitte und Charlottenburg-Wilmersdorf (also in den zentralen Bezirken) ist die SPD die stärkste Partei. Stimmenmehrheit für die PDS gab es in Friedrichshain-Kreuzberg, Pankow, Treptow-Köpenick, Marzahn-Hellersdorf und Lichtenberg.

Literaturtipps

Unüberschaubar ist die Zahl der Bücher, die sich mit Berlin beschäftigen oder in der Stadt spielen. Hier eine kleine Auswahl:

Belletristik

Bosetzky, Horst: *Brennholz für Kartoffelschalen. Roman eines Schlüsselkindes.* dtv 1997 (ISBN 3-4232-0078-2), 9,50 €. Seine Nachkriegsjugend in Berlin-Neukölln beschreibt das ehemalige Schlüsselkind, das als Krimiautor "-ky" bekannt wurde, in seinem ersten autobiographischen Roman. Der war so erfolgreich, dass weitere Bände folgten.

Berlin-Bücher vor der Universität

Döblin, Alfred: *Berlin Alexanderplatz.* Der 1929 erschienene Romanklassiker um den Anti-Helden Franz Biberkopf wird immer wieder aufgelegt und wurde mehrfach verfilmt, u. a. von Rainer Werner Fassbinder (1980). Einige Sätze sind derzeit am Alexanderplatz an einer Plattenbaufassade zu lesen. Der komplette Text als Taschenbuch bei dtv (ISBN 3-4230-0295-6), 9 €.

Dorn, Thea: *Berliner Aufklärung.* Der mit dem Raymond-Chandler-Preis ausgezeichnete Krimi der Philosophie-Doktorin spielt an der Freien Universität Berlin, wo die Autorin studiert hat und heute lehrt. Erschienen 1994 im Rotbuch Verlag (vergriffen), eine Sonderausgabe der Europäischen Verlagsanstalt (2000) ist lieferbar (ISBN 3-4345-3074-6), 13 €.

Fallada, Hans: *Ein Mann will nach oben. Die Frauen und der Träumer.* Viel Lokalkolorit und Sozialgeschichtliches der Zeit von 1910 bis 1925 hat Fallada in seinen Romanklassiker um Karl Siebrecht verwoben, der als Jugendlicher nach Berlin kommt, um hier Unternehmer zu werden. Das 1953 erschienene Buch ist erhältlich als rororo Taschenbuch (ISBN 3-4991-1316-3), 8,50 €.

Schlesinger, Klaus: *Die Sache mit Randow.* Der historische Roman spielt in Prenzlauer Berg, in der Gegend um den Helmholtzplatz. In lakonischer Sprache schildert Schlesinger das Leben der Hauptfigur Randow von 1945 bis zur Wende. 1999, noch vor dem Tod des Autors, im Aufbau Verlag Berlin als Taschenbuch erschienen (ISBN 3-7466-1231-4), 8,50 €.

Stürickow, Regina: *Der Kommissar vom Alexanderplatz. Kriminalfälle im historischen Berlin.* Bereits 1998, drei Jahre vor dem Kinofilm über die Berliner Ganoven-Brüder Sass erschienener historischer Roman über Verbrecher und Polizei in den 1920er und 30er Jahren. Held ist der wuchtige, charismatische Kriminalkommissar Ernst Gennat. Als Taschenbuch im Aufbau-Verlag Berlin 2000 (ISBN 3-7466-1383-3), 8,50 €.

Tergit, Gabriele: *Käsebier erobert den Kurfürstendamm.* 1931 bei Ernst Rowohlt erschienener, heute keineswegs verstaubter Roman über den Alltag einer jungen Journalistin, die über den von den Medien verursachten kometenhaften Aufstieg und den folgenden rasanten Fall eines proletarischen Kreuzberger Sängers berichtet – fast 70 Jahre vor Zlatko ... Lieferbar als Taschenbuch aus dem Arani-Verlag Berlin 1997 (ISBN 3-7605-8606-6), 15,50 €.

Geschichte u. a. Sachbücher

Andreas-Friedrich, Ruth: *Der Schattenmann. Tagebuchaufzeichnungen 1938–*

Literaturtipps

1945. Die Ehefrau des Dirigenten Leo Borchard beschreibt in ihrem Tagebuch ihre Aktivitäten in der Berliner Widerstandsgruppe "Onkel Emil". Zusammen mit der nicht minder spannenden Fortsetzung *Schauplatz Berlin*, den Tagebuchaufzeichnungen bis 1948, als Taschenbuch erschienen bei Suhrkamp 2000 (ISBN 3-5183-9689-7), 15 €.

Arnold, Dietmar: *Der Potsdamer Platz von unten. Eine Zeitreise durch dunkle Welten.* Der Gründer des "Vereins Berliner Unterwelten" beschreibt die unterirdischen Bauwerke in der "Neuen Mitte" – von Bunkern der Nazis bis zu ungenutzten U-Bahn-Tunneln. Ch. Links 2001 (ISBN 3-8615-3241-7), 9,90 €.

Geisel, Eike: *Im Scheunenviertel.* Kurze Texte und historische Fotos, die das Leben im von den Nazis zerstörten jüdischen Viertel dokumentieren. Severin und Siedler 1981, mehrere Neuauflagen; mit etwas Glück an Berliner Bücherständen und in modernen Antiquariaten erhältlich.

Hegemann, Werner: *Das steinerne Berlin. Geschichte der größten Mietskasernenstadt der Welt.* Der 1930 erschienene, immer noch sehr lesenswerte Klassiker über die rasante bauliche Entwicklung Berlins im 19. und frühen 20. Jh. wird immer wieder aufgelegt. Zuletzt 1992 als Taschenbuch im Birkhäuser-Verlag, in der Reihe Bauwelt Fundamente (Bd. 3) (ISBN 3-7643-6355-X), 23 €.

Jacobsen, Wolfgang u. a. (Hg.): *Filmmuseum Berlin.* Zweisprachiges Buch (deutsch/englisch) zur Geschichte und den Ausstellungsstücken des 2000 eröffneten Museums mit vielen schönen Fotos. Nicolai Verlag 2000 (ISBN 3-8758-4907-8), 49 €.

Jaeger, Falk: *Architektur für das neue Jahrtausend. Baukunst der 90er Jahre in Berlin.* DVA 2001 (ISBN 3-4210-3281-5), 68 €.

Lackmann, Thomas: *Jewrassic Park. Wie baut man (k)ein Jüdisches Museum in Berlin?* Provokantes Buch zum jahrelangen Streit um das 2001 eröffnete Museum in der Lindenstraße. Philo Verlag 2000 (ISBN 3-8257-0178-6), 17,50 €.

McCormack, R. W. B.: *Mitten in Berlin. Feldstudien in der Hauptstadt.* Ethnologische Beschreibung Berliner Sprech-, Ess-, Wohn- und anderer Absonderlichkeiten durch einen Texaner, dem Dinge auffallen, die Einheimische ganz normal finden. Oder ist das Buch ein Fake, bedient sich Autor/Autorin eines Pseudonyms? C. H. Beck-Taschenbuch 2000 (ISBN 3-4064-2150-4), 14,90 €.

Meuser, Philipp: *Vom Fliegerfeld zum Wiesenmeer. Geschichte und Zukunft des Flughafens Tempelhof.* Fotos und Texte zum riesigen Innenstadt-Flughafen, dessen Zukunft weiterhin ungewiss ist. Berlin-Edition des Quintessenz Verlages 2000 (ISBN 3-8148-0085-0), ca. 20 €.

Nicolaus, Herbert/Obeth, Alexander: *Die Stalinallee. Geschichte einer deutschen Straße.* Lesenswertes zum längsten Baudenkmal Europas, der heutigen Frankfurter Allee/Karl-Marx-Allee. Verlag für Bauwesen Berlin 1997 (ISBN 3-3450-0605-7), 39,90 €.

Rückert, Claudia/Kuhrau, Sven (Hg.): *Der deutschen Kunst. Nationalgalerie und nationale Identität 1876–1998.* Verlag der Kunst 1998 (ISBN 90-5705-093-5), 19 €.

Zilli, Timo: *Folterzelle 36.* Der italienische "Gastarbeiter" Zilli wird 1970 am Grenzübergang Friedrichstraße wegen Trunkenheit von der Volkspolizei festgenommen und wandert für Jahre in den Stasi-Knast. In diesem Buch schildert er sein unglaubliches Schicksal – ergänzt durch abgedruckte Dokumente aus seiner Stasi-Akte. Edition Hentrich 1993, leider nur noch antiquarisch und in Bibliotheken erhältlich.

Thematische Stadtführer

Abel, Andreas/Stängel, Mathias (Hg.): *Markthallen – Das besondere Berliner Einkaufserlebnis gestern & heute.* Nett gemachtes Büchlein für Fans der Markthallen. Jaron Verlag 1997 (ISBN 3-9322-0267-8), 8,80 €.

Grützke, Julius/Platt, Thomas: *Berlin im Griff. Mit 1000 Adressen und Empfehlungen.* Kultur- und Shopping-Adressen und vor allem die Lieblingsrestaurants und Einkaufsquellen der beiden Gourmets; nicht mehr ganz auf dem neuesten Stand, aber treffende Beschreibungen der Klassiker. Rowohlt Berlin 1999 (ISBN 3-8713-4379-X), 19,90 €.

Hermann, Karl: *Barbuch Berlin.* 30 Bars werden ausführlich charakterisiert, 100 weitere kurz beschrieben. Mit schönen Fotos. Ullstein-Quadriga-Verlag 2001, (ISBN 3-8867-9353-2), 14,95 €.

Mitlehner, Christine/Baak, Ulrike: *Berlin für Musikfreunde.* Tipps und Hintergründiges zum musikalischen Berlin, Schwerpunkt Klassik. Parthas-Verlag Berlin 2000 (ISBN 3-9325-2970-7), 15 €.

Movado (Hg.): *Restaurants ohne Barrieren.* Wegweisende Broschüre für hungrige Rollstuhlfahrer, zu bestellen unter ✆ 471 51 45 beim Selbsthilfe-Verein Movado.

Ankunft auf einem der Berliner Bahnhöfe

Anreise

Mit der Bahn

Im letzten Jahrzehnt wurden viele veraltete Strecken in den neuen Bundesländern modernisiert, auch die Gleise von und nach Berlin. Daneben entstand die ICE-Neubaustrecke Hannover–Berlin, so dass die Bahn auch für eilige Berlin-Besucher interessant wurde. Freilich ist das Bahn-Vergnügen zu regulären Preisen relativ teuer. Doch gibt es zahlreiche Sonder- und Gruppentarife etc., nach denen Sie sich sich individuell erkundigen sollten.

Auskünfte/Fahrkarten: ☎ 01805/99 66 33, www.bahn.de. Infos über Zugverbindungen und Tarife, Reservierung von Fahr- und Platzkarten. Infos zu Fahrradmitnahme unter ☎ 01803/19 41 94 (ca. 10 Cent/Min.).

Berliner Bahnhöfe

Bis zur Fertigstellung des Lehrter Bahnhofs (ca. 2007) hat Berlin noch keinen Zentralbahnhof. Die meisten Fern- und Regionalbahnhöfe liegen an der Stadtbahnlinie hintereinander aufgereiht. Von Osten nach Westen folgen aufeinander die Bahnhöfe **Berlin-Schönefeld** (Südosten), **Berlin-Lichtenberg** (Osten), **Berlin-Ostbahnhof**, **Alexanderplatz** und **Friedrichstraße** (nur Regionalbahn), **Bhf. Zoologischer Garten (Zoo)**, **Berlin-Charlottenburg** (nur Regionalbahn) und **Berlin-Spandau**. Viele Züge aus West- und Süddeutschland halten auch in **Potsdam** oder **Berlin-Wannsee**. Alle Bahnhöfe haben gute Anschlüsse zum Berliner U-/S-Bahn-Netz.

Mit dem Bus

Eine preisgünstige Alternative zur Bahn sind die Fernbuslinien von und nach Berlin. Angefahren werden neben Großstädten auch Erholungsgebiete

Mit dem Flugzeug

der Berliner (Harz, Ostseebäder, Fichtelgebirge usw.). Viele Fernreisebusse halten auf der Strecke an mehreren Orten. Abfahrts- und Ankunftsort sämtlicher Fernbusse ist in Berlin der **Zentrale Omnibusbahnhof (ZOB) am Funkturm** (an der Masurenallee 4, Nähe U-Bhf. Kaiserdamm und S-Bhf. Witzleben → Karte S. 185). Alle Busreisen können in jedem Reisebüro und in vielen Mitfahrzentralen gebucht werden. Dort sind auch Fahrpläne der Fernbuslinien erhältlich. Junge Leute unter 27 und Senioren ab 60 erhalten Fahrpreisermäßigungen; Frankfurt/M. – Berlin und zurück kostet für sie ca. 75 €, von und nach Wismar ca. 30 €.

Fahrkarten-Tel. am Busbahnhof: 302 52 94, **Auskünfte** unter ✆ 301 80 28.

Wichtigster Anbieter ist die **BerlinLinienBus GmbH,** Infos unter ✆ 86 09 60, 351 95 20, www.berlinlinienbus.de. Dieses Unternehmen fährt über 250 Zielorte an, u. a. Bremerhaven-Cuxhaven, Lüneburg-Winsen/Luhe, Osnabrück, Hannover, Frankfurt/M., Bad Orb, Bad Kissingen-Bad Brückenau, München, Fränkische Schweiz, Fichtelgebirge, Bad Füssing sowie einige Städte im Ausland (Sofia, Amsterdam, Paris, Brüssel, Kopenhagen u. a.).

Gullivers Europa Bus Express, Hardenbergplatz 14 (am Bhf. Zoo), bietet neben deutschen Fahrtzielen wie Hamburg, Hannover, Nürnberg, München u. a. nächtliche Fahrten von und nach Wien und Budapest (über Dresden), bei denen man eine Übernachtung spart. Hier sind Visa für Tschechien erforderlich! Die einfache Fahrt nach Wien kostet ohne Ermäßigung ca. 55 €, nach Budapest ca. 70 €. Infos unter ✆ 31 10 21 10 (tägl. 8–20 h), www.gullivers.de

Mit dem Flugzeug

Fliegen ist auf weiteren Inlands-Strecken sowie aus Österreich und der Schweiz die schnellste und bequemste Reisemöglichkeit, aber meist auch die teuerste.

Da im Flugverkehr ein Preiskampf tobt, lohnt es sich aber, bei weiten Strecken Flug- mit Bahnpreisen zu vergleichen: Frühbucher von Flügen erhalten oft sehr günstige Konditionen! Mit 100 € für Hin- und Rückflug ist man manchmal schon dabei, allerdings sind die Zeiten, zu denen Business-Leute reisen, ausgeschlossen. Zum Flugpreis kommen noch die Berliner Flughafengebühr von etwa 10 € sowie Sicherheitsgebühren hinzu.

Berliner Flughäfen

Inlandsflüge von und nach Berlin werden meist über **Berlin-Tegel** abgewickelt, ein kleiner Teil der Maschinen fliegt den zentral gelegenen Flughafen **Berlin-Tempelhof** an, der als Puffer für Tegel dient. Internationale Flüge starten größtenteils in **Berlin-Tegel**, einige auch in **-Schönefeld**. Zentrale Tel.-Nr. aller drei Flughäfen ist 01805/00 01 86.

Ankunft

Vom **Flughafen Tegel** nach Mitte verkehrt der JetExpressBus TXL der Berliner Verkehrsbetriebe (BVG) mit einigen Umsteigemöglichkeiten. Fahrzeit bis Alexanderplatz: gut 25 Min. Drei weitere BVG-Buslinien fahren ab Tegel bis etwa Mitternacht: der Expressbus X 9 (in 16 Min.) und der Bus 109 (in 28 Min.) in die City-West (Bhf. Zoo) und der Bus 128 in Richtung Reinickendorf und Wedding. Die U-Bahn fährt nicht bis zum Flughafen, man ist also auf Bus oder Taxi angewiesen.

Direkt vor dem **Flughafen Tempelhof** befindet sich der U-Bhf. Platz der Luftbrücke (Linie 6 mit zahlreichen Umsteigemöglichkeiten).

Wer am **Flughafen Schönefeld** ankommt, fährt mit der S-Bahn in die City: mit der S 9 über Alexanderplatz, Friedrichstraße und Zoo nach Charlottenburg oder S 45 über Neukölln, Schöneberg und Wilmersdorf nach Charlottenburg. Schneller als diese

Linien ist der AirportExpress, der nur an den Bahnhöfen Karlshorst, Ostbahnhof, Alexanderplatz und Zoo hält. Dadurch verkürzt sich die Fahrzeit zum Bahnhof Zoo auf 30 Min.

Mit dem eigenen Auto

Mittlerweile sind die Autobahnen nach Berlin fast vollständig erneuert, es gibt aber immer noch einige Baustellen, vor allem auf dem Berliner Ring (A 10). Hier kommt es zeitweise zu Staus in Rekordlänge. Man tut gut daran, sich vorher über die Verkehrslage zu informieren und nicht zu Stoßzeiten zu reisen.

Trampen

Die billigste, wenn auch unmodern gewordene Methode, nach Berlin zu reisen, ist die mit dem ausgestreckten Daumen.

Verglichen mit früheren Zeiten ist das Trampen von und nach Berlin sehr kompliziert geworden, soll aber im Großen und Ganzen immer noch relativ gut klappen. Besonders am Wochenende hat man recht gute Chancen wegzukommen.

Hier ein paar Tipps für die Rückfahrt von Berlin per Autostopp:

Richtung Leipzig, Magdeburg, Nürnberg und Hannover

U 1 bis Krumme Lanke (Endstation), danach Bus 211 bis zur Zehlendorfer Quantzstr., dann zu Fuß hinunter zur ehemaligen **Autobahnraststätte Dreilinden** (einst Grenzübergang). Eine andere Möglichkeit, dorthin zu kommen, ist die S-Bahn, vor allem von Charlottenburg, Schöneberg oder einem der östlichen Stadtbezirke aus. Man fährt mit der S 1 oder S 3 bis zur Endstation Wannsee, dann mit dem Bus 113 oder 211 bis Isoldestr. und geht hinunter zur Raststätte. Diese früher sehr beliebte Stelle eignet sich heute nur noch bedingt, weil die Autos sie schnell passieren müssen.

Einige Tramper empfehlen deshalb zur Zeit, mit der Regionalbahn von Berlin-Zoo nach **Michendorf** zu fahren und dort zur Autobahnauffahrt zu laufen.

Nach Hamburg, Schwerin, Rostock

Mittlerweile recht schwierig. Am besten geht es von der **Autobahnraststätte Stolpe-Süd,** die allerdings nicht leicht zu erreichen ist. Man steigt aus der U 6 am Endbahnhof Alt-Tegel in den Bus 224 bis Stolpe-Süd, von dort geht's zu Fuß bis zur Brücke vor der Raststätte und dann übers Feld. Im Stadtgebiet kann man es auf der Prenzlauer Promenade probieren (vom S-Bhf. Pankow-Heinersdorf ein Stückchen stadteinwärts an der Tankstelle).

Nach Dresden bzw. Frankfurt/Oder

Am besten per S 9 oder S 45 bis **Altglienicke,** und dort an den Autobahnzubringer stellen. Auch vom Adlergestell (S-Bhf. Adlershof) und von der Grünauer Str. (an der Tankstelle oder Burger King; S-Bhf. Schöneweide) soll man gut wegkommen.

Wer sich die Warterei an der Straße ersparen will, kann auch versuchen, über die Schwarzen Bretter an den Unis oder eine Anzeige in einem Stadtmagazin einen passenden Lift zu ergattern. Insbesondere ist das für weite (Auslands-)Strecken sowie regelmäßige Fahrten interessant. Wesentlich einfacher und dennoch preisgünstig ist die folgende Reisevariante:

Mitfahrzentralen

Hier kann man sich für etwa 10 € Gebühr (Reiseziele in Deutschland) innerhalb von 2–3 Tagen mit hoher Sicherheit ein Auto vermitteln lassen, sofern das Ziel nicht sehr abgelegen ist.

Der Fahrer erhält eine Benzinkostenbeteiligung, die nach Entfernung gestaffelt ist. Das macht es auch interessant für Autofahrer, die Benzinkosten sparen wollen. Frauen haben auf

Mitfahrzentralen 29

Wunsch die Möglichkeit, nur Frauen mitzunehmen bzw. nur bei Frauen mitzufahren. Unter der **bundeseinheitlichen Rufnummer 194 40** kann man die nächst gelegene MFZ erfragen.
Preisbeispiele: Nürnberg–Berlin kostet ca. 8 € Vermittlungsgebühr plus etwa 15 € Benzinkostenbeteiligung, München–Berlin kommt auf ca. 10 € plus 20 €.

In den letzten Jahren fand ein Konzentrationsprozess bei den Berliner MFZ statt, dem viele kleinere Mitfahrzentralen zum Opfer fielen. Heute gibt es noch die folgenden:

Mitfahrzentrale Citynotz, ✆ 104 44 (⏱ tägl. 8–20 h), www.citynetz-mitfahrzentrale.de. Sieben Ticketausgaben in Berlin und Potsdam, u. a.: (City-West) Joachimstaler Str. 17 (gegenüber U-Bhf. Kurfürstendamm), ✆ 882 76 04; (Kreu.) Bergmannstr. 57 (U-Bhf. Südstern), ✆ 693 60 95, ⏱ Mo-Sa 10–20 h, So 10–16 h; (Pren.) Seelower Str. 6 (U-Bhf. Schönhauser Allee). Weitere Filialen in Mitte, Friedrichshain, Spandau und Potsdam.

ADM-Mitfahrzentrale im U-Bhf. Zoo, Bahnsteig Linie 2 Richtung Pankow, ✆ 194 40, ✉ 881 13 90. ⏱ Mo-Fr 9–20 h, Sa/So 10–18 h.

ADM-Mitfahrzentrale im U-Bhf. Alexanderplatz, im Übergang von der Linie U 8 zur U 2, ✆ 241 58-20, ✉ -34. ⏱ Mo-Fr 10–18 h, Do 10–20 h, Sa/So 11–16 h.

Mitfahr 2000 (Schö.), Yorckstr. 52 (U-Bhf. Yorckstr.), ✆ 194 20 und (Pren.), Oderberger Str. 45, ✆ 440 93 92. Beide ⏱ tägl. 8–20h. Im Internet unter www.mitfahr2000.de.

Eine **virtuelle Mitfahrzentrale** mit zahlreichen Angeboten und Gesuchen von Fahrten nach und ab Berlin findet sich im Internet unter www.mitfahrgelegenheit.de.

Oft am schnellsten – durch Berlin per Rad und S-Bahn

Unterwegs in Berlin

Öffentlicher Nahverkehr

Berlin hat ein ausgezeichnetes öffentliches Nahverkehrssystem, so dass man nach der Ankunft den eigenen Wagen ruhig zugunsten einer Fahrt mit der U- oder S-Bahn, dem Bus oder der Tram stehen lassen kann. Auch ist es nicht besonders entspannend, als Ortsfremder mit dem Auto Berlin zu erkunden.

Erste Eindrücke vom Leben in der Stadt bieten Fahrten mit den Verkehrsmitteln der BVG (Berliner Verkehrs-Betriebe) oder der Berliner S-Bahn, die seit 1999 mit zahlreichen brandenburgischen Verkehrsunternehmen zum VBB (Verkehrsverbund Berlin-Brandenburg) zusammengeschlossen sind. Berliner Straßenbahnen, die U-Bahn sowie einige Fährlinien werden von der BVG betrieben, Nahverkehrsbusse zunehmend von Subunternehmen, die im Auftrag der BVG fahren.

VBB

Infos unter www.vbb-online.de. Alle **Tickets** für den öffentlichen Nahverkehr gibt es an modernen Touchscreen-Automaten an U- und S-Bahnhöfen und vielen Straßenbahnhaltestellen. In einigen größeren Bahnhöfen sind noch Verkaufsstellen der BVG bzw. S-Bahn anzutreffen. Hier und in über 600 privaten Agenturen (meist in Lotto-Annahmestellen) erhält man auch Zeitkarten, Infomaterial etc. In Bussen können Fahrscheine aller Art beim Fahrer gelöst werden.

Tarife: Berlin ist in 3 VBB-Zonen eingeteilt; Zone A ist die Innenstadt innerhalb des (inneren) S-Bahn-Rings, Zone B das restliche Stadtgebiet einschließlich des jeweils ersten S-Bahnhofs im Umland, und Zone C ist das Umland, das mit der S-Bahn zu erreichen ist. Fahrscheine gibt es für die

Öffentlicher Nahverkehr 31

Zonen AB oder BC oder für das Gesamtgebiet (also ABC). Sie gelten in S-Bahnen, U-Bahnen, Bussen, Straßenbahnen und auf bestimmten Fährverbindungen sowie in einigen Regionalbahnen rund um Berlin.

Fahrscheine zum **Normaltarif** sind 2 Stunden gültig; man kann beliebig oft umsteigen und die Fahrtrichtung wechseln. Mit einem **Kurzstrecken-Ticket** kann man in der Regel 3 U- oder S-Bahn-Stationen oder 6 Tram- oder Busstationen weit fahren. Der Gültigkeitsbereich steht an der Abfahrts-Station angeschlagen bzw. kann bei der Busfahrerin oder dem Straßenbahnfahrer erfragt werden.

Fahrpreise: Normaltarif für Zone AB oder BC 2,10 €, für Zone ABC 2,40 €; ermäßigt AB 1,40 €, BC 1,50 €, ABC 1,80 €; Kurzstrecke 1,20 € (erm. 1 €) (Stand: 1.1.2002).

Achtung: Für ein **Fahrrad**, das in der U- und S-Bahn jederzeit (nur nicht im ersten Wagen) mitgenommen werden darf, ist ein Fahrschein zum Ermäßigungstarif zu lösen!

Von der Pferde-Eisenbahn zum modernen Nahverkehrsnetz

Berlins öffentlicher Nahverkehr blickt auf eine lange Tradition zurück. 1865 fuhr in Berlin die erste Pferde-Eisenbahn, 1881 wurde hier die erste elektrische Straßenbahn der Welt in Betrieb genommen, und seit 1897 baut man in Berlin U-Bahnen. Bis 1913 betrug die Streckenlänge bereits 35 Kilometer. Bis in die 1930er Jahre wurden die Netze kräftig ausgebaut und nach dem Krieg sofort notdürftig repariert und wieder in Betrieb genommen.

Mit dem Mauerbau 1961 standen die Berliner vor einer radikal geänderten Situation: keine Fahrten mehr über die Grenze zwischen dem sowjetischen Sektor und den West-Sektoren, die Strecken endeten am letzten Bahnhof vor der Grenze. In den folgenden Jahrzehnten versuchten beide Stadthälften, ihre Netze zu vervollständigen. Im Westen wurde die Straßenbahn abgeschafft, einige U- und S-Bahn-Linien fuhren ohne Stopp unterirdisch durch Ostberliner Gebiet, immer ganz langsam durch die bewachten so genannten Geisterbahnhöfe (z. B. Potsdamer Platz oder Unter den Linden).

Seit 1990 werden die jahrzehntelang stillgelegten Linien wieder hergestellt. Als letzte Teilstrecke wurde im September 2001 die S-Bahn-Strecke zwischen Gesundbrunnen und Schönhauser Allee, die im Zuge des Mauerbaus 1961 unterbrochen worden war, wieder in Betrieb genommen. Seit Juni 2002 kann man die Berliner Innenstadt wieder ohne umzusteigen mit der S-Bahn umrunden, der S-Bahn-Ring (S 4) ist geschlossen. Aktuelle Zankäpfel sind die Verlängerung der U 5 über den Alexanderplatz hinaus bis zum zukünftigen Lehrter Zentralbahnhof ("Kanzlerlinie") sowie eine mögliche Fusion der BVG mit der Berliner S-Bahn, einer Tochter der Deutschen Bahn AG.

Für Touristen lohnen sich meist **Tageskarten**, die ab frühestens 0 h bis 3 h des nächsten Tages gelten und deren Preise nach Zonen gestaffelt sind (AB und BC 6,10 €, ABC 6,30 €). Sie müssen – wie alle Karten aus Automaten – entwertet werden. Ein besonderes Angebot ist die **WelcomeCard**, die 72 Stunden gültig ist. Für ca. 18 € kann man nach Lust und Laune im ABC-Bereich herumfahren und bekommt darüber hinaus Rabatt bis 50 % bei einigen Stadtführungen und -rundfahrten, Schiffsausflügen und auf die Eintrittspreise vieler

Unterwegs in Berlin

Ideal für weite Strecken – die S-Bahn

touristisch interessanter Ziele in Berlin und Potsdam (Museen, Planetarien, Zoo, Bühnen und Clubs). Diese Karte gibt es nicht an Fahrkahrtenautomaten, sondern nur in BVG- und S-Bahn-Verkaufsstellen, den Tourist Informationsstellen der BTM (→ S. 41) und in vielen Hotels. Dort erhält man auch ein Faltblatt mit Infos über die Ermäßigungen.

BVG

Infos unter www.bvg.de. Die BVG hat auch ein **Call-Center**, wo Wünsche und Beschwerden entgegengenommen und Auskünfte aller Art erteilt werden, ✆ 19 449, tägl. von 6–23 Uhr. Wer in einem BVG-Verkehrsmittel etwas vergessen oder verloren hat, kann hoffen, dass es hier auftaucht: Potsdamer Str. 182 (Schö.; U-Bhf. Kleistpark), ✆ 25 62 30 40, ◷ Mo–Do 9–18 h, Fr 9–14 h. Die telefonische Auskunft über **Fundsachen** ist erst am übernächsten Werktag nach dem Verlust möglich, beim Verlust am Wochenende erst ab Mittwoch.

S-Bahn

Telefonische **Fahrplaninfos** erhält man unter ✆ 361 41 44, aktuelle Infos zum **Baugeschehen** unter ✆ 29 71 29 71 (Bandansage Tag und Nacht), 29 71 29 73 (Call-Center Mo–Fr 9–18 h) oder 29 74 33 33. Im Internet gibt es Fahrplan- und andere Infos unter www.s-bahn-berlin.de, aktuelle Änderungen findet man unter www.fahrplanaenderungen.de. Kurzfristige Fahrplanänderungen werden auch im Radio (radio Hundert,6 und Antenne Brandenburg) durchgesagt und auf Aushängen veröffentlicht. Außerdem gibt die Deutsche Bahn, zu der die Berliner S-Bahn gehört, jede Woche ein kleines Faltblatt "Bauinfos für Bahnfahrer" heraus, das kostenlos an den S-Bahnhöfen ausliegt. Hier werden alle vorhersehbaren Fahrplanänderungen übersichtlich und mit Skizzen des Streckennetzes aufgelistet.

Das **Fundbüro** der S-Bahn befindet sich am S-Bahnhof Flughafen Schönefeld,

Mittelstr. 20, ℡ 29 71 29 71. ⏰ Mo, Mi, Do 10–16 h, Di 10–18 h und Fr 8–12 h.

VBB bei Nacht

Auch nachts kann man sich in Berlin – im Gegensatz zu anderen deutschen Großstädten – mit "den Öffentlichen" recht problemlos fortbewegen. Ein ausgeklügeltes Nachtbus und -tramsystem steuert alle Bezirke an und durchkreuzt dabei sämtliche Vergnügungsviertel. Zusätzlich fahren die S-Bahnen die ganze Nacht, wenn auch in großen Abständen. In den Nächten von Freitag auf Samstag und von Samstag auf Sonntag verkehren die U-Bahnlinien 9 und die nur nachts verkehrende U 12 (Warschauer Straße – Ruhleben) durchgehend im 15-Minuten-Takt. Am Bahnhof Zoo warten sie jeweils aufeinander, so dass man dort gut umsteigen kann. Bei den Nachtbussen und -Straßenbahnen (im Ostteil der Stadt) muss man jedoch für den Heimweg schon etwas mehr Zeit einkalkulieren, da die Nachtlinien Umwege fahren, um möglichst große Gebiete abzudecken. Sie fahren mindestens im Halbstunden-Takt.

Da die Nachtlinien nicht auf den normalen Fahrplänen eingezeichnet sind, ist es sinnvoll, sich den kostenlosen **Plan des Nachtliniennetzes** zu besorgen (z. B. im BVG-Kundenpavillon am Bhf. Zoo), bevor man sich ins Vergnügen stürzt. Übrigens warten die Nacht-busse und -straßenbahnen an den auf dem Plan mit einem gelben Kreis gekennzeichneten Haltestellen auf die jeweiligen Anschlussbusse und -trams!

Taxi und Velotaxi

Etwa 7.000 Taxis sind in Berlin zugelassen und die Fahrer schimpfen über die große Konkurrenz. So stehen immer (außer in der Silvesternacht!) genügend freie Taxis zur Verfügung.

Taxifahren ist in Berlin – wie überall in Deutschland – ein recht teures Vergnügen; die letzte Tariferhöhung erfolgte

Ein windschnittiges Velotaxi wartet auf Kundschaft

im Frühjahr 2001. Die Fahrpreise sind im Taxi sichtbar ausgehängt, auf dem Taxameter kann man jederzeit die aktuelle Höhe des Fahrpreises erkennen. Benutzt man ein Großraumtaxi, bezahlt man für die 5.–8. Person einen Zuschlag von je 1,50 €. Die telefonische Vorbestellung von Taxis kostet neuerdings keine Extra-Gebühr mehr. Ebenfalls entfallen sind Nacht- und Feiertagszuschläge. Bestellen kann man Taxis bei folgenden **Funktaxi-Zentralen:**

Taxi-Funk Berlin, ✆ 690 22.
Funk Taxi Berlin, ✆ 26 10 26.
Spree-Funk, ✆ 44 33 22.
Würfelfunk, ✆ 21 01 01 od. 0800/222 22 55 (freecall).
City Funk, ✆ 21 02 02.

Tipp: Wenn man nur eine kurze Strecke (bis 2 km) fahren will, gibt es einen Sondertarif, die **Kurzstreckenpauschale**, auch "Winkemann-Tarif" genannt. Er kostet nur ca. 3 €, gilt aber nur unter folgenden Bedingungen: Das Taxi muss herangewunken (also nicht den Fahrer am Stand ansprechen!) und der Sondertarif sofort bei Fahrtbeginn vereinbart werden.

Weniger der alltäglichen Beförderung als den Sightseeing-Touren fußlahmer Touristen in der Innenstadt dienen die **Velotaxis**, eine Berliner Besonderheit. Nur in den Sommermonaten sieht man die muskulösen Kerle (nur sehr selten Frauen) in futuristischen Kunststoffrikschas strampeln.

Velotaxis kann man telefonisch bestellen (✆ 0172/328 88 88) oder heranwinken, wenn sie frei sind. Für ca. 8 € wird man vom Brandenburger Tor durch den Tiergarten zum Zoo kutschiert.

Fahrrad

In den warmen Monaten macht Fahrradfahren in Berlin durchaus Spaß, wenn man die stark befahrenen Hauptverkehrsstraßen meidet. Seit mehreren Jahren gibt es ausgeschilderte Fahrradrouten, die durch Seitenstraßen und über Radwege verlaufen. Wer weite Strecken überbrücken möchte, kann sein Rad in der U- und S-Bahn mitnehmen. Für das Rad ist ein Fahrschein zum Ermäßigungstarif zu lösen!

Infos zum Thema Radeln in Berlin gibt es im Buch- und Infoladen des Allgemeinen Deutschen Fahrrad-Clubs ADFC, wo man auch eine Selbsthilfewerkstatt benutzen kann. Der ADFC bietet geführte Radtouren durch Berlin und das Umland an, ein Jahresprospekt kann angefordert werden. Außerdem gibt der ADFC einen sehr empfehlenswerten Stadtplan für Fahrradfahrer heraus, der auch das nähere Umland Berlins einschließt.

Adresse: Brunnenstr. 28 (Mitte; U-Bhf. Bernauer Str, S-Bhf. Nordbhf.), ✆ 448 47 24, www.adfc-berlin.de. ⏱ Mo–Fr 12–20 h, Sa 10–16 h.

Wer nicht sein eigenes Rad nach Berlin mitgenommen hat, kann sich eins mieten. Auch Stadtführungen per Fahrrad werden immer häufiger angeboten – z. T. inklusive Mietfahrrad. Generell muss der Personalausweis zum Mieten eines Rades vorgelegt werden, auch ist meist eine Kaution zu hinterlegen! Hier einige Fahrradvermietungen:

Fahrradstation, ✆ 28 38 48 48, www.fahrradstation.de. Räder ab 5 € für 2 Std., auch geführte Touren; mehrere Filialen:
Rosenthaler Str. 40/41 (Mitte, Hackesche Höfe), ⏱ Mo–Fr 10–19 h, Sa 10–16 h; Bhf. Friedrichstr., ⏱ tägl. 8–20 h; Bergmannstr. 9 (Kreuz.), ⏱ Mo–Fr 10–19 h, Sa 10–15 h.
Prenzlberger Orange Bikes, Fahrradverleih des Abenteuerspielplatzes Kolle 37 e. V., Kollwitzstr. 40/41 (Pren., Nähe U-Bhf. Senefelder Platz), ✆ 442 81 22. ⏱ Mo–Fr 14–19 h, Sa 10–19 h und So 19–20 h. Vermietet preiswert orangefarbene Räder.
Pedalpower, Pfarrstr. 116 (Lich., Nähe S-Bhf. Nöldnerplatz), ✆ 555 80 98, www.pedalpower.de.
Filiale in Kreuzberg, Großbeerenstr. 53, ✆ 79 89 19 39. Bietet alle möglichen Fahr-

Alternativen zur Busrundfahrt – die zahlreichen thematischen Stadtführungen

radtypen und Zubehör wie Kindersitze und Anhänger an; auch geführte Touren mit Cycle City Tours.
Famos, in der Spandauer Vorstadt, Oranienburger Str. 16, ✆/℡ 280 84 32. Verkauft und repariert nicht nur Fahrräder und Mofas, sondern vermietet zu den Ladenöffnungszeiten auch Räder für 1,50 €/Std.

Stadtrundfahrten und -führungen

Per Bus, Schiff, Fahrrad oder zu Fuß lässt sich die Stadt in einer geführten Gruppe erkunden. Wer es individueller liebt, der kann sich in die Panorama-S-Bahn, auf ein Ausflugsschiff oder eine BVG-Fähre begeben. Das ist absolut empfehlenswert und öffnet den Blick dafür, dass Berlin wortwörtlich am Wasser gebaut ist.

Bus-Rundfahrten

Neben den herkömmlichen (meist mehrsprachig erläuterten) Busrundfahrten zu den Hauptsehenswürdigkeiten, die am Ku'damm/Ecke Joachimstaler Straße oder Unter den Linden/Ecke Friedrichstraße starten, gibt es ein besonderes Angebot der BVG: den **Zille-Express**. Dies ist ein Oldtimer-Bus mit offenem Oberdeck, der von April bis Oktober tägl. von 10–12.45 h und von 13.30–17.15 h alle 45 Min. ab Marlene-Dietrich-Platz (am Potsdamer Platz) startet. Die Fahrt dauert 75 Min. und kostet 7 €.

Straßenbahn-Rundfahrten

Eine rote Trambahn mit dem Schriftzug "City-Tour" fährt an den Wochenenden (Fr–So) von April bis Oktober um 10.58, 12.58, 14.58 und 16.58 h an der Straßenbahn-Haltestelle Alexanderplatz los. Die einstündige Fahrt durch den Ostteil der Stadt, während der ein Stadtführer Sehenswürdigkeiten erläutert, kostet etwa 6 €.

Cabrio-U-Bahn-Rundfahrten

Etwas ganz Außergewöhnliches sind die "Oben-ohne"-Fahrten mit der U-Bahn.

Unterwegs in Berlin

Auf umgebauten offenen Werkstattwagen geht es mitten in der Nacht (denn tagsüber verkehren ja die Bahnen) durchs unterirdische Berlin. Zunächst setzt man einen Baustellen-Helm auf, dann geht es 23 km weit durch das dämmrige Labyrinth der U-Bahn-Tunnel. Die Fahrt dauert etwa 2,5 Std., findet in der Nacht von Fr auf Sa statt (1–3.30 h) und kostet ca. 35 €. Abfahrtsbahnhof ist der U-Bhf. Alexanderplatz. Die Karten sind bis zu drei Monate im Voraus ausverkauft, deshab rechtzeitig unter ✆ 19 449 oder www.bvg.de bestellen!

Stadtführungen

Im Angebot sind Führungen zu den wichtigsten Sehenswürdigkeiten im Stadtzentrum, durch Museen und Galerien, aber auch in weniger bekannte Gegenden wie das "Städtchen" in Pankow oder die "Rote Insel" in Schöneberg.

Das Angebot an thematischen Führungen zu den unterschiedlichsten Orten und in allen möglichen Sprachen ist mittlerweile unüberschaubar. Einer der ersten Anbieter war Stattreisen e. V., in den 1980ern als "alternativer" Verein gegründet. Termine und Treffpunkte der Führungen sind im Tagesprogramm der Stadtillustrierten und Tageszeitungen abgedruckt oder können bei den Veranstaltern erfragt werden, die meist auch kleine Programmhefte herausgeben. Sie sind in den Tourist Informationen der BTM (→ S. 41) erhältlich. Hier einige Veranstalter:

Stattreisen Berlin, ✆ 455 30 28, 📠 45 80 00 03, www.stattreisen.berlin.de. Stadtspaziergänge mit sozial- oder literaturhistorischen Hintergrundinformationen; auch Kindertouren.
Literatour, Berliner Geschichtswerkstatt, ✆ 215 44 50 (Mo–Fr 15–18 h), www.berliner-geschichtswerkstatt.de. Per Schiff in die Geschichte der Stadt und ihrer ehemaligen Bewohner.
Kultour Berlin, ✆ 897 86-405, 📠 -429, www.kultour-berlin.de. Kulturhistorisches aus traditionellem Blickwinkel; auch Nachtspaziergänge (Taschenlampe mitnehmen!).
Kulturbüro Berlin, ✆ 444 09-36, 📠 -39, www.stadtverfuehrung.de. Kunst- und Kulturhistoriker(innen) führen auf Friedhöfe, durch Museen, Parks, Wohngebiete und vieles mehr.
art:berlin, ✆ 28 09 63-90, 📠 -91, www.berlin.de/artberlin. Kunst- und Architektur-Touren durch Galerien und außergewöhnliche Bauwerke, aber auch geführte Besuche in Restaurants, Hotels und Varietés.
Ansichtssachen, ✆ 429 91 33, 0170/515 30 72, 📠 422 31 08, www.ansichtssachen-berlin.de. Ein Einmann-Unternehmen: Olaf Riebe, der seit mehreren Jahren in Friedrichshain wohnt, führt durch diesen Stadtteil und durch die City.
Schöne Künste, ✆ 782 12 02. Dr. Susanne Oschmann vermittelt ihre klassischen Musik- und Theaterkenntnisse bei unterschiedlichen thematischen Bus-Rundfahrten, die passenderweise an der Staatsoper Unter den Linden starten.

Panorama-S-Bahn

Von April bis Ende Oktober bietet die S-Bahn beliebte Sonderfahrten in einem voll verglasten Panoramazug an. Abfahrt ist Sa/So am Ostbahnhof, Gleis 10 um 10.58 h, 12.38 h und 14.18 h, Dauer: etwas über 1 Stunde. Fahrkarten (14,50 €, Kinder 8 €) gibt es in den Kundenzentren Alexanderplatz, Ostbahnhof, Zoologischer Garten, Friedrichstraße; Auskünfte unter ✆ 29 74 33 33, www.s-bahn-berlin.de/sonderzuege.

Ausflugsschiffe

Berlin vom Wasser aus ist ganz anders: ruhig, beschaulich und grün. Sogar viele Sehenswürdigkeiten in der Innenstadt sind auch vom Wasser aus zu sehen – von der anderen Seite als üblich. Überall an Spree, Havel und einigen Kanälen befinden sich Anleger für Ausflugsschiffe. Bekannte Abfahrtsstellen sind Museumsinsel, Schloßbrücke (Char.), Wannsee und Treptower Park. Der größte Anbieter ist die Stern- und

Stadtrundfahrten und -führungen

Besonders reizvoll – mit dem Ausflugsschiff durch die Berliner Innenstadt

Kreisschifffahrt, daneben gibt es zahlreiche kleinere Reedereien, die in einem Verband zusammengeschlossen sind. Sogar ein 100 Jahre altes Dampfschiff und ein Solarboot sind im Stadtgebiet unterwegs! Am preiswertesten sind die Fähren der BVG: Sie können mit den normalen VBB-Tickets benutzt werden (Fahrpreise → S. 31). Die angebotenen Fahrten dauern zwischen wenigen Minuten und mehreren Tagen, meist aber 2–3 Stunden.

Stern- und Kreisschifffahrt, Puschkinallee 15 (Trep.), ✆ 536 36 00, www.sternundkreis.de.

Reederverband der Berliner Personenschifffahrt e. V., Gierkezeile 26 (Char.), ✆/℻ 342 24 31, www.reederverband-berlin.de.

Nordstern, Dampfschiff der Familie Bischoff, Abfahrt Mi–Mo 12.15 h, 14.15 h, 16.15 h und 18.15 h ab Alte Börse/An der Friedrichsbrücke (Museumsinsel); ✆ 0172/607 36 60.

Solarboot, in abgeschwächter Katamaranform gebautes Boot, das im Sommer bei schönem Wetter tägl. um 11 h am Planufer (Kreu.) ablegt und max. 12 Pers. mitnehmen kann. Auf der 4-stündigen Fahrt bekommt man klassische Sehenswürdigkeiten und Solarenergie-Projekte zu sehen. Reservierung und Info unter ✆ 0178/551 00 42, www.solarpolis.de.

BVG-Fähren: F10 Wannsee – Kladow (20 Min.), F11 Oberschöneweide – Baumschulenstr. (2 Min.), F12 Wendenschloss – Grünau (2 Min.), F21 Krampenburg – Schmöckwitz (14 Min.), F23 Rahnsdorf: Müggelwerderweg – Kruggasse (25 Min.), F24 Müggelheim – Rahnsdorf, Kruggasse (5 Min.).

Wissenswertes

Wichtige Telefonnummern

Vorwahl von Berlin: 030

Polizei: 110

Feuerwehr/Rettungsdienst: 112. In Berlin gibt es keine Extra-Nummer für Rettungswagen, man ruft auch für dringende Krankentransporte die Feuerwehr an!

Giftnotruf: 45 05 35 55 bzw. 192 40 (rund um die Uhr)

Ärztlicher Notdienst außerhalb der Sprechzeit: 31 00 31; privatärztlicher Notdienst Tag und Nacht: 192 42 oder 01805/ 30 45 05.

Zahnärztlicher Notdienst: Infos unter 89 00 43 33.

Zahnklinik Medeco: 841 91 00, tägl. 6–24 h. Königin-Luise-Platz 1 (Zehl.).

Auskunft über **Apotheken-Bereitschaft:** 011 89

Heilpraktiker-Bereitschaftsdienst: 342 18 99, Sa/So 8–20 h.

Opfernotruf: 0130/34 99 (freecall)

Notruf und Beratung für vergewaltigte Mädchen und Frauen: 251 28 28, Di/Do 18–21 h, So 12–14 h sonst AB.

SOS-Rassismus: 200 25 40, 251 22 77 (auch nachts)

Schwules Überfall-Telefon: 216 33 36, tägl. 17–19 h.

Hilfe für selbstmordgefährdete Kinder und Jugendliche, NEUhland: 873 01 11, Mo–Fr 9–18 h. Richard-Sorge-Str. 73 (Frie.), Nikolsburger Platz 6 (Wilm.), 2. Stock.

Jugendnotdienst (kostenlose Telefonberatung): 344 00 26 oder 481 62 80. Tschaikowskistr. 13 (Pank.).

Telefonseelsorge Berlin e. V., Konfliktberatung und Selbstmordverhütung: 0800/ 111 0 111 (freecall)

Krisen-Beratungsdienst (Nachtbereitschaft der Berliner Krisendienste): 390 63 00

Kriseninterventionszentrum, psychologische Soforthilfe von Profis des Urban-Krankenhauses: 69 72 31 90

Drogen-Notdienst: 192 37, tägl. 8.30–20.30 h; Ansbacher Str. 11 (City West), 218 31 70; Wartburgstr. 8 (Schö.), 781 70-17, -18; Yorckstr. 19 (Kreu.), 215 78-20, -33.

Frauenkrisentelefon: 615 42 43, Mo/Do 10–12 h, Di/Mi/Fr 19–21 h, Sa/So 17–19 h.

Wissenswertes 39

Kindernotdienst: ✆ 61 00 61 (rund um die Uhr)
Kinderschutzzentrum Berlin, Krisentelefon: 111 03 oder 0800/111 04 44
Tierärztlicher Notdienst: Infos unter ✆ 011 41 oder 83 22 90 00.
Auto-Pannenhilfe im Stadtgebiet: ✆ 0180/ 222 22 22 (ADAC); ✆ 0180/234 35 36 (ACE).
Fundbüro der BVG: ✆ 25 62 30 40
Fundbüro der S-Bahn: ✆ 29 72 96 12
Zentrales Fundbüro der Polizei: ✆ 69 95, Mo/Di 7.30–14 h, Mi 12–18.30 h, Fr 7.30–12 h. Platz der Luftbrücke 6 (Temp.).
Zentrale Fundstelle Deutsche Post AG: ✆ 754 73 31 33. Eresburgstr. 21a (Schö.).
Zentralruf der Flughäfen: ✆ 0180/500 01 86
Flughafen Schönefeld: ✆ 609 10, Infos unter 60 91 51 66.
Flughafen Tegel: ✆ 410 10, Infos unter 41 01 23 06.
Flughafen Tempelhof: ✆ 69 51-0, -1

Internet-Adressen

www.berlin.de: offiziell wirkende Berlin-Site unter Mitarbeit der BTM (Berlin-Tourismus-Marketing GmbH) mit Aktuellem, Suchmaschine zu Veranstaltungen (z. T. für mehrere Jahre im Voraus) und Hotels etc. Links zu Seiten der Berliner Verwaltung.
www.berlinonline.de: Tochter des Verlags Gruner + Jahr, hat im Frühjahr 2002 das Portal www.berlin.de geschluckt. Weiterhin unterschiedlicher Content; BerlinOnline bietet u. a. Kultur- und Gastro-Tipps, Hotel-Buchungsservice und Branchenverzeichnis.
www.meinberlin.de: Veranstaltungstipps, News, Online-Foren zu aktuellen Themen, großer Service-Bereich (Gastro etc.).
www.berlin-info.de: Infos zu Geschichte und Locations, Museen, Veranstaltungsorten, Clubs etc.
www.berlin1.de: Betreiber ist die Springer-Tochter Ullstein. Infos im Stil eines Boulevardblatts; übliche Services wie Stadtplan und Routenplaner.
www.berlin-street.de: Low-budget-site, die das "andere Berlin" zeigen will.
www.berlin-programm.de: Schlicht aufgemachter Veranstaltungskalender, die monatlich erscheinende Print-Version ist bundesweit im (Bahnhofs-)Zeitschriftenhandel erhältlich.
www.zitty.de: Internet-Version des von Gruner + Jahr aufgekauften Stadtmagazins. Veranstaltungskalender, Gastro-Tipps und viele Links.
www.berlin030.de: Online-Version des kostenlosen Party-, Shopping- und Veranstaltungsmagazins [030].
www.flyeronline.de: Aktuelle Infos über Parties, Kultur und Lifestyle. Die Print-Version "Flyer" wird gratis verteilt.

> Internet-Adressen zu speziellen Themen, Veranstaltungsorten, Restaurants etc. befinden sich an den entsprechenden Textstellen in diesem Buch.

www.guide.berlin.de: Noch eine virtuelle Ausgabe eines Gratis-Magazins, mit Veranstaltungskalender und CD-Tipps.
www.siegessaeule.de: Europas größtes schwul-lesbisches Magazin, auf Papier kostenlos, im Netz mit umfangreichem Veranstaltungsprogramm, Adressenteil etc.
www.berlinonline.de/kultur/sergej: Schwulenmagazin im Internet; es gibt auch eine kostenlose Papier-Version. Termine der Schwulen- und Lesben-Szene.

Aktuelle Infos zu Festen und Veranstaltungen gibt's im Internet

www.movado.de: Site des Berliner Behindertenvereins Movado e. V. mit vielen nützlichen Tipps und Infos.
www.berliner-galerien.de: Seite des Landesverbandes Berliner Galerien e. V., Adressen und Programme der im Verband zusammengeschlossenen Galerien; weiterführende Links.
www.kunstfokus.de: Adressen und Ausstellungstermine von über 500 Galerien in Berlin und Brandenburg.

Internet-Cafés

Internet-Cafés eröffnen beinahe im Minuten-Takt, eine Liste gibt es unter www.people-in-berlin.de. Hier einige zentral gelegene Adressen:

Vielleicht statt Ansichtskarte lieber im Internet-Café eine E-Mail schreiben?

City-West

easyEverything, Kurfürstendamm 224/ Ecke Meinekestr. (U-/S-Bhf. Zoo oder Kurfürstendamm), ℡ 88 70 79 70, www.easyeverything.com. Riesige Filiale eines weltweit agierenden Anbieters, über 300 Rechner; rund um die Uhr geöffnet. Internationales Publikum; Preise von der Tageszeit abhängig (ab 1 €/Std.).
Log in, Knesebeckstr. 38–49 (zwischen Kudamm und Lietzenburger Str.), www.log-in-café.de. Rund um die Uhr geöffnet. Std. ab 2,50 €.
Cyberb@r, Joachimstaler Str. 5 (bei Karstadt Sport), ℡ 88 02 41 98, www.cyberbar.de. ⏰ Mo-Fr 10-20 h, Sa bis 16 h. Die Std. kostet 3 €, Downloads nur auf vorort gekauften Datenträgern.
Tashima, Knobelsdorffstr. 23 (U-Bhf. Sophie-Charlotte-Platz), ℡ 32 67 84 19. ⏰ Mo-Do 11-1, Fr/Sa bis 3 h, So 13-23 h. Minutengenaue Abrechnung (Minute ab 5 Cent).

Mitte

Surf & Sushi, Oranienburger Str. 17, ℡ 28 38 48 98, www.surfandsushi.de. ⏰ Mo-Fr 12-24 h, Sa/So ab 13 h. Relativ teures (Std. 5 €), dafür stilvolles Vergnügen, denn hier werden Sushi und Cocktails gereicht.
Webtimes, Chausseestr. 8 (U-Bhf. Oranienburger Tor), ℡ 28 04 98 90, www.webtimes.de. Tägl. 14-24 h darf an I-Macs gesurft werden, für weniger als 5 €/Std.

Prenzlauer Berg

Alpha, Dunckerstr. 72 (U-Bhf. Schönhauser Allee), ℡ 447 90 67, www.alpha-icafe.de. ⏰ tägl. 14-24 h. Kleines Café, teures Surfen (ca. 5 €/Std.).
InterNetWork, Gaudystr. 1/Ecke Schönhauser Allee, ℡ 44 01 74 83, www.internetwork-berlin.de. ⏰ tägl. 12-24 h. Minutengenaue Abrechnung an knapp 30 Terminals, Minute ab 7 Cent.
Dizzy-Lounge im Knaack-Club, Greifswalder Str. 224 (U-/S-Bhf. Alexanderplatz), ℡ 44 27 06 01, www.knaack-berlin.de. ⏰ tägl. 18-2 h; ca. 3 €/Std. – So umsonst!
Internet-Zugang bieten auch die meisten (Backpacker-)Hostels, s. Kapitel "Übernachten".

Erste Adresse – das Hotel Adlon am Pariser Platz

Übernachten

Seit dem Regierungsumzug und der damit einhergehenden Steigerung der Übernachtungszahlen haben die Zimmerpreise in Berlin um bis zu 30 Prozent angezogen. Die heute angebotene Zahl von etwa 60.000 Hotel- und Pensionsbetten soll in naher Zukunft noch um 15.000 wachsen.

Wer bei den Übernachtungskosten sparen muss, kann auf die immer zahlreicher werdenden Backpacker-Hostels, die Angebote der Mitwohnzentralen oder Bed & Breakfast ausweichen. Besonders preiswert übernachtet man auf einem der Berliner Campingplätze oder im Jugendcamp. Das geht natürlich nur im Sommer und ist nicht jedermanns Geschmack. Außerdem liegen alle Zeltplätze recht weit vom Stadtzentrum entfernt. Hotel- und Pensionszimmer vermittelt die Berlin-Tourismus-Marketing GmbH (BTM). Sie gibt ein Hotelverzeichnis heraus, das in Reisebüros oder direkt bei BTM, Am Karlsbad 11, 10785 Berlin erhältlich ist. Zimmer-Reservierungen unter ☎ 25 00 25, ✆ 25 00 24 24 oder www.berlin-tourism.de. Die BTM betreibt auch **Tourist Informationszentren** und **Info-Points**, wo u. a. Unterkünfte vermittelt werden:

Europa-Center (am Breitscheidplatz, Nähe Bhf. Zoo), Budapester Str. 45, ⌚ Mo–Sa 8.30–20.30 h, So 10–18.30 h.
Brandenburger Tor, südliches Torhäuschen, ⌚ tägl. 9.30–18 h.
Fernsehturm (Alexanderplatz), ⌚ tägl. 10–10 h.
Flughafen Tegel, Haupthalle, ⌚ tägl. 5–22.30 h.
KaDeWe, Reisecenter im EG, ⌚ Mo–Fr 8.30–20 h, Sa 9–16 h.

Außer an Sommerwochenenden mit Großveranstaltungen wie der Love-Parade sind selten alle Zimmer in Berlin ausgebucht. Wer jedoch nicht auf das sprichwörtliche "letzte Zimmer" in einem Hotel oder einer Pension angewiesen sein möchte, sollte sich rechtzeitig um die Zimmerbuchung kümmern. Auch bei den Hostels empfiehlt sich – zumindest in den Sommermonaten – eine Reservierung per Telefon oder E-Mail. Im Folgenden finden Sie Adressen von Bed-&-Breakfast-Agenturen, Mitwohnzentralen, Campingplätzen sowie eine kleine Auswahl preiswerter Berliner Hotels, Pensionen und Gästehäuser/Hostels. Sie sind nach Stadtteilen und innerhalb der Stadtteile (absteigend) nach dem Preis sortiert. Auf die Nennung von Luxus- und guten Mittelklassehotels (Zimmerpreise über 100 €) haben wir weitgehend verzichtet, da diese problemlos über die BTM buchbar sind.

Backpacker-Hostels

Seit einigen Jahren gibt es sie, und es werden immer mehr: Von jungen oder jung gebliebenen Erwachsenen geführte, einfache Gästehäuser mit internationalem Publikum. Hier übernachtet man preiswert in Mehrbettzimmern, aber es gibt auch Einzel- und Doppelzimmer. Die Einrichtung ist meist sehr spartanisch, die Mehrbettzimmer sind oft mit Doppelstockbetten ausgestattet. Duschen und Toiletten befinden sich auf dem Flur, häufig steht den Gästen eine Küche zur Verfügung. Das schont die Reisekasse und nebenbei kann man Kontakte knüpfen. Auch Fahrradvermietung, Internetzugang und Szenetipps gehören zum Standard dieser Häuser, die allesamt zentral gelegen und rund um die Uhr geöffnet sind. Besonderheit: Bettwäsche (generell einmalig 2 €) und Frühstück (auf Wunsch; kostet um die 3 € und ist sehr reichlich) werden extra berechnet.

Private Unterkünfte

Die Grenzen zwischen Bed-&-Breakfast-Vermittlung und Mitwohnzentrale sind fließend. Oft nennen sich die Dienstleister "Wohnagentur" und vermitteln sowohl kurzfristige Wohnmöglichkeiten mit und ohne Frühstück als auch Zimmer und Wohnungen für längere Aufenthalte. Übrigens inserieren in überregionalen Tageszeitungen private Anbieter Gästezimmer und Wohnungen in Berlin.

Bed & Breakfast, Belforter Str. 21 (Pren.), ✆ 44 05 05-82, ✆ -83, www.bed-and-breakfast-berlin.de. Vermittelt EZ ab 28 €, DZ ab 45 €.

Berliner Zimmer, Goethestr. 58 (Char., U-Bhf. Deutsche Oper oder Bismarckstr.), ✆ 312 50-03, ✆ -13.

bed & breakfast bei Mann-O-Meter, Bülowstr. 106 (Schö.), ✆ 215 16 66, www.mann-o-meter.de. Vermittelt tägl. nur von 17.30–21 h zentral gelegene Privatzimmer ab 18 € pro (homosexuelle) Person.

Wohnagentur am Mehringdamm (Mitwohnzentrale), Mehringdamm 66 (Kreu.), ✆ 786 20 03, ✆ 785 06 14, www.wohnung-berlin.de. Vermitteln Appartements, Wohnungen sowie Gästezimmer.

Freiraum Wohnagentur, Wiener Str. 14 (Kreu.), ✆ 618 20-08, ✆ -06, www.freiraum-berlin.com. Im Angebot Appartements und Gästezimmer.

Mitwohnagentur Streicher, Immanuelkirchstr. 8 (Pren.), ✆ 441 66 22, ✆ 441 66 23. ⏰ Mo–Fr 11–14 h und 15–18 h. Gästezimmer, aber auch Zimmer und Wohnungen für längere Zeit.

City-Mitwohnzentrale, Hardenbergplatz 14 (City West), ✆ 194 30, ✆ 216 94 01, www.city-mitwohnzentrale.com. ⏰ Mo–Fr 10–19 h, Sa 10–15 h. Fotos von vielen der angebotenen "Wohnmöglichkeiten auf Zeit" im Internet.

Gästewohnungen

Seit der Berliner Wohnungsmarkt nicht mehr chronisch angespannt ist, gehen Wohnungsbaugesellschaften dazu über, ihren Mietern Gästewohnungen für ihre Bekannten und Verwandten zur Verfügung zu stellen. Eine Gesellschaft vermietet auch direkt an auswärtige Gäste. Die Wohnungen liegen alle in West-

Camping 43

Einchecken am Campingplatz Kohlhasenbrück

Bezirken und kosten – je nach Größe und Ausstattung – 30–80 € pro Tag (max. 6 Personen).

Infos bei **Gehag** unter ✆ 794 71 20 und 89 78 66 88, www.gehag.de.

Camping

Alle genannten Campingplätze gehören dem DCC an und haben identische Preise: Erwachsene 5 €, Kleinzelt 4 € und Wohnwagen 6,50 € pro Nacht; Strom extra.

Kladow, Krampnitzer Weg 111–117 (Span.), ✆ 365 27 97, ✆ 365 12 45. Liegt am Ende der Welt; Bus 134 ab U-Bhf. Rathaus Spandau bis Alt-Kladow, dann Bus 234 bis zum Campingplatz oder ab S-Bhf. Wannsee mit der Fähre F10. Ganzjährig geöffnet. Schattiger, ruhiger Platz mit Restaurant und kleinem Laden; ca. 250 m zum Sacrower See.

Gatow, Kladower Damm 207–213 (Span.), ✆ 365 43 40, ✆ 36 80 84 92. An der Durchgangsstraße gelegen; Anfahrt ab U-/S-Bhf. Rathaus Spandau mit dem Bus 134 oder vom U-Bhf. Theodor-Heuss-Platz mit dem Bus X 34 bis Haltestelle Flugplatz Gatow. Ganzjährig geöffnet. Gute – sogar behindertengerechte – Sanitärausstattung, Imbiss, kleine Verkaufsstelle.

Am Krossinsee, Wernsdorfer Str. 45 (Köpe.), ✆ 675 86 87, ✆ 675 91 50. Ganzjährig geöffneter, ruhiger, behindertengerechter Platz am bewaldeten Seeufer. Auch Vermietung von Bungalows (knapp 20 € für 2 Personen, Bettwäsche inkl.); Boots- und Fahrradverleih, Surfschule, Restaurant/Café, Friseur.

Dreilinden, Albrechts Teerofen (Zehl.), ✆ 805 12 01. Keine direkte Busverbindung. Ab U-Bhf. Oskar-Helene-Heim mit Bus 118 bis Bäkestr. bzw. Königsweg. Dann am Teltowkanal entlang bis zum Campingplatz (ca. 20 Min.). Geöffnet von März bis Okt.

Kohlhasenbrück, Neue Kreisstr. 36 (Zehl.), ✆ 805 17 37. U-Bhf. Oskar-Helene-Heim, dann Bus 118 bis zum Campingplatz. Sehr schön und ruhig direkt am Griebnitzsee gelegen. Geöffnet nur von März bis Okt. Gute Lage für alle, die auch mal nach Potsdam kiebitzen wollen.

Jugendcamp Backpacker's Paradise des Berliner Jugendclub e. V., Ziekowstr. 191 (Tegel), ✆ 433 86 40, 433 30 46, ✆ 434 50 63, www.backpackersparadise.de. Anreise ab U-Bhf. Alt-Tegel mit der Buslinie 222, Richtung Alt-Lübars (4 Stationen). Geöffnet von Mai bis Ende Sept. Ein Schlafplatz im

44 Übernachten

Die Tourist-Information im Europa-Center vermittelt auch Unterkünfte

15-Personen-Zelt kostet inkl. Isomatte und Decke ca. 6 € pro Nacht; Fahrradverleih, Cafeteria und Internetzugang vorhanden. Gruppen ab 10 Personen bekommen ein eigenes Zelt.

Unterkünfte nach Stadtteilen

Mitte

Hotel am Scheunenviertel → Karte S. 94/95 **(5)**, Oranienburger Str. 38, ✆ 28 30 83 10, ✉ 282 11 15. Das seit 1996 bestehende, sehr gepflegte Hotel im 1. Stock an der trubeligen Oranienburger Str. (einige ruhige Zimmer nach hinten) hat sich rasch etabliert. Hier übernachten Professorin, junge Familie und Monteur – eben alle, die direkt an der Touristen- und Szene-Meile wohnen wollen. 6 EZ ab 62 €, 12 DZ ab 72 € (inkl. Frühstück; bis 13 h); Zusatzbett 10 €. Alle Zimmer mit TV, Telefon, Dusche, WC. Preisreduzierungen am Wochenende, bei längeren Aufenthalten und für Stammgäste. Netter Frühstücksraum. Leider sind die Zimmer teilweise ziemlich klein. Gebührenpflichtiger Parkplatz (4 €/Tag).

Hotel Märkischer Hof → Karte S. 94/95 **(4)**, Linienstr. 133 (U-Bhf. Oranienburger Tor), ✆ 282 71 55, ✉ 282 43 31. Kleines, familiäres Haus in sehr zentraler Lage zwischen den Theatern und der "Szenegegend" Scheunenviertel/Spandauer Vorstadt. Service: Organisation von Theater- und Konzertkarten für die Gäste. Nostalgisch eingerichtete EZ ab 50 €, DZ ab 75 €, 3-Bett-Zi. ab 85 € (inkl. Frühstück).

Künstlerheim Luise → Karte S. 94/95 **(7)**, Luisenstr. 19, ✆ 284 48-0, ✉ -448, www.kuenstlerheim-luise.de. Eine außergewöhnliche Adresse direkt am Regierungsviertel. Hier wurde jedes Zimmer von einem anderen Künstler (z. B. Elvira Bach) gestaltet. EZ mit Etagendusche/-WC ca. 50 €, mit Dusche/WC ca. 75 €; DZ mit Etagendusche/-WC ca. 75 €, mit Dusche/WC ca. 120 €, Suite 150 €.

Artist Hotel-Pension Die Loge → Karte S. 94/95 **(3)**, Friedrichstr. 115, ✆/✉ 280 75 13, die-loge@t-online.de. Freundliche Mini-Pension; die 7 Zimmer haben z. T. nur Etagendusche; kosten als EZ 36–52 €, als DZ 57–72 €. Frühstücksbuffet 6 €. Lesben und Schwule sind hier willkommen.

Frauenhotel Intermezzo → Karte S. 94/95 **(14)**, An der Kolonnade 14, ✆ 22 48 90-96, ✉ -97, www.hotelintermezzo.de. Einfaches, aber nettes Hotel. Pro Dame im EZ ca. 40 €, DZ 35 €, 3-Bett-Zi. ca. 30 €, Frühstück 5 € extra. Kinder bis 12 Jahre (auch Jungen) zahlen ca. 23 €/Nacht. Es gibt ein behinxdertengerechtes DZ.

Gasthof und Appartementhaus Andechser Hof → Karte S. 106/107 **(1)**, Ackerstr. 155, ✆ 28 09 78-44, ✎ -45; andechserhof@aol.de. Bayerisch angehauchtes Haus mit Appartements mit Miniküche und TV ab 18 €/Pers; Sonderkonditionen für Gruppen. Restaurant im Haus.

Mitte's Backpacker Hostel, Chausseestr. 102 (U-Bhf. Zinnowitzer Str., S-Bhf. Nordbahnhof), ✆ 28 39 09-65, ✎ -35, www.backpacker.de. EZ bis 6-Bett-Zi., 13–28 €/Pers. Die Zimmer sind von Künstlerhand gestaltet und heißen z. B. "Honeymoon Suite" oder "Underwater Room". Kochgelegenheiten vorhanden. Infomaterial und Fahrradvermietung werden geboten; ein russisches Jugendzentrum sowie das Ballhaus Berlin befinden sich im Haus. Rund um die Uhr geöffnet. Übrigens liegt der Sportpark Mitte auf dem Gelände des ehemaligen Stadions der Weltjugend nebenan, Golfkurse werden im Backpacker vermittelt.

Circus – The Hostel → Karte S. 106/107 **(22)**, Rosa-Luxemburg-Str. 39 (U-Bhf. Rosa-Luxemburg-Platz), ✆ 28 39 14-33, ✎ -84, www.circus-berlin.de. 83 Betten in 27 Zimmern. Rollstuhlgerecht; Serviceleistungen: Fahrrad- und Motorradvermietung, Wäscheservice, Vermittlung von Mitfahrgelegenheiten und Tickets für Veranstaltungen aller Art, Safe, Gepäckaufbewahrung, Infomaterial usw. Preise zwischen 13 und 30 €, je nach Zimmergröße (EZ bis 8-Bett-Zi.). Von Nov. bis März gelten günstigere Preise. Reservieren!

The Club House Hostel → Karte S. 106/107 **(42)**, Kalkscheunenstr. 4–5, ✆ 28 09 79-79, ✎ -77, www.clubhouse-berlin.de. Im Keller des sanierten Altbaus liegt der Danceclub, im Erdgeschoss die Veranstaltungsbühne Kalkscheune – darüber wird geruht (mehr oder weniger). Übernachtungspreise pro Person in schlicht möblierten Zimmern zwischen 14 und 32 €, je nach Bettenzahl. All-you-can-eat/drink-Frühstück 4 €.

City West

****Bleibtreu Hotel** → Karte S. 132/133 **(48)**, Bleibtreustr. 31, ✆ 884 74-0, -603; ✎ -444. Komplett ökologisch umgebauter Altbau mit 60 kleinen, aber sehr gewitzt eingerichteten Zimmern. Das Hotel hat nichts von rustikaler Birkenstock-Gemütlichkeit, sondern ist ganz modern designed. Die verbauten Materialien sind vom Feinsten: helles Eichenholz, Schurwollteppiche usw. Alle Zimmer mit Safe, Telefon, TV und Stereoanlage mit CD-Player. Einige Nichtraucher- und einige behindertengerechte Zimmer. Bibliothek, Wellness-Bereich mit Dampfbad und Heilpraktikerin im Haus. Das hat seinen Preis: EZ 125–210 €, DZ 155–270 € (inkl. sehr leckerem Frühstück aus Bio-Zutaten).

Frauenhotel Artemisia → Karte S. 132/133 **(58)**, Brandenburgische Str. 18 (U-Bhf. Konstanzer Str.), ✆ 873 89 05, ✎ 861 86 53, www.frauenhotel-berlin.de. EZ ab 60 €, DZ

Zentral Übernachten am Ku'damm

ab 90 € (inkl. Frühstück). Zimmer mit eigener Dusche/WC teurer; diverse Sonderaktionen (z. B. Sommerangebote). Männer dürfen nur zum geschäftlichen Gespräch die von Renata Bühler und Manuela Polidari betriebenen heiligen Hallen betreten. Im 1989 gegründeten 1. deutschen Frauenhotel, übrigens mit Stilmöbeln ausgestattet, gibt es eine Bar, eine Bibliothek sowie ein Spielzimmer für Kinder. Gefrühstückt wird im Sommer auf der Sonnenterrasse auf dem Dach. Buchen sollten interessierte (Geschäfts-)Frauen allerdings frühzeitig;

Übernachten

das Hotel hat nur 8 Zimmer und die Nachfrage ist riesig.

****Hotel-Pension Wittelsbach → Karte S. 132/133 **(59)**, Wittelsbacher Str. 22 (U-Bhf. Konstanzer Str.), ✆ 864 98 40, 📠 862 15 32. Einziges Berliner Hotel, das wegen der familiengerechten Ausstattung zu den "Familotels" gehört. Die Inhaberin Irmgard Arzt nennt es auch "Märchenhotel". Warum, sieht man auf den ersten Blick: Ritterburgen, Dornröschen-Zimmer und überall Spielzeug – zumindest in der Familienetage. Ein Traum für die Kleinen! Geschäftsreisende, die keinen Buggy, kein Kinderbett, kein Babyphon und keine Wickelkommode brauchen (alles mehrfach vorhanden) bekommen hier ein ruhiges Zimmer fernab vom Kindergeschrei. Das Hotel ist behindertengerecht und verfügt über eine Hinterhofterrasse. Alle Zimmer mit eigenem Bad/Dusche und WC. EZ 67–93 €, DZ 93–113 €, Suiten ca. 160 € (inkl. Frühstück).

Propeller Island City Lodge → Karte S. 132/133 **(54)**, Albrecht-Achilles-Str. 58 (U-Bhf. Adenauerplatz), ✆ 891 90 16 (9–12 Uhr), 📠 892 87 21, www.propeller-island.com. Ein Gesamtkunstwerk des Künstlers Lars Stroschen. Nachdem er 1997 ein Hotel mit 5 Zimmern eröffnet hatte, kaufte er 1998 ein benachbartes Hotel hinzu, um das "Propeller" um 22 Zimmer erweitern zu können. Jedes Zimmer ist ein Kunstwerk, so das "Zwergenzimmer", mit reichlich Gartenzwergen dekoriert und nur 1,40 m hoch (bietet nur einer Person Platz), ein anderes völlig verspiegelt und bemalt, aber auch beruhigende Zimmer sind vorhanden. Stereoanlagen mit speziell gemischten Sounds, Selbstversorgerküchen und Natursteinbäder ergänzen das außergewöhnliche Angebot. Zimmerpreise zwischen ca. 30 und 120 €, Frühstück 5 € extra. Ein ganz besonderer Tipp!

Hotel-Pension Dittberner → Karte S. 132/133 **(47)**, Wielandstr. 26, ✆ 881 64 85, 📠 885 40 46. EZ ab 64 €, DZ ab 82 € (inkl. Frühstück). Traditionelle familiäre Berliner Hotel-Pension mit geräumigen Altberliner Zimmern; viele Geschäftsreisende. 2002 von "Partner für Berlin" als freundlichste Pension der Stadt ausgezeichnet.

Hotel-Pension Nürnberger Eck → Karte S. 132/133 **(51)**, Nürnberger Str. 24a (U-Bhf. Augsburger Str.), ✆ 23 51 78-0, 📠 -99. EZ 41–57 €, DZ 67–93 € (inkl. Frühstück). Sehr familiäre kleine Künstlerpension mit 8 Zimmern, die völlig unterschiedlich im Stil der 1920er und 30er möbliert sind. Denn schon zu dieser Zeit wurden hier Zimmer vermietet. Besonderheit: das Hochzeitszimmer. Inhaberin Helma Baalmann ist seit den 1980er Jahren mit vielen Künstlern befreundet, die einige Kunstwerke im Hotel hinterlassen haben.

Hotel-Pension Waizenegger → Karte S. 132/133 **(29)**, Mommsenstr. 6, ✆ 883 17 09, 📠 881 45 28. Ruhige 8-Zimmer-Pension in sehr schönem Altberliner Haus, klassischer Innenhof. EZ ab 47 €, DZ ab 57 € (mit Etagenbad; mit eigenem Bad ca. 30 € mehr), Frühstück inkl.

Pension Viola Nova → Karte S. 132/133 **(26)**, Kantstr. 146 (S-Bhf. Savignyplatz), ✆ 313 14 57, 📠 312 33 14. Jugendlich schlicht gestaltete Pension in einem sanierten Bürgerhaus nahe Bhf. Zoo. 9 DZ mit Waschbecken (Einzelbelegung ca. 50 €, Doppelbelegung ca. 65 € mit Frühstück), 3 Duschen und 4 WCs auf dem Flur; 2 DZ mit Dusche (ca. 60 bzw. 80 €); 4 DZ mit Dusche und WC (ca. 70 bzw. 90 €); 2 Appartements mit Küche, Bad, Telefon, TV. Daneben auch preiswerte Mehrbettzimmer. Internationales Publikum.

Berolina an der Gedächtniskirche → Karte S. 132/133 **(33)**, Rankestr. 35, ✆ 23 62 39-61, 📠 -62. Erst 2000 eröffnetes einfaches 18-Zimmer-Haus mit Etagenbädern und -WCs. EZ ab ca. 35 €, DZ ab ca. 40 €.

Hostel Die Etage → Karte S. 132/133 **(44)**, Katharinenstr. 14 (am westlichen Ende des Ku'damms), ✆ 89 09 08 20, www.die-etage.de. Seit Mai 2000 bestehendes, absolut un-hippes Hostel mit 54 Betten. Pro Person im EZ ab 25 €, im DZ ab 20 €, im 3- und 4-Bett-Zi. etwas günstiger, im Schlafsaal ab 16 €; Sonderpreise für Gruppen.

Jugendgästehaus Central → Karte S. 132/133 **(60)**, Nikolsburger Str. 2–4, ✆ 873 01-88, -89, 📠 861 34 85, www.jugendgaestehaus-central.de. Im herben Jugendherbergs-Charme der 1960er erhaltenes Haus mit Einzel- bis 6-Bett-Zimmern (insgesamt 456 Betten). Behindertengerechtes Bad. Übernachtung inkl. Frühstück pro Person ca. 20 €; äußerst preiswert: Halb- und Vollpension, Aufschlag von 2,50 bzw. 3,50 €.

Jugendherberge JGH Berlin → Karte S. 94/95 **(22)**, Kluckstr. 3 (Bus 129, Haltestelle Gedenkstätte Deutscher Widerstand), ✆ 261 10 97, www.jugendherberge.de. Übernachtung für Leute bis 27 Jahre im

Auch in Kreuzberg gibt es familiäre Hotels hinter Stuckfassaden

Schlafsaal 14 €, im 3–5-Bett-Zi. 18,50 € und im DZ 23 € pro Person inkl. Frühstück und Bettwäsche. Mitgliedschaft im Jugendherbergswerk erforderlich (Beitritt bei Ankunft möglich); rechtzeitig schriftlich anmelden. Keine Nachtschließzeiten.

Prenzlauer Berg

acksel Haus → Karte S. 146/147 **(59)**, Belforter Str. 21, ✆ 44 33 76 33, ✆ 441 61 16, acksel@t-online.de. Wer in der Bed-&-Breakfast-Agentur im selben Haus nicht fündig geworden ist, kann hier in einem der 6 Zimmer teurer – dafür sehr nett – ruhen. Von den esoterisch angehauchten Betreibern schön eingerichtete EZ ab 45 €, DZ ab 55 € ohne Frühstück.

Guesthouse eastside → Karte S. 146/147 **(26)**, Schönhauser Allee 41, ✆ 43 73 54-84, ✆ -85, www.eastside-gayllery.de. Schwule und Lesben sind die Zielgruppe dieser Zimmervermietung des gay & lesbian store "gayllery". Alle Zimmer mit Dusche/WC und TV/Video. EZ für ca. 40 €, DZ ca. 70 €.

Pension Amsterdam → Karte S. 146/147 **(3)**, Gleimstr. 24, ✆ 44 00 94 54, 448 07 92, www.pension-amsterdam.de. Bei Schwulen beliebte, modern eingerichtete Pension mit angeschlossenem Café. EZ ca. 30 €, DZ ca. 60 €.

Lette'm sleep → Karte S. 146/147 **(13)**, Lettestr. 7 (zwischen U-Bhf. Eberswalder Str. und S-Bhf. Prenzlauer Allee), ✆ 44 73 36 23, www.backpackers.de. DZ mit Kochgelegenheit ca. 50 €, Bett im 3–6-Bett-Zi. ab 15 €. Ein rollstuhlgerechtes Backpacker-Hostel; alle Zimmer mit Waschgelegenheit.

Kreuzberg

Hotel Garni Am Anhalter Bhf., Stresemannstr. 36 (gegenüber Hebbel-Theater), ✆ 251 03 42, ✆ 251 48 97. 72 Betten, nicht alle Zimmer mit eigenem Bad. EZ 41–72 €, DZ 67–100 € (inkl. Frühstück), auch preiswerte Mehrbettzimmer. Ruhige Lage, gemischtes Publikum: Monteure wie Studenten.

Hotel Transit → Karte S. 156–159 **(70)**, Hagelberger Str. 53 54 (U-Bhf. Mehringdamm), ✆ 789 04 7-0, ✆ -77, www.hotel-transit.de. 142 Betten; EZ ab 47 €, DZ ab 55 €, Mehrbettzimmer (für 3 Pers.) ab 60 €, auch größere Zimmer im Angebot. Einzelbetten in Mehrbettzimmern (zusammen mit fremden Leuten) kosten nur 16 €, alles inklusive Frühstück am hauseigenen Buffet. Alle Zimmer sind mit Dusche ausgestattet. Internationales Publikum und viele Rucksack-Touristen; das Hotel bezeichnet sich als homosexuellenfreundlich. Im Haus liegt die Bar Zyankali, ein Szenetreff der 1980er,

48 Übernachten

in dem immer noch bis spät der Bär los ist! Fernsehraum, Münzwaschmaschine.

Hotel-Pension Wendenhof → Karte S. 156–159 **(55)**, Spreewaldplatz 8, ✆ 618 70 00. Ein Traditionshaus mit freundlichem Service. EZ ohne Dusche ca. 40 €, mit Dusche ca. 50 €, DZ 70–90 €. Reichhaltiges Frühstück, falls gewünscht, für ca. 5 €.

Gasthaus Dietrich Herz → Karte S. 156–159 **(69)**, Marheinekeplatz 15 (U-Bhf. Gneisenaustr.), ✆ 691 70-43, -44, 🖷 693 11 73. Hotel-Pension mit Altberliner Gaststätte im Gebäude der Markthalle. Besonders beliebt sind die Balkonzimmer zum ruhigen Platz raus. EZ ca. 40–60 €, DZ 60–70 € (inkl. Frühstück). Im Sommer kann man draußen sitzen und eins der üppigen, sehr preiswerten Gerichte verzehren. Hier fühlt man sich fast wie bei Muttern in der Provinz – kann erholsam sein.

Gästehaus Freiraum → Karte S. 156–159 **(57)**, Wiener Str. 14 (U-Bhf. Görlitzer Bahnhof), ✆ 618 20 08, 0177/618 20 08, 🖷 618 20 06, www.freiraum-berlin.com. Seit 1996 besteht das Gästehaus im ruhigen zweiten Hinterhof. EZ ab 20 €, DZ ab 36 €, 3-Bett-Zi. ab 50 € und 4-Bett-Zi. ab 60 €, Appartement ab 47 €; kein Frühstück. Rabatte für Gruppen.

Die Fabrik → Karte S. 156–159 **(56)**, Schlesische Str. 18 (U-Bhf. Schlesisches Tor), ✆ 611 71 16, 617 51 04, 🖷 618 29 74, www.diefabrik.com. Früher wurden hier Telefone produziert, heute stehen müden Gästen 44 einfach, aber nicht spartanisch möblierte Räume zur Verfügung. Das in einem Fabrikgebäude der Jahrhundertwende untergebrachte Hostel bietet große, helle Zimmer nicht nur für (etwas ältere) Rucksacktouristen – hier steigen auch viele Musiker ab, z. B. Guildo Horn. EZ ab 35 €, DZ ab 50 €, 3-Bett-Zi. ab 60 €, 4-Bett-Zi. ca. 75 €, Schlafsaal pro Person ca. 15 €; Frühstück kostet 7 € extra und wird ab 7.30 h im hauseigenen Café Eisenwaren serviert.

BaxPax → Karte S. 156–159 **(52)**, Skalitzer Str. 104, ✆ 69 51 83-22, 🖷 -72, info@baxpax.de, www.baxpax.de. In einer 750 qm großen ehemaligen Fabriketage eröffnete 2000 ein Ableger vom Mitte's Backpacker Hostel. Die Übernachtungspreise liegen zwischen 28 und 13 €/Pers., je nach Bettenzahl. Geld sparen helfen die Selbstversorgerküche und die preiswerte Bar im Haus. Fahrradvermietung.

Friedrichshain

East-Side-City-Hotel → Karte S. 156–159 **(38), Mühlenstr. 6, ✆ 29 38 33, 🖷 29 38 35 55, www.eastsidecityhotel.de. Frisch aufgehübschter Altbau an der verkehrsreichen Mühlenstr. 35 Zimmer mit Dusche und WC. EZ 60–95 €, DZ 70–108 €.

The Sunflower Hostel → Karte S. 156–159 **(34)**, Helsingforser Str. 17, ✆ 44 04 42 50, www.sunflower-berlin.de. Pro Person von 35 € (EZ) bis 13 € (Schlafsaal), Bettwäsche inkl., Frühstücksbuffet 3 €. Von vielen Räumen spektakulärer Fernblick über die weiten Gleisanlagen an der Warschauer Straße bis in die City.

Globetrotter Hostel Odyssee → Karte S. 156–159 **(11)**, Grünberger Str. 23 (U-/S-Bhf. Warschauer Str.), ✆ 29 00 00 81, www.hostel-berlin.de. Im 2. Hinterhof, im 1. Stock gelegenes Hostel mit farbenfroh gestalteten Räumen. EZ mit eigener Dusche 33 €, DZ mit 50 €, ohne Dusche 37 €. Im 4-Bett-Zi. pro Person 17 €, im 6-Bett-Zi. 15 € und im 8-Bett-Zi. 12 €. Frühstück bis 13 h, Restaurant- und Barbetrieb bis zum Morgengrauen.

A & O Backpackers Hostel → Karte S. 156–159 **(31)**, Boxhagener Str. 73, ✆ 29 00 73 66, www.aobackpackers.de. Ruhig, da im Hof gelegenes Hostel in der Nähe des angesagten Kiezes am Boxhagener Platz. Pro Person im DZ ca. 19 €, im 4-Bett-Zi. ca. 14 €, im 4- oder 6-Bett-Zi. ca. 13 € und im 10er-Schlafsaal 12 €.

Pegasus Hostel → Karte S. 156–159 **(7)**, Straße der Pariser Kommune 35 (U-Bhf. Weberwiese, S-Bhf. Ostbahnhof), ✆ 293 51-810, 🖷 -166, www.pegasushostel.de. Hostel in einer ehemaligen jüdischen Mädchenschule in Friedrichshain, nahe der Karl-Marx-Allee. Auf 4 Etagen verteilen sich 30 helle, ruhige und einfach eingerichtete Zimmer mit eigenen Waschgelegenheiten. Duschen und WCs liegen auf der Etage (Anzahl kaum ausreichend; morgens oft längere Wartezeiten); großer Aufenthaltsraum (ehem. Turnsaal), Frühstücksraum, Hofgarten, eigene Parkplätze. Übernachtungspreise je nach Zimmergröße (EZ bis 6-Bett-Zi. und Saal): EZ 27 €, Mehr-Bett-Zimmer ab 13 € pro Person. Für Reisegruppen gibt es eigene Etagen mit Gruppenleiterzimmern. Im Angebot u. a. Fahrradvermietung, Skate-Touren, Shuttle- und Ticketservice, Internetzugang, Infos zum Nachtleben und zum schwulen Berlin usw.

Hinter der sanierten Gründerzeitfassade liegen die großzügigen Räume des A & O Backpackers Hostels

Köpenick

Hotel am Spreeufer → Karte S. 168/169 **(5), Freiheit 10–11, ✆ 65 48 05-0, ✎ -55. Direkt am Wasser gelegen. 23 Zimmer mit Dusche/Bad und WC. EZ 47–57, DZ 57–67 €.

Hotel Bölsche 126, Bölschestr. 126 (S-Bhf. Friedrichshagen), ✆ 645 14 95, ✎ 64 48 81 32. Alle elf neu gestalteten, ruhig gelegenen Altbau-Zimmer mit Dusche/WC. EZ ab 45 €, DZ ab 60 €.

Hotel-Pension Karolinenhof, Pretschener Weg 42 (Tram 68), ✆ 67 50 97-0, ✎ -17, www.karolinenhof.com. Geschmackvoll ländlich eingerichtetes 10-Zimmer-Haus, in dem Schwule und Lesben ausdrücklich erwünscht sind. Sauna und Solarium vorhanden, Segelbootvermietung am nahen Langen See, Fahrradvermietung. Alle Zimmer mit Bad/WC oder Dusche/WC. EZ 44–54 €, DZ 62–77 €.

Hostel am Flussbad → Karte S. 168/169 **(8)**, Gartenstr. 50 (S-Bhf. Köpenick), ✆ 65 88 00-94, ✎ -93, www.der-coepenicker.de. Der Geschichtsverein "Der Cöpenicker" eröffnete im Frühjahr 1996 sein Jugendhotel direkt am Flussbad Gartenstraße. 9 Mehrbettzimmer mit Etagendusche, 19 €/Pers., DZ 37 € (ohne Frühstück). Kindergerecht.

Spandau

Hotel Benn → Karte S. 177 **(5)**, Ritterstr. 1 a, ✆ 353 92 70, ✎ 333 99 78, www.hotel-benn.de. Familiäres Hotel garni mit 21 Zimmern im schick renovierten Altbau. EZ ca. 70 €, DZ ca. 90 €.

Hotel Lindenufer → Karte S. 177 **(9)**, Breite Str. 36, ✆ 35 37 70-0, ✎ -55, www.hotel-lindenufer-berlin.de. Ruhige Lage in der Fußgängerzone. EZ ca. 60 €, DZ ca. 80 €.

Hotel Herbst → Karte S. 177 **(7)**, Moritzstr. 20–21, ✆ 353 70 00, ✎ 333 73 65, www.hotel-herbst.de. Von derselben Inhaberfamilie wie das Hotel Benn geführt, aber etwas preiswerter: EZ ca. 55 €, DZ ca. 80 €.

Hotel Altstadt Spandau → Karte S. 177 **(13)**, Wasserstr. 4–8, ✆ 35 39 32-0, ✎ -13. Idyllisch und ruhig an der Mündung der Spree in die Havel gelegener Altbau. EZ ca. 55 €, DZ ca. 75 €.

Brauhaus in Spandau → Karte S. 177 **(2)**, Neuendorfer Str. 1, ✆ 35 39 07-0, ✎ -11, www.brauhaus-spandau.de. Neben Großgastronomie ein kleines Hotel für die, die zu viel vom hausgebrauten Bier genossen haben. Schöne, recht ruhige Lage am Kolk. 18 Betten in 7 Zimmern; Preise auf telefonische Anfrage.

Aktuelle Show im Friedrichstadtpalast: "Wunderbar – die 2002. Nacht"

Oper, Theater, Kino, Sport ...

Berlin hat allein drei Opernhäuser, weit über hundert Theater-, Tanz- und Kleinkunstbühnen, mehr als hundert Kinos sowie unzählige weitere Veranstaltungsorte. Auch hochkarätige und ausgefallene Sportveranstaltungen kann man in der Stadt besuchen.

Bei so viel Fülle hat der Kulturfreund die Qual der Wahl: Klassisches Ballett oder Kabarett? Oper, Sprechtheater oder Musical? Einen Abend im mondänen Varieté genießen oder lieber ein Zwei-Personen-Drama auf einer Hinterhaus-Kleinkunstbühne ansehen?

Oder vielleicht modernes Tanztheater in der Schaubühne erleben? Dann gibt es ja auch noch die Konzerte, von Klassik über Jazz, Weltmusik, Rock, Pop bis Minimal Music. Daneben locken große Kinos wie das 3-D-Kino, aber auch kleine Alternativkinos mit zuweilen skurrilen Filmen, die selten gezeigt werden.

Sogar alteingesessene Berliner verlieren hier ab und zu den Überblick und die Entscheidungsfreude. Oft spielt der Zufall bei der Abendgestaltung eine Rolle, manchmal ist einfach ausschlaggebend, wofür es noch Karten gibt. Die Eintrittspreise beeinflussen die Auswahl natürlich ebenfalls. Das aktuelle Tagesprogramm findet man in den Tageszeitungen und den (teilweise kostenlosen) Veranstaltungs- und Stadtmagazinen sowie im Internet. Plakate an Litfaßsäulen und in den U- und S-Bahnhöfen weisen ebenfalls auf Veranstaltungen hin. Eintrittskarten gibt es generell an der Abendkasse, oft auch im Vorverkauf der jeweiligen Häuser und bei diversen Vorverkaufsstellen, die überwiegend in der City liegen.

Im Trend ist weiterhin Comedy aller Art, von den musizierenden Geschwistern Pfister und Gayle Tufts mit ihren One-Woman-Shows auf "Denglisch", einem Sprachgemisch aus Deutsch und Englisch, die gern in der *Bar jeder Vernunft* auftreten, bis zum Duo Eichhorn/Pigor oder dem "scheuen Fil". Auch Varieté und Klezmer-Musik bleiben angesagt. Neuerdings sind Lesungen en vogue, allerdings nicht in ihrer klassischen, eher drögen Form, sondern als Pop-Veranstaltungen, z. B. donnerstags in der Alten Kantine der *Kulturbrauerei*.

Eintrittskarten

Eine Theaterkasse, die sich auf den Versand von telefonisch bestellten Karten spezialisiert hat, ist abida – Theaterkasse am Bundesplatz, ✆ 853 20 44, www.abida.de.
Im Internet wird man unter www.theaterticket-berlin.de, www.getgo-tickets.de, www.koka36.de oder www.kartenhaus.de fündig. Auch auf den Seiten www.berlin.de, www.meinberlin.de und den Websites vieler Veranstaltungsorte kann man Eintrittskarten online bestellen.
Das Kartenbüro Hekticket bietet preisreduzierte Eintrittskarten für Vorstellungen am selben Tag an. ✆ 24 31 24 31, Liebknechtstr. 12 (U-/S-Bhf. Alexanderplatz) und Hardenbergstr., im Hochhaus am Zoo (U-/S-Bhf. Zoologischer Garten).
Internet-Buchung unter www.berlinonline.de/kultur/hekticket.

Sprechtheater

Berliner Ensemble (BE) (Mitte), Bertolt-Brecht-Platz 1 (S/-U-Bhf. Friedrichstr.), ✆ 28 40 81 55, www.berliner-ensemble.de. Ehemaliges Brecht-Theater, das seit 1999 von Claus Peymann geleitet wird. Oft ausverkauft!
Berliner Kriminaltheater (Wilm.), Nürnberger Str. 33 (U-Bhf. Augsburger Str.), ✆ 47 99 74 88. Karten ab 15 €. In der Neueröffnung des Jahres 2000 werden nur Kriminalstücke für ein wachsendes Publikum gespielt. Am Wochenende täglich zwei Vorstellungen.
Deutsches Theater (DT) und **DT-Kammerspiele** (Mitte), Schumannstr. 13, (U-/S-Bhf. Friedrichstr., Tram 1, 50), ✆ 284 41-222, -225, www.deutsches-theater.berlin.net. Klassisches Programm mit manchmal noch etwas DDR-Flair; hervorragende Schauspieler. Schwerhörigen-Anlage vorhanden. Seit 2001 unter der Intendanz von Bernd Wilms, der in den Kammerspielen auch modernere Stücke spielen lässt. Der jüngst wieder einsetzende Publikumserfolg gibt den Neuerungen Recht.
Hebbel-Theater (Kreu.), Stresemannstr. 29 (U-Bhf. Hallesches Tor, Möckernbrücke, S-Bhf. Anhalter Bhf., Bus 248, 341), ✆ 25 90 04 27. Kleines, altes Theater mit umfangreichem Gastspielprogramm, auch aus dem Ausland. Eintrittspreise ab 13 €. Oft ausverkauft, also rechtzeitig anrufen!
Kleines Theater (Schö.), Südwestkorso 64 (U-Bhf. Friedrich-Wilhelm-Platz, Busse 101, 348), ✆ 821 30 30, www.kleines-theater.de. Karten 15-22 €. Auch nach dem plötzlichen Tod der Betreiberin im Dezember 2001 wird weiter gespielt.
Komödie und **Theater am Kurfürstendamm** (Char.), Kurfürstendamm 206 (U-Bhf. Uhlandstr., Busse 109, 119, 129, 249), ✆ 47 99 74 40, www.komoedie-berlin.de. Karten 10-35 €. Die beiden Häuser werden von Jürgen Wölffer geleitet; das Publikum ist meist eher weißhaarig. Ausnahme: Auftritte der neuen "Comedian Harmonists" oder moderne Komödien wie "Raucher/Nichtraucher" mit Katja Riemann.
Maxim-Gorki-Theater (Mitte), Am Festungsgraben 2 (U-/S-Bhf. Friedrichstr., Busse 100, 157, 348), ✆ 202 21-0, -115, -129, www.gorki.de. Karten 15-30 €. Berlinisches Programm im 2000 frisch sanierten Traditionshaus. Häufig inszeniert und spielt Katharina Thalbach hier. Die Zukunft des Hauses ist aufgrund angekündigter Subventionskürzungen ungewiss.
Renaissance-Theater (Char.), Hardenbergstr. 6 (U-Bhf. Ernst-Reuter-Platz, Busse 101, 145, 245), ✆ 312 42 02, www.

Oper, Theater, Kino, Sport ...

Provokation oder Klamauk? Die Inszenierungen in der Volksbühne sind umstritten

renaissance-theater.de. Karten 12–30 €. Das einzige Art-Déco-Theater Europas mit sehenswerten Holzintarsien im ganzen Zuschauerraum wurde von Oskar Kaufmann entworfen.
Schaubühne am Lehniner Platz (Wilm.), Kurfürstendamm 153 (U-Bhf. Adenauerplatz, Busse 119, 129, 219), ✆ 89 00 23, www.schaubuehne.de. Karten 10–30 €. Seit 1999 von Thomas Ostermeier und der Choreographin Sasha Waltz geleitetes Theater, das sich nun sehr jugendlich gibt.
Theater am Halleschen Ufer (Kreu.), Hallesches Ufer 32 (U-Bhf. Hallesches Tor, Möckernbrücke). Kasse und Reservierungen unter ✆ 251 09 41. Eintritt 5–13 €. Off-Theater, aber auch Kabarett und Tanz.
Volksbühne (Mitte), Rosa-Luxemburg-Platz (U-Bhf. Rosa-Luxemburg-Platz, Alexanderplatz, Straßenbahnen 71, 72, Busse 140, 240), ✆ 247 67 72 (Kasse), ✆ 247 76 94 (Besucherservice), www.volksbuehne-berlin.de. Karten 8–15 €. Die Leitung hat seit 1992 Frank Castorf, bekannt durch seine spektakulären Klassikerinszenierungen. Kritiker nennen so etwas Effekthascherei, aber dem (jungen) Publikum gefällt's. Nebenspielort im **Prater** (Pren.), Kastanienallee 7–9.

Oper

Deutsche Oper Berlin (Char.), Bismarckstr. 35 (U-Bhf. Deutsche Oper), ✆ 343 84 01 und 0800/248 98 42 (freecall), ✆ 341 02 49 (Kasse), www.deutscheoperberlin.de. Karten 10–100 €, je nach Kategorie; bei Sonderveranstaltungen auch mehr. 25 % Ermäßigung für Studierende etc. frühestens eine Woche vor der Veranstaltung. Tipp für Kurzentschlossene: Am Veranstaltungstag werden Restkarten der Repertoire-Vorstellungen um 25 % ermäßigt verkauft, erfahrungsgemäß sind meist nur die Vorstellungen am Wochenende langfristig ausverkauft. Viele interessante Aufführungen für Freunde der Musik – auch Ballett. Bei Premieren und Gastspielen rechtzeitig nach Karten umsehen! Seit September 2001 ist Fabio Luisi hier Generalmusikdirektor; er will einen Schwerpunkt auf die Oper des 20. Jh. sowie selten gespielte Stücke legen. Nach dem Tod des langjährigen Generalintendanten, Götz Friedrich, übernahm Udo Zimmermann im September 2001 mit der Aufführung von Luigi Nonos Oper "Intolleranza" dieses Amt.
Deutsche Staatsoper (Mitte), Unter den Linden 7 (U-/S-Bhf. Friedrichstraße, Busse

100, 157, 348), ℡ 20 35 45 55 (Vorbestellungen), ℡ 20 35 44 38 (Spielplanauskunft), www.staatsoper-berlin.de. Für ein begrenztes Kartenkontingent (schlechtere Plätze) werden Ermäßigungen gewährt; 2 Rollstuhlplätze vorhanden. Das Haus entwickelt sich mehr und mehr zum Promi-Treffpunkt; der frühere Schwerpunkt auf Alter Musik (Barock) wurde 2000 aufgegeben. Ebenfalls 2000 wurden schwere bauliche Mängel am Haus entdeckt, deren Beseitigung mit ca. 50 Mio. € zu Buche schlagen wird. Generalmusikdirektor ist seit 1992 Daniel Barenboim; er arbeitet mit dem Intendanten Peter Mussbach zusammen.

Komische Oper (Mitte), Behrenstr. 55–57 (U-Bhf. Französische Str., S-Bhf. Friedrichstr.). Vorverkauf um die Ecke Unter den Linden 41, ℡ 20 26 06 66, www.komische-oper-berlin.de. Hier werden alle Opern auf Deutsch gesungen, daneben gibt es Ballett-Aufführungen. Tipp: Ab 1 Woche vor der Vorstellung gibt es Restkarten für Aufführungen am Mo–Do zum halben Preis! Reservierung unter ℡ 47 99 74 00 oder per Internet.

Renommierobjekt Deutsche Staatsoper

Tanztheater

Dock 11 (Pren.), Kastanienallee 79 (U-Bhf. Eberswalder Str.), ℡ 448 12 22. Eintritt 10 € (erm. 8 €). Gastspielort für modernes Tanztheater.

Friedrichstadtpalast (Mitte), Friedrichstr. 107 (U-/S-Bhf. Friedrichstr.), ℡ 23 26 23 26, www.friedrichstadtpalast.de. Kasse: ⊙ Mo 9–18 h, Di–Sa 9–20 h. Karten 13–50 €. Europas größtes Revuetheater – entsprechendes Publikum. Aufwändige Shows mit Live-Musik und akrobatischen Einlagen. Schaubühne am Lehniner Platz (→ S. 52).

Sophiensaele (Mitte), Sophienstr. 18, Hinterhaus (U-Bhf. Weinmeisterstr., S-Bhf. Hackescher Markt), ℡ 283 52 66, www.sophiensaele.com. Im 1997 gegründeten Theater wird Tanz- und Sprechtheater gegeben, oft reichlich Dekonstruktivistisches. Eintritt 13–40 €, je nach Vorstellung (nur Gastspiele), Ermäßigung möglich.

Tanzfabrik Berlin (Kreu.), Möckernstr. 68 (U-Bhf. Yorckstr., U-Bhf. Mehringdamm, Busse 119, 219), ℡ 786 58 61. Eintritt 8–10 €.

Theater am Halleschen Ufer (Kreu.), Hallesches Ufer 32 (U-Bhf. Hallesches Tor, Möckernbrücke). Kasse und Reservierungen: ℡ 251 09 41, ⊙ Mo–Fr 16–19 h, Sa/So 18–19 h. Eintritt 5–15 €. Off-Theater, aber auch Kabarett und Tanz.

Kabarett, Varieté, Kleinkunst

Bar jeder Vernunft (Wilm.), Schaperstr. 24 (U-Bhf. Spichernstr.), ☎ 883 15 82, www.bar-jeder-vernunft.de. Sehr beliebt – kein Wunder, da die Shows in einem Spiegelzelt der Jahrhundertwende stattfinden. Immer voll und meist sehr lange im Voraus ausverkauft. Karten 20–30 €. Biergarten im Sommer open end.

Wohin in Berlin?

BKA (Kreu.), Mehringdamm 32–34 (U-Bhf. Mehringdamm), ☎ 202 20 07, www.bka-luftschloss.de. Viele Gastspiele und Mitternachtsprogramm in der **B**erliner **K**abarett **A**nstalt. Jugendliches bis mittelaltes Publikum. Hier gastierten Stars wie Matthias Deutschmann und Tom Gerhard. Ein Zelt des BKA steht auf dem Schloßplatz (Mitte), das **BKA-Luftschloss**. Im BKA-Luftschloss wird auch Musiktheater gespielt, daneben gibt es Travestieshows und Konzerte.

Brotfabrik (Weiß.), Prenzlauer Promenade 3 (S-Bhf. Prenzlauer Allee, Straßenbahnen 1, 13, 23, 24, Busse 156, 158), ☎ 471 40 02. Nach dem Umbau der ehemaligen Brot- und Selters-Fabrik im Herbst 1995 ist eine attraktive Kleinkunstbühne entstanden, u. a. Kabarett- und Varieté-Programm. Eintritt unter 10 €.

Chamäleon Varieté (Mitte), Rosenthaler Str. 40/41 (S-Bhf. Hackescher Markt), ☎ 282 71 18, www.chamaeleonberlin.de. Eintritt ab 22 €. Chamäleon-Star Hacki Ginda präsentiert wechselnde Shows mit akrobatischem Schwerpunkt.

Distel (Mitte), Friedrichstr. 101 (U-/S-Bhf. Friedrichstr.), ☎ 204 47 04. Kasse: ⏰ Mo–Fr 12–18 h und 2 Std. vor Beginn der Veranstaltungen. Eintritt 6–20 €. Ehemaliges DDR-Kabarett mit Geschichte, auch Stasi-Geschichte, wie sich 1999 herausstellte. Die langjährige Chefin Gisela Oechelhäuser wurde als IM enttarnt. Das Publikum blieb dem Haus aber treu – es sind ohnehin viele Touristen darunter, die von der Affäre nichts wissen.

Kalkscheune (Mitte), Johannisstr. 2 (U-/S-Bhf. Friedrichstr., S-Bhf. Oranienburger Str., U-Bhf. Oranienburger Tor), ☎ 59 00 43 4-0, 📠 -11, www.kalkscheune.de. Hier an der Ecke Johannisstr./Kalkscheunenstr. hinter dem Friedrichstadtpalast residiert Dr. Seltsam, der jeden So-Mittag zum Frühschoppen bittet. Inspiriertestes Programm auf dem Wortsektor. Besonderheit: Der Eintritt ist frei und jeder bezahlt nach der Vorstellung so viel, wie ihm der Frühschoppen wert war. Im restaurierten Altbau finden auch andere Veranstaltungen – z. B. diverse Parties – statt.

Kulturbrauerei (Pren.), Knaackstr. 97/Ecke Danziger Str. (U-Bhf. Eberswalder Str.), ☎ 44 31 50. Veranstaltungen aller Art in der ehemaligen Schultheiss-Brauerei, die seit einigen Jahren von Grund auf saniert wird. Ein Großteil der Räumlichkeiten wurde im Frühjahr 2000 feierlich wiedereröffnet. Leider kreist der Pleitegeier über dem Kulturzentrum.

Mehringhof Theater (Kreu.), Gneisenaustr. 2a (U-Bhf. Mehringdamm, Busse 119, 247), ☎ 691 50 99. Gastspielort von hohem Niveau, hier geben sich die Kleinkunst-Preisträger die Klinke in die Hand.

Pfefferberg (Pren.), Schönhauser Allee 176 (U-Bhf. Senefelder Platz), ☎ 443 83 11-0, -5, www.pfefferberg.de. Wie die Kulturbrauerei ebenfalls eine ehemalige Brauerei (Mitte des 19. Jh. erbaut), allerdings namens Pfeffer. Derzeit größere (Um-)Bauarbeiten.

Scheinbar (Schö.), Monumentenstr. 9 (U-/S-Bhf. Yorckstr.), ☎ 784 55 39. Wechselnde KünstlerInnen, z. T. mit Fußgängerzonen-

Musical

Zukunft ungewiss – Stella-Musical-Theater am Marlene-Dietrich-Platz

erfahrung, gestalten ein abwechslungsreiches, oft musikbetontes Programm in diesem wohnzimmergroßen Varieté, das schon seit 1986 besteht. Akzeptable Eintrittspreise.

Stachelschweine (Schö.), im Europa-Center (U-/S-Bhf. Zoo, Busse 119, 129, 219), ✆ 261 47 95. Eintritt 11–20 €. Alte Westberliner Institution. Auch nach Wolfgang Gruners Tod wird weiter gespielt.

UFA-Fabrik (Temp.), Viktoriastr. 10–18 (U-Bhf. Ullsteinstr., Busse 170, 174), ✆ 75 50 30, www.ufafabrik.de. Seit 1979 alternatives Wohnprojekt und selbstverwalteter Gastspielort in den ehemaligen Filmproduktionshallen. Meist Kabarett und Varieté; hier wird auch das Andenken an Wolfgang Neuss hochgehalten (u. a. in Form der Aufführung bisher unveröffentlichter Videos von und mit ihm). Alt-Szene-Star Juppy führt gern durchs Programm. Auch viel Programm für Kinder. Anziehungspunkt für sie ist ebenfalls der Kinderbauernhof auf dem Ufa-Gelände (◷ Di–Fr 10–18 h, Sa/So 12–15 h).

Wintergarten Varieté (Tier.), Potsdamer Str. 96 (U-Bhf. Kurfürstenstr., Busse 148, 341), ✆ 25 00 88 88, www.wintergarten-variete.de oder www.deag.de. Peter Schwenkows Renommierbetrieb mit klassischem Varietéprogramm zum nicht ganz kleinen Preis (Eintritt 17–50 €).

Wühlmäuse (Char.), Pommernallee 1 (U-Bhf. Theodor-Heuss-Platz), ✆ 30 67 30 11, www.wuehlmaeuse.de. Seit März 2000 residiert "Dieter Hallervordens Privattheater" in einem ehemaligen Club der britischen Besatzungsmacht am Theodor-Heuss-Platz. Gastspiele mit aus Film und Fernsehen bekannten Kabarettisten wie Dieter Nuhr, Uwe Steimle, Sissi Perlinger und Arnulf Rating.

Zimmertheater Karlshorst (Lich.), Treskowallee 112, im Kulturhaus Karlshorst (S-Bhf. Karlshorst), ✆ 553 46 16. Sicher interessant für diejenigen, die einmal eine ehemalige DDR-Institution sehen wollen: ein Kulturhaus in einer etwas abgelegenen Gegend. Interessant auch die Gestaltung der Eintrittspreise: Sie liegen im Ermessen des Zuschauers.

Musical

Neuköllner Oper, Karl-Marx-Str. 131–133 (U-Bhf. Karl-Marx-Str.), ✆ 688 90 7-0, -77. Eintritt 8–20 €. Erarbeiten sehr professionell Musicals und Operetten, aber auch Opern.

Stella-Musical-Theater (Tier.), Marlene-Dietrich-Platz 1 (U-/S-Bhf. Potsdamer Platz od. Mendelssohn-Bartholdy-Park), ✆ 01805/44 44, www.stella.de. Karten 40–100 €. Im debis-Gebäude wurde 1999 ein Musicaltheater mit modernster Bühnentechnik eröffnet, dessen Zukunft wegen der Krise der

Oper, Theater, Kino, Sport ...

Klassische Konzerte vom Feinsten in Philharmonie und Kammermusiksaal

Stella AG ungewiss ist. Hoffentlich noch aktueller Tipp: Führungen durch die Kostümabteilung und Maskenbildnerei Di–So 10, 11 und 12 h.

Musik

A-Trane (Char.), Bleibtreustr. 1/Ecke Pestalozzistr. (S-Bhf. Savignyplatz, Bus 149), ℡ 313 25 50. Jazzclub, in dem u. a. Ray Anderson, Ray Brown, George Gruntz und Simon Nabotov hinter den absolut schalldichten Fenstern zu sehen waren.

Arena (Trep.), Eichenstr. 4 (S-Bhf. Treptower Park), ℡ 533 73 33, www.arena-berlin.de. Karten unter ℡ 25 48 92 54 (12–16 h). Beliebte mittelgroße Halle. Daneben das **Glashaus,** ein kleinerer Veranstaltungsort mit Sandstrand an der Spree für die sommerliche Erholung nach Konzert und Tanz. Sonntags bietet hier der Yaam Club Entspannung mit afrikanischem Essen und Musik.

ColumbiaHalle und **ColumbiaFritz** (Temp.), Columbiadamm 13–21 (U-Bhf. Platz der Luftbrücke), ℡ 69 81 28 28. Im März 1998 mit einem Konzert von Iggy Pop feierlich eröffneter Veranstaltungsort im ehemaligen Kino der US-Streitkräfte am Flughafen Tempelhof. 1800 Fans passen in die große Halle, das Fritz im stilvoll renovierten 50er-Jahre-Bau ist kleiner.

ICC Saal 1 (Char.), Kaiserdamm/Ecke Messedamm (U-Bhf. Kaiserdamm, Busse 104, 149), ℡ 303 80. Ähnlich wie die Max-Schmeling-Halle und das Velodrom (s. unter "Sportveranstaltungen") ein Großveranstaltungsort für weltbekannte Stars.

Konzerthaus Berlin (Schauspielhaus am Gendarmenmarkt) (Mitte), Gendarmenmarkt 2 (U-Bhf. Stadtmitte, U-Bhf. Hausvogteiplatz, Busse 100, 142, 147, 157, 348), ℡ 203 09 21-01, -02, www.konzerthaus.de. Eintritt 10–99 €. Prächtiger, von Schinkel entworfener Bau am Gendarmenmarkt. Berlins schönster Ort für klassische Musik – bei leider mäßiger Akustik.

Philharmonie und **Kammermusiksaal** der Philharmonie (Tier.), Herbert-von-Karajan-Str. 1 (U-/S-Bhf. Potsdamer Platz, Busse 129, 148, 348), ℡ 254 88-0, -132, www.berlin-philharmonic.com. Ein in Zusammenarbeit mit Karajan (der bis zu seinem Tode hier Hausherr war) von Hans Scharoun entworfener Konzertsaal mit außergewöhnlicher Raumaufteilung und legendärer Akustik. Neben den Konzerten der Philharmoniker und zahlreicher Gastorchester sind auch die Klänge aktueller Musikrichtungen wie Jazz und Chanson in den Sälen zu hören.

Podewil (Mitte), Klosterstr. 68–70 (U-Bhf. Klosterstr., U-/S-Bhf. Alexanderplatz, Busse 142, 257), ℡ 24 74 97 77, www.podewil.de. Klassische und moderne Konzerte, Tanz und Theater. Seit dem Beginn der Bauarbeiten auf dem Nachbargrundstück finden die beliebten klassischen Hofkonzerte leider nicht mehr statt. Wegen starker Subventionskürzungen ist die Zukunft des Podewil völlig unsicher.

Quasimodo (Char.), Kantstr. 12a (U-/S-Bhf. Zoologischer Garten), ℡ 312 80 86, www.quasimodo.de. Berlins renommiertester Jazzklub, klein genug, um echte Atmosphäre entstehen zu lassen. Auf der Bühne allerdings stehen die Größen der internationalen Jazz-, Funk- und Soulszene, denen aus nächster Nähe auf die Finger geschaut werden kann.

Tränenpalast (Mitte), Reichstagufer 17/ Ecke Friedrichstr. (U-/S-Bhf. Friedrichstr., Bus 100), ✆ 20 61 00 11, www.traenenpalast.de. Kontrast zur Zeit vor 1990: Musik und Spaß im ehemaligen Grenzübergangsgebäude, oft Jazz- und Chanson-, aber auch Kabarettabende.

Diverses

Bamah, Jüdische Theaterbühne Berlin (Wilm.), Hohenzollerndamm 177 (U-Bhf. Fehrbelliner Platz), ✆ 86 41 38 90. 2001 eröffnete Dan Lahav sein Theater, das an die jüdische Theatertradition in Berlin anknüpft. Gezeigt werden im ehemaligen Theater Coupé Stücke moderner israelischer Autoren, es gibt aber auch Lesungen und Musik-Abende. Der hebräische Name bedeutet übrigens einfach "Bühne".

Freie Theateranstalten e. V. (Char.), Klausener Platz 19 (Busse 109, 121, 145, 204), ✆ 321 58 89. Dauerbrenner seit Jahrzehnten ist das Stück "Ich bin's nicht, Adolf Hitler ist es gewesen".

Friends of Italian Opera (Kreu.), Fidicinstr. 40 (U-Bhf. Platz der Luftbrücke, Bus 119), ✆ 691 12 11, www.thefriends.de. Kleines Hinterhof-Theater – Berlins English-language Theater – für die nächsten Jahre mit Subventionen versorgt.

Hackesches-Hof-Theater (Mitte), Rosenthaler Str. 40–41 (Hackesche Höfe; U-Bhf. Weinmeisterstr., S-Bhf. Hackescher Markt), ✆ 283 25 87. Eintritt 14 € (erm. 7 €). Spezialität: Jiddisches Theater und Liederabende, oft mit dem Lokal-Star Karsten Troyke. Auch der aus Russland stammende Maik Aizikowitch tritt hier seit Jahren auf.

Haus der Kulturen der Welt (HKW), ehemalige Kongresshalle (Tier.), John-Foster-Dulles-Allee 10 (S-Bhf. Lehrter Stadtbahnhof, Busse 100, 219, 248), ✆ 397 87-0, -175, www.hkw.de. Kultur aus aller Welt, häufig sehr interessante Tanz- und Theateraufführungen.

Schaubude (Pren.), Greifswalder Str. 81–84 (S-Bhf. Greifswalder Str.), ✆ 423 43 14, www.schaubude-berlin.de. Etwas ganz Besonderes auf der seit DDR-Tagen bestehenden Bühne in einem schönen Gründerzeit-Haus: Puppen- (bzw. Figuren-)Theater auch für Erwachsene, zu Recht mit Senats-Subventionen "verwöhnt".

Schlot (Mitte), Chausseestr. 18, Eingang von der Schlegelstr. 26 (in den Edison-Höfen; U-Bhf. Zinnowitzer Str.), ✆ 448 21 60. Eintritt 6 € (erm. 5 €). 2000 vorm Prenzlauer

Kein Berliner nennt die ehemalige Kongresshalle "Schwangere Auster"

Oper, Theater, Kino, Sport ...

Erinnert an das alte Tempodromzelt – der massive Neubau des Tempodroms

Berg nach Mitte umgezogene Gastspielbühne für Theaterproduktionen, Chansonabende und Kabarett; daneben regelmäßig Jazz-Konzerte.

Stükke in der Palisade (Frie.), Palisadenstr. 48, ✆ 42 02 81 48. Kleines Revue-Theater mit Performances von ausländischen SchauspielerInnen, die hier in Berlin wohnen – oft auf Englisch. Ende 1999 schrammte es nah an der Schließung vorbei, anschließend folgte der Umzug von Kreuzberg nach Friedrichshain.

Tempodrom (Kreu.), am S-Bhf. Anhalter Bahnhof, ✆ 69 59 35 50, www.tempodrom.de. Ende 2001 wurde der exotische Bau am Anhalter Bahnhof eröffnet. Das runde Dach mit 12 in den Himmel ragende Spitzen sollen an ein Zeltdach und damit an die Vergangenheit erinnern: Gegründet wurde das Tempodrom in einem ausrangierten Zirkuszelt am Potsdamer Platz. Später zog es neben das Haus der Kulturen der Welt, wo es dem Bau des Kanzleramts im Weg war. Trotz zahlreicher Widrigkeiten konnte das lange geplante feste Haus gebaut werden. Der kleine Saal fasst 500, der große 3.750 Besucher. Seit über 20 Jahren gibt es im Tempodrom Konzerte, Varieté- und Theatervorstellungen, nun nicht mehr provisorisch-improvisiert.

Theater Fürst Oblomov (Mitte), Zinnowitzer Str. 3–7 (S-Bhf. Nordbhf., U-Bhf. Zinnowitzer Str.), ✆ 28 09 64 67. Nach der Vertreibung aus der Friedrichstr. spielt das Theater seit Ende 1999 in einem ehemaligen Fabrikgebäude klassische Stücke (von Molière, Oscar Wilde, Agatha Christie usw.). Eintritt unter 15 €.

Theater Zum Westlichen Stadthirschen (Mitte), Invalidenstr. 3 (U-Bhf. Rosenthaler Platz, S-Bhf. Nordbhf.), ✆ 785 70 33. Interessantes, über Berlin hinaus bekanntes Theater, das auch für die nächsten Jahre Fördermittel zugesichert bekam. Aus Kreuzberg vertrieben, wird derzeit die Villa Elisabeth neben der Schinkelschen Kirchenruine bespielt.

Theater Zerbrochene Fenster (Kreu.), Fidicinstr. 3, Eingang Schwiebusser Str. 16 (U-Bhf. Platz der Luftbrücke, Busse 104, 119, 341), ✆ 694 24 00, www.tzf-berlin.de. Vorbestellungen ✆ 691 29 32. Abwechslungsreiches Programm von Goethe bis R. W. Fassbinder, auch Aufführungen auf Englisch.

Tiyatrom (Kreu.), Alte Jakobstr. 12 (U-Bhf. Kochstr., Bus 129), ✆ 615 20 20. Theateraufführungen in türkischer und oft parallel in deutscher Sprache, auch Kindertheater, z. B. "Pinokyo/Pinocchio".

Kinos

Auf 290 Leinwänden in 102 Kinos werden in Berlin allabendlich Filme gezeigt. In den letzten Jahren verschwanden viele kleine "Schachtelkinos" – aber leider auch traditionsreiche Stuck-Kinos wie das Marmorhaus am Ku'damm – zu Gunsten von Multiplex-Kinos. Davon gibt es mittlerweile so viele, dass sie sich kräftig Konkurrenz machen. Ein Kinotag mit Billig-Angebot jagt den anderen... Im Folgenden sind einige außergewöhnliche Kinos aufgelistet, die aufgrund von Atmosphäre oder Programm einen Besuch lohnen.

Ein heißer Tipp für die warme Jahreszeit sind die großen **Freiluftvorführungen** im *Volkspark Friedrichshain* (✆ 29 36 16 29, www.freiluftkino-berlin.de), in der *Waldbühne* (✆ 23 08 82 30), der *Hasenheide* (✆ 293 46 03) und an vielen weiteren, von Jahr zu Jahr wechselnden Orten. Seit 2000 werden in der phantastischen Atmosphäre der *Museumsinsel* vor der Nationalgalerie open air Filme gezeigt, man setzt sich zum Kinogenuss in Liegestühle (✆ 24 72 78 01, www. freiluftkinomuseumsinsel.de). Die Programme findet man in der Tageszeitung, den Stadtillustrierten, auf Plakaten und im Internet.

Filme in **Originalversion** – egal in welcher Sprache – liegen auch in Berlin im Trend. Einige Kinos wie das *Odeon* und das *UFA-Arthouse Die Kurbel* zeigen sogar ausschließlich fremdsprachige Filme.

Acud (Mitte), Veteranenstr. 21 (S-Bhf. Nordbahnhof, U-Bhf. Rosenthaler Platz), ✆ 44 35 94 98. Kino in einem 2001 überraschend vor dem Umbau in ein Bürohaus geretteten Kulturzentrum.

Arsenal (Tier.), Potsdamer Str. 2 (im Keller des Filmhauses im Sony-Center; U-/S-Bhf. Potsdamer Platz), ✆ 26 95 51 00, www.fdk-berlin.de. Der Klassiker unter den Programmkinos wird auch am neuen Standort von den "Freunden der Deutschen Kinemathek" betrieben. Zwei Säle mit historischer Projektionstechnik und Klavier für die Stummfilm-Begleitung.

Boerse (Mitte), Burgstr. 27 (S-Bhf. Hackescher Markt), ✆ 24 00 35 10. Hier werden DDR-Klassiker gezeigt, z. B. immer wieder "Die Legende von Paul und Paula".

Central (Mitte), Rosenthaler Str. 39 (S-Bhf. Hackescher Markt), ✆ 28 59 99 73. Wer dem blauen Band durch den Hinterhof folgt, erreicht ein niedliches kleines Kino mit anspruchsvollem Programm.

> **Berliner Kinomuseum:** Die Bezeichnung "Museum" trügt ein wenig, denn es handelt sich um ein winziges Kellerkino in der Großbeerenstr. 57 in Kreuzberg (Riehmers Hofgarten; U-Bhf. Mehringdamm). Räumliche Enge (etwa 25 dicht gedrängte Sitzplätze), familiäre Atmosphäre, Kanonenofen und alte Vorführmaschinen nebst einigen anderen Requisiten lassen einen hier ein Stück Kino von vorgestern nacherleben. Auf dem Programm stehen meist Klassiker der Filmgeschichte, die "Raumpatrouille Orion" oder expressionistische Stummfilme aus den 1920-er Jahren. Dazu alte Wochenschauen und Vorfilme.

Checkpoint (Mitte), Leipziger Str. 55 (U-Bhf. Spittelmarkt), ✆ 204 43 39. Wird – wie auch das Lichtblick und das Nickelodeon vom Verein Stattkino e. V. betrieben. Hier bekommt man für 4 € Raritäten zu sehen.

CinemaxX Colosseum (Pren.), Schönhauser Allee 123 (U-Bhf. Schönhauser Allee), ✆ 44 01 91 00, www.cinemaxx.de. Zehn Säle im umgebauten Colosseum, dessen Fassade zur Schönhauser Allee unter Denkmalschutz steht.

CinemaxX Potsdamer Platz (Tier.), Potsdamer Platz 5 (U-/S-Bhf. Potsdamer Platz), ✆ 44 31 63 16, 25 92 21-11, -12. Wurde 1998 eröffnet und bietet in 19 Sälen auch cineastische Leckerbissen.

CineStar IMAX im Sony Center (Tier.), Potsdamer Str. 4 (U-/S-Bhf. Potsdamer Platz), ✆ 26 06 62 60. 3-D-Kino vom Feinsten; besonders eindrucksvoll sind die Städte- und Naturfilme. Daneben auch Säle mit "normalem" Kino.

Discovery Channel IMAX-Theater Berlin (Tier.), Marlene-Dietrich-Platz 4 (U-/S-Bhf. Potsdamer Platz), ✆ 44 31 61 31 (9–22 h,

Oper, Theater, Kino, Sport ...

Eins der 102 Berliner Kinos

Karten), 25 92 72 59 (automat. Programmansage), www.imax-berlin.de. Eintritt 8 € (erm. 6,70 €). Natur-, Fantasy-, Geschichts- oder Kulturfilme betrachtet man durch die Spezialbrille auf der 1000-qm-Leinwand im 3-D-Kino unter der blauen Kuppel.

Filmkunst 66 (Char.), Bleibtreustr. 12 (S-Bhf. Savignyplatz), ✆ 882 17 53. Ende der 80er in einem Neubau wiedereröffnetes traditionsreiches Programmkino mit interessanten Filmreihen. Der langjährige Betreiber Franz Stadler zog im August 2000 nach Sylt; hoffentlich überlebt das Kino seinen Weggang.

Filmkunsthaus Babylon (Mitte), Rosa-Luxemburg-Str. 30 (U-Bhf. Rosa-Luxemburg-Platz), ✆ 242 50 76. Von einem Cineasten-Verein wird das Kino mit dem frisch restaurierten großen Saal des Architekten Hans Poelzig (erbaut 1928–29) betrieben. Interessantes, anspruchsvolles Programm mit Retrospektiven und Werkschauen; Stummfilme werden auf der historischen Orgel begleitet. Eintritt 6–10 €.

Filmrauschpalast in der Kulturfabrik Lehrter Str. (Tier.), Lehrter Str. 35 (S-Bhf. Lehrter Stadtbahnhof), ✆ 394 43 44, www.kulturfabrik-moabit.de. Eintritt Mo-Mi 3 €, Do-So 4 €. Viele Low-budget- und Underground-Filme, oft aus den USA.

Intimes (Frie.), Niederbarnimstr. 15 (U-Bhf. Samariterstr.), ✆ 29 66 46 33. Dem von zwei engagierten Cineastinnen betriebenen winzigen Traditionskino (es besteht seit 1915!) steht immer wieder wegen Mieterhöhungen das Aus bevor. Also schnell noch mal hin und das außergewöhnlich hochwertige Programm, das im Kontrast zum Namen steht, begucken! "Intimes" hat hier nichts mit Porno zu tun, sondern bezieht sich auf die Größe des Kinos.

Lichtblick Kino (Pren.), Kastanienallee 77 (U-Bhf. Eberswalder Str.), ✆ 44 05 81 97. Immer ein außergewöhnliches Programm in der ehemaligen Metzgerei mit 32 Kinosesseln (s. auch Checkpoint). Eintritt 3,50 €.

Nickelodeon (Mitte), Torstr. 216 (U-Bhf. Oranienburger Tor), ✆ 282 37 27. Schön vergammeltes Interieur, ausgefallene Filme; wurde bis 1998 vom Kulturamt Mitte betrieben, dann von Stattkino übernommen und im Kollektiv betrieben.

Odeon (Schö.), Hauptstr. 116 (S-Bhf. Schöneberg, U-Bhf. Innsbrucker Platz, Busse 104, 148, 348), ✆ 78 70 40 19. Filme ausschließlich auf Englisch – mit oder ohne Untertitel – auch nach Abzug der US-Soldaten, die früher hier Stammgäste waren.

UCI-Kinowelt Zoo-Palast (Kino 1–7) (Char.), Hardenbergstr. 29a (U-Bhf. Kur-

Sportveranstaltungen

fürstendamm, U-/S-Bhf. Zoologischer Garten), ℅ 25 41 47 77. War bis 1999 der zentrale Spielort der Filmfestspiele; in den größten Saal passen über 1000 Zuschauer. Seit Ende 2000 kann hier digital projiziert werden.

UFA-Arthouse Die Kurbel (Char.), Giesebrechtstr. 4 (U-Bhf. Adenauerplatz), ℅ 883 53 25, www.ufakino.de. Drei Säle, in denen cineastische Leckerbissen gezeigt werden, neuerdings immer in unsynchronisierter Fassung.

Village Cinema Kulturbrauerei (Pren.), Schönhauser Allee 36 (Eingang Sredzkistr.; U-Bhf. Eberswalder Str.), ℅ 44 35 44 22. Im Frühjahr 2000 eröffnete – trotz erbitterter Abwehrkämpfe der Betreiber des gegenüber liegenden CinemaxX Colosseum – ein Multiplex in der Kulturbrauerei. Es bietet 1550 Plätze in acht Sälen; allerdings ist sein Fortbestehen nicht gesichert, da es der angeschlagenen Kinowelt AG gehört.

Z-inema (Mitte), Bergstr. 2 (U-Bhf. Rosenthaler Platz), ℅ 28 38 91 21, www.z-bar.de. Nur am So-Abend um 21 h wird in der gar nicht schicken Z-Bar ein Film gezeigt; meist ein Klassiker wie "Tanz der Vampire". Dazu kann man preiswerte Cocktails genießen.

Sportveranstaltungen

Mittlerweile hat Berlin wieder Bundesliga-Fußballvereine, die ihre Heimspiele im Olympiastadion absolvieren. Dann sind die S- und U-Bahnen zum und vom Stadion mit Fans und martialisch ausgerüsteten Polizisten überfüllt. Größere Ausschreitungen sind zum Glück selten. Kult ist das Sechstagerennen im Velodrom (s. Veranstaltungskalender), und auch die Eishockey-Spiele der Berliner Eisbären und der Capitals, die vorübergehend in der dafür umgebauten Deutschlandhalle stattfinden, sind immer gut besucht. Ein ganz spezielles Flair haben die Traber- und Galopper-Derbys. Ein Nachmittag auf der Pferderennbahn ist auf jeden Fall ein Erlebnis – egal ob man mitwettet oder nur zuschaut; die Eintrittspreise sind sehr moderat.

Olympiastadion (Char.), Olympischer Platz (S-Bhf. Olympiastadion; U-Bhf. Olympia-Stadion), ℅ 30 06 33. Auch während der immensen Sanierungs- und Umbauarbeiten der zur Olympiade 1936 errichteten Monumentalbauten finden hier sportliche Großereignisse statt: Bundesliga-Fußball, große Leichtathletik-Wettkämpfe etc. 2004, spätestens jedoch 2006 zur Fußball-WM, soll das Stadion komplett in neuem Glanz erstrahlen.

Deutschlandhalle (Char.), Messedamm 26 (S-Bhf. Westkreuz, U-Bhf. Kaiserdamm), ℅ 303 81. Bis zur Fertigstellung der geplanten Eissporthallen am Ostbahnhof und in Spandau (etwa 2003/04) und seit dem Abriss der Halle an der Jafféstraße wird die Deutschlandhalle für Eissport-Veranstaltungen genutzt.

Max-Schmeling-Halle (Pren.), Am Falkplatz (U-/S-Bhf. Schönhauser Allee), ℅ 44 30 44 30, www.velomax.de. Mit dem Bau dieser Halle und des Velodroms wurde als Vorleistung für die Olympiabewerbung 1992 begonnen. Obwohl damals Sydney gewonnen hat, stehen die neuen Hallen nun da und müssen auch genutzt werden: für Sportveranstaltungen (hier spielt die Basketball-Bundesliga-Mannschaft von Alba Berlin) und große Konzerte; 2001 trat u. a. Madonna hier auf.

Velodrom (Pren.), Paul-Heyse-Str. (direkt am S-Bhf. Landsberger Allee), ℅ 44 30 44 30,

Sechstagerennen im Velodrom

62 Oper, Theater, Kino, Sport ...

www.velodrom.de. Nein, hier ist kein UFO gelandet. Das runde Ding, das da in der Gegend liegt, ist die neue Radsporthalle, die auch für andere Sportveranstaltungen und für große Konzerte genutzt wird. Man sieht allerdings fast nur das Dach, da das meiste unterirdisch gebaut ist.
Gleich nebenan:
Schwimmhalle im Europa-Sportpark (Pren.), Paul-Heyse-Str. 26 (S-Bhf. Landsberger Allee), ☏ 42 18 61 20. Ende 1999 eröffnete olympiataugliche Halle – auch sie wurde vom französischen Star-Architekten Dominique Perrault für die Olympiabewerbung geplant. Wenn keine Wettkämpfe und kein Training stattfinden, ist das größte Hallenbad der Stadt für Publikum geöffnet: Mo–Do 6.30–22 h, Fr 9–22 h, Sa 13–19 h, So 10–18 h. Sprungbecken mit 10-m-Turm, zwei 50-m-Becken, zwei Kinderbecken und eins für Behinderte.

Galopprennbahn Hoppegarten, Goetheallee 1, Dahlwitz-Hoppegarten bei Berlin (S-Bhf. Hoppegarten), ☏ 03342/38 93 13, Infos unter ☏ 030/559 61 02, www.galopprennbahn-hoppegarten.de. Renntag auf der leider von der Schließung bedrohten, altertümlichen Bahn ist Sonntag.
Trabrennbahn Karlshorst (Lich.), Treskowallee 129 (S-Bhf. Karlshorst), ☏ 50 01 70. Um die Existenz der Bahn zu sichern, sollen Teile des riesigen Grundstücks verkauft werden. Renntag Samstag.
Trabrennbahn Mariendorf (Temp.), Mariendorfer Damm 222–298 (Busse 176, 179 ab S-Bhf. Mariendorf), ☏ 74 10 42 50. Auf der einzigen Bahn im Westteil der Stadt finden in den Sommermonaten an manchen Wochentagen und an jedem Sonntag Rennen im 70er-Jahre-Ambiente statt. Geld kam bereits in der Vergangenheit durch Grundstücksverkäufe in die Kassen; u. a. errichtete man ein Altersheim am Rand der Rennbahn.

Veranstaltungskalender

In Berlin finden zahlreiche Sport- und Kulturveranstaltungen statt, über die in der Presse und im Internet (www.berlin.de/home/KuF/Veranstaltungskalender) rechtzeitig informiert wird. Hier ein Überblick über die wichtigsten Ereignisse:

Januar:
Sechstagerennen, seit 1909 radeln die Aktiven Tag und Nacht (nur mit kurzen Ruhepausen) linksherum im Kreis, seit 1997 im neuen Velodrom. Kartenvorverkauf ☏ 30 69 69, 44 30 44 30, www.sport-berlin.de.
Tanz-Winter, Tanzfestival (s. "Tanz im August").

Januar/Februar:
Lange Nacht der Museen (s. August).

Februar:
Berlinale, Internationale Filmfestspiele, seit 2000 überwiegend in den Kinos am Potsdamer Platz. Um Karten muss man sich frühzeitig kümmern, Infos unter www.berlinale.de.

März/April:
In der Osterwoche bieten die Staatsoper Unter den Linden und die Philharmonie bei ihren **Festtagen** hochkarätige Sänger, Musiker, Orchester und Dirigenten auf – zu gesalzenen Preisen.

Mai:
Beim **Theatertreffen** stellen die wichtigsten deutschsprachigen Bühnen dem Berliner Publikum ausgewählte Inszenierungen vor, seit 2001 im Haus der Berliner Festspiele (ehemalige Freie Volksbühne) in der Schaperstraße (City-West). Infos unter www.berlinerfestspiele.de.

Mai/Juni:
Am Pfingstwochenende findet seit 1996 in Kreuzberg der **Karneval der Kulturen** statt. Verschiedenartigste Musik- und Tanzgruppen ziehen durch die Straßen, jedes Jahr kommen mehr Zuschauer; ein Großereignis. Infos unter ☏ 609 77 00, www.karneval-berlin.de.
Grand Marché, am Pfingstwochenende, auf dem Gendarmenmarkt, ein internationaler Kunstmarkt unter freiem Himmel.
German Open, hochkarätige Tennismatches im Stadion am Hundekehlesee.

Juni:
Internationales Jazzfest, am 2. Juniwochenende, in der Bergmannstr. (Kreu.), Open-Air-Bühnen, Gastronomiestände etc.; sehr entspannt.
Köpenicker Sommer, am 3. Juniwochenende in der Altstadt Köpenick, mit Festumzug in historischen Kostümen, Mittelalterspektakel, Höhenfeuerwerk und Kammerkonzert.

Wagen der Buchhandlung Prinz Eisenherz beim CSD 2000

Lesbisch-Schwules Stadtfest, am gleichen Wochenende, in der Motzstraße und rund um den Nollendorfplatz. Infos beim Regenbogen-Fonds, ✆ 21 47 35 86, www.regenbogenfonds.de.

Christopher Street Day (CSD), am letzten Sa im Juni feiert sich die Homosexuellenszene mit einem riesigen Umzug. Der politische Anspruch der frühen Jahre ist karnevaleskem Frohsinn gewichen. Infos: www.csd-berlin.de.

Fête de la Musique, am 21. Juni, überall in der Stadt kostenlose Open-Air-Konzerte von Amateur-Chor bis Profi-Band. Infos: www.fetedelamusique.de.

Juli:

Love-Parade, bekanntes Raver-Großereignis, weiterhin im Tiergarten, das nächste Mal am 13.7.2002. Infos unter www.loveparade.de. Parallel dazu die Gegenveranstaltung **FuckParade** – wenn sie nicht (wie 2001) verboten wird.

Juli/August:

Heimatklänge, Mi–Sa Konzerte mit einem Länder- oder Regionenschwerpunkt im Tempodrom. Programm unter www.tempodrom.de.

August:

Internationales Tanzfest **Tanz im August** auf verschiedenen Bühnen der Stadt. Infos: www.tanzfest.de.

Gauklerfest, am Opernpalais, Unter den Linden, gibt es eine Woche lang Stände und Darbietungen von Artisten, Zauberern, Musikern etc. Das nächste Mal vom 2.–11.08.2002. Infos unter ✆ 03375/ 29 51 48, www.gauklerfest.de.

In der **Langen Nacht der Museen** an einem Samstag Ende August sind die meisten Berliner und einige Brandenburger Museen bis tief in die Nacht geöffnet. Shuttle-Busse pendeln zwischen den Museen. Allerdings eher ein Spaß-Event als ernsthafter Kulturgenuss – dazu sind die Museen viel zu voll. Infos unter ✆ 28 39 74 44, www.lange-nacht-der-museen.de oder www.mdberlin.de.

September:

Berlin-Marathon, Zehntausende laufen durch Berlin, das nächste Mal am 29.09.2002. Super-Stimmung im Publikum herrscht vor allem bei Km 35,5 am Platz am Wilden Eber (Zehl.) und vor dem Zieleinlauf am Ku'damm. Infos unter www.berlin-marathon.com.

Oktober/November:

Berliner Jazzfest, die meisten Konzerte im Haus der Berliner Festspiele (s. o.), einige im A-Trane, Quasimodo, Tränenpalast etc.

Jüdische Kulturtage, Infos unter ✆ 883 65 48.

Sport – aktiv

Wer selbst sportlich aktiv werden will, hat diverse Möglichkeiten – vom Sportklettern bis zum Golf-Spielen. Bademöglichkeiten bietet Berlin im Sommer in Hülle und Fülle. Neben den gekachelten Freibädern gibt es zahlreiche Naturgewässer – mit und ohne offizielle Badeanstalten. Im Winter eine echte Attraktion sind die altertümlichen Hallenbäder, von denen einige die Jahrzehnte überlebt haben.

Hier können wir lediglich einige Anregungen für Sportbegeisterte geben.

Wer länger in der Stadt bleibt und ausgefallene Sportarten ausüben möchte, erhält beim Sport-Service-Telefon unter ✆ 90 26 50 50 Informationen über die Angebote der mehr als 1.900 Berliner Sportvereine und des Landessportbundes. Infos im Internet unter www.berlin.de/freizeitsportkalender oder www.berlin.de/home/Sport/Sportevents/Mitmachen.

Golf

Seit einigen Jahren ist Golfspielen kein Elitesport mehr. Dies gilt besonders für Berlin, wo es "Volksgolf"-Plätze gibt, auf denen man die Ausrüstung leihen und den Sport einfach mal probieren kann – durchaus in Jeans und T-Shirt.
Sportpark Mitte, Chausseestr. 94–98/Ecke Habersaathstr. (U-Bhf. Zinnowitzer Str.), ✆ 285 70 01. Geöffnet ist der sandige Platz auf dem ehemaligen Areal des Stadions der Weltjugend tägl. von 8 Uhr bis Einbruch der Dunkelheit. Schläger 0,50 €/Std., Bälle pro 20 Stück ab 1 €. Training ist für Kinder und Jugendliche kostenlos, Erwachsene zahlen 20 € für 30 Min.
Golfer's Friend Driving Range (Char.), Cordesstr. 3 (S-Bhf. Eichkamp), ✆ 32 60 32 50, www.golfersfriend.de. Neue Übungs-Anlage am Waldrand neben dem Wohngebiet Eichkamp, das direkt an der Stadtautobahn AVUS liegt. Diverse Kurse im Angebot, ein Schnupperkurs dauert 3 Std.
Übungs-Anlage Johannisthal (Trep.), Rudower Chaussee 4 (S-Bhf. Adlershof), ✆ 67 01 24 21, www.go-4-golf.de. 4-Loch-Anlage auf ca. 6 ha; kein Golfclub. Auf dem ehemaligen Militärgelände kann man tägl. von 10 Uhr bis Einbruch der Dunkelheit üben; das kostet 8 € (am Wochenende 10 €) pro Tag. Für den 2-stündigen Einführungskurs sind weder Anmeldung noch Vorkenntnisse erforderlich.
Berliner Golf Club Gatow e. V. (Span.), Kladower Damm 182–288 (Busse X 34, 134 ab S-Bhf. Spandau oder U-Bhf. Rathaus Spandau), ✆ 365 77 25. Auf dem Gelände des ehemaligen Militärflughafens wird heute Golf gespielt.

Klettern

In den letzten Jahren ist der Klettersport immer beliebter geworden. Einen besonderen Reiz übt das Klettern in der Stadt aus; hier bietet Berlin mit seinen alten Hochbauten einiges. Natürlich sollte sich nur daran wagen, wer über Erfahrung und die nötige Ausrüstung verfügt. Hier einige Berliner Klettergebiete:
Kirchbachspitze (Schö.), Alvenslebenstr. 19 (in der Spiel- und Grillanlage; U-Bhf. Bülowstr.). Vom Deutschen Alpenverein aufgebauter und betreuter 14 m hoher Kletterturm aus dem Material Berliner Abrissbalkons.
Bunker im Humboldthain (Wedd., U-/S-Bhf. Gesundbrunnen), beliebtes Klettergebiet, allerdings nur für ausgebildete Kletterer!
Schillerpark (Wedd., U-Bhf. Rehberge), bis zu 7 m hohe Natursteinmauer, ca. 700 m lang.
S-Bahn-Brücke Wuhlheide (Köpe., S-Bhf. Schöneweide, dann Tram 61, 67 bis Freizeit- und Erholungszentrum (FEZ)), auf der Straße An der Wuhlheide Richtung Westen laufen bis zum Weg Richtung Friedhof/Wasserwerk. Hinter dem Wasserwerk befindet sich die stillgelegte Betonbrücke, in die viele Griffe gemeißelt und geschraubt wurden.
Kletterturm (Hohe., S-Bhf. Wartenberg), direkt am Parkeingang am Malchower See.
Stößenseebrücke (Span., U-Bhf. Theodor-Heuss-Platz, dann Bus 149 bis Stößenseebrücke), natursteinverkleidete Brücke über die Havel. Nur mit Ausrüstung und entsprechender Erfahrung!!
Weitere Adressen, Tipps und Infos unter www.alpinclub-berlin.de.

Beachvolleyball im Köpenicker Flussbad Gartenstraße

Skaten

Besonderen Spaß macht das Skaten auf abgesperrten Straßen durch die Innenstadt – unter dem Namen **Berlinparade** in den Sommermonaten jeden Fr ab 20 h. Start ist am Alexanderplatz, Infos unter www.berlinparade.com.

Jedes Jahr ist für vier Wochenenden im August/September die **John-Foster-Dulles-Allee** zwischen Schloss Bellevue und Haus der Kulturen der Welt Skater-Revier (kein Autoverkehr von 10–20 h). Für 3 € pro Std. können Skates, Helm und Gelenkschutz geliehen werden, von 13–18 h gibt es 30-minütige Anfängerkurse.

An allen Wochenenden werden seit 2001 einige Straßen im Großbezirk Mitte (Ortsteile Moabit und Wedding) für den Autoverkehr gesperrt und stehen den Skatern zur Verfügung: **Neues Ufer** von der Kaiserin-Augusta-Allee bis zur Wasserschutzpolizei, **Dohnagestell** nördl. der Transvaalstraße und **Nordufer** nördl. der Seestraße am Freibad Plötzensee. Weitere Strecken sollen folgen. Auch auf dem **Blücherplatz** (Kreu., U-Bhf. Hallesches Tor) kann man gefahrlos skaten.

Kaufen oder Mieten kann man Inline-Skates z. B. bei BoarderLine, Köpenicker Str. 9 (U-Bhf. Schlesisches Tor), ☎ 611 64 84. Hier werden auch Kurse angeboten.

Per Internet kann man Miet-Skates ordern im Ski-Shop, Otto-Suhr-Allee 155 (U-Bhf. Richard-Wagner-Platz), ☎ 341 48 70: www.ski-shop-charlottenburg.de. ✆ Mo–Fr 9–20, Sa 10–16 h. Fitnessskates kosten 5, Speedskates 10 € für 3 Std., pro Tag 7,50 bzw. 12,50 €.

Schwimmen und Baden

Aktuelle Infos zu Öffnungszeiten etc. bei den Berliner Bäderbetrieben, ☎ 78 73 25, www.bbb.berlin.de, Service-Hotline 01803/10 20 20 (ca. 10 Cent/Min.).

Stadtbad Charlottenburg, Krumme Str. 9/10 (U-Bhf. Deutsche Oper), ☎ 34 38 38 60. Zwei Hallen, davon eine sehr schön renovierte Halle der Jahrhundertwende (25-m-Becken), neue Halle (50-m-Becken); Sauna, Solarium usw.

Stadtbad Mitte, Gartenstr. 5 (S-Bhf. Nordbhf.), ☎ 30 88 09-10, -11. 1930 eröffnetes schlichtes Bauhaus-Bad (Architekt: Heinrich Tessenow), 1994 nach 8-jähriger Sanierung wiedereröffnet. 50-m-Becken, Wassertemperatur 29° C! Russisch-Römisches Dampfbad (mit Glasmalerei von Max Pechstein), Di, Do nur für Frauen, sonst gemischt.

Oper, Theater, Kino, Sport ...

Stadtbad Neukölln, Ganghoferstr. 5 (U-Bhf. Karl-Marx-Str.), ✆ 68 24 98 11. Eine der schönsten Schwimmhallen in ganz Berlin, um die Wende vom 19. zum 20. Jh. erbaut – leider von der Schließung bedroht. Man schwimmt zwischen hohen Säulen, die eine Tonnengewölbe-Decke tragen. Behindertengerecht; 20- und 25-m-Becken, Sauna, Solarium.

Stadtbad Schöneberg, Hauptstr. 38–39 (U-Bhf. Rathaus Schöneberg, Busse 104, 148, 185, 204, 348). Ende 1999 wurde das 1930 erbaute Bad nach über 10-jähriger Schließung wegen Rundum-Sanierung wiedereröffnet. 25-m-Becken, Nichtschwimmerbecken mit Rutsche, Außenschwimmbahn, Sauna, Whirlpool. ⏲ Mo 12–23 h, Di–Fr 6–23 h, Sa/So 8–23 h.

Sommerbad Prinzenstraße (Kreu.), Prinzenstr. 113–119 (direkt am gleichnamigen U-Bhf.), ✆ 616 18-80, -89. Im "Prinzenbad" erlebt man die Stadt von ihrer multikulturellen Seite – mit Blick auf die Hochbahngleise der U-Bahn. Zwei 50-m-Becken, Kinderbecken, Rutsche; FKK-Bereich. Ähnlich:

Sommerbad Neukölln, Columbiadamm 169–190 (U-Bhf. Boddinstr., Busse 104, 194), ✆ 68 09 27 75. 50-m-Becken, Kinderbecken mit Riesenrutsche, Sprungturm, Spielplatz; Bistro.

Freibad Jungfernheide, Jungfernheideweg 60 (U-Bhf. Siemensdamm, Bus 123), ✆ 34 30 53 51. Naturbad mit Sandstrand, Badeinsel, Strandkörben und Stegen. Das Wasser entspricht hier gegen Ende des Sommers nur selten dem vorgeschriebenen Standard.

Freibad Grünau, Sportpromenade 5 (S-Bhf. Grünau), ✆ 674 35 76. Sandstrand, Strandkörbe, Liegen; Sauna, Bistro. Das Wasser gilt hier als sauber.

Freibad Wendenschloss, Möllhausenufer 30 (S-Bhf. Köpenick und Tram 62 oder S-Bhf. Grünau und Tram 68 oder Fähre F12), ✆ 656 97 31. Die Wasserqualität entspricht in letzter Zeit dem europäischen Standard für Badegewässer.

Strandbad Wannsee, Wannseebadweg 25 (S-Bhf. Nikolassee), ✆ 803 54 50, 803 56 12. Angeblich das größte Freibad der Welt, gigantischer Bau der 1920er Jahre, leider teilweise einsturzgefährdet. Riesiger Sandstrand mit Strandkörben, Spielplatz, Volleyball; Restaurant. Die Wasserqualität ist seit 1996 deutlich besser als früher.

Bootsvermietung am Schlachtensee

Tanzpause an der Bar

Nachtleben

Unüberschaubar und im raschen Wandel begriffen ist das Berliner Nachtleben. Eine Bar, die heute noch hip und entsprechend überfüllt ist, kann morgen schon out und gähnend leer sein. Noch extremer gilt das für Clubs, in denen getanzt wird: Hier kommt es ganz auf den DJ des jeweiligen Abends an – und auf dessen Verfassung. Dennoch im Folgenden einige Empfehlungen zum Berliner Nachtleben:

Bars und Kneipen

Seit einigen Jahren sind die Altbaugebiete von *Mitte* und *Prenzlauer Berg* die bevorzugten Ausgehviertel Berlins; aber auch *Kreuzberg* und *Schöneberg* werden weiterhin gern besucht. Als Amüsiergegend neu hinzugekommen ist *Friedrichshain*, wo innerhalb kürzester Zeit neue Kneipen, Restaurants und Bars nur so aus dem Boden schossen. Dabei könnte natürlich (noch) keine "gewachsene" Kneipenstruktur entstehen wie sie etwa für *Kreuzberg* und *Charlottenburg* typisch ist, wo sich eher die etwas älteren Jahrgänge wohl fühlen. Aber auch andere Stadtteile verfügen über ein Nachtleben, das nicht zuletzt die Einwohner dieser Gebiete anzieht. Hier soll von allem etwas vorgestellt werden, wobei neben Bars insbesondere Kneipen mit Programm berücksichtigt wurden.

Berlin-Mitte

Besonders interessant sind die Gegend um den **Gendarmenmarkt** und die **Spandauer Vorstadt**, wo ständig neue Lokale aufmachen. Mittlerweile grenzt hier eine Bar oder Kneipe an die nächste, insbesondere am **Hackeschen Markt** und in der **Oranienburger Straße**. Ohne lange suchen zu müssen, findet jeder bestimmt einen Ausgehort, der ihm zusagt. Dabei werden vor allem die fündig, die auf Luxus stehen. In vielen Lokalitäten herrscht rigide Einlasspolitik: Gepflegte Abendgarderobe ist angesagt!

Bar im Restaurant VAU → Karte S. 106/107 **(62)**, Jägerstr. 54/55, ✆ 202 97 30. ⏰ Mo–Sa ab 19 h. Absolute Edel-Adresse zum Cocktail-Trinken; Abendgarderobe ist unbedingt erforderlich, wenn man die Treppe in die Kellerbar hinabsteigen will. Hingucker sind die Bücherregale mit eigenwilligen "Büchern".

Broker's Bier Börse → Karte S. 106/107 **(50)**, Schiffbauerdamm 8, ✆ 30 87 22 93. ⏰ tägl. ab 9 h, ab 17 h verändern sich die Bierpreise nach Angebot und Nachfrage. Vor allem in der größeren Gruppe ist das Bieten recht spaßig.

Café Silberstein → Karte S. 106/107 **(27)**, Oranienburger Str. 27, ✆ 281 28 01. ⏰ tägl. ab 12 h. Mittlerweile schick gewordene, aber immer noch vergleichsweise ruhige Lokalität. Gelobt werden die Sushi, die hier serviert werden.

Eschloraque → Karte S. 106/107 **(35)**, Rosenthaler Str. 39, ✆ 30 87 25 73. ⏰ tägl. ab 22 h. Eigenwillig wie schon der Name ist auch das ganze Lokal – aber nicht jede(r) kann sich selbst davon überzeugen, denn es herrscht eine strenge Auswahl durch den Türsteher.

Jubinal → Karte S. 106/107 **(13)**, Tucholskystr. 34, ✆ 28 38 73 77. ⏰ tägl. 19–6 h. Sehr elegante Cocktailbar im weiterhin angesagten End-Sixties-Stil; ab und zu Live-Musik. Für das Gebotene sind die Preise erstaunlich niedrig.

Kaffee Burger → Karte S. 106/107 **(3)**, Torstr. 60, ✆ 28 04 64 95. ⏰ tägl. ab 19 h. Im original DDR-Blümchentapeten-Ambiente treffen sich Künstler wie Wladimir Kaminer und solche, die es vielleicht noch werden wollen. Schnell kommt man miteinander ins Gespräch; regelmäßig Veranstaltungen verschiedenster Art. Sehenswert.

Obst & Gemüse → Karte S. 106/107 **(5)**, Oranienburger Str. 48/Ecke Linienstr., ✆ 282 96 47. ⏰ tägl. ab 11.30 h. Café-Kneipen-Bar in einer ehemaligen Obst- und Gemüsehandlung gegenüber dem Tacheles. Kurz nach der Eröffnung residierte hier die Szene, heute trifft man eher auf Touristen, wie überhaupt in dieser Gegend.

Riva → Karte S. 106/107 **(49)**, Dirckstenstr., im S-Bahn-Bogen 142, ✆ 24 72 26 88. ⏰ tägl. ab 18 h. Sehr elegante, ziemlich teure Bar im Seventies-Style unter italienischer Leitung. Cocktail-Experten loben die Qualität der Drinks. Einlass findet nur, wer die Gesichtskontrolle besteht.

Seven Lounge → Karte S. 106/107 **(2)**, Ackerstr. 20, ✆ 27 59 69 79. ⏰ tägl. ab 18 h. Im Frühsommer 2000 war die von Mo Asumang betriebene Bar zeitweilig geschlossen – denn sie wurde ohne Genehmigung betrieben. Mittlerweile ist alles offiziell – edel war's schon vorher. Angemessenes Preisniveau.

Strandbad Mitte → Karte S. 106/107 **(9)**, Kleine Hamburger Str. 16, ✆ 24 62 89 63. ⏰ tägl. 9–2 h oder länger, Frühstück bis 16 h. Eine der neueren Kneipen im Scheunenviertel, große Fensterscheiben, Marmortresen usw.; nicht unangenehm. Sehr freundliche Bedienung. Hier gibt's Cocktails und den sehr beliebten Frappé. Im Sommer stehen Liegestühle vor der Tür.

Voss → Karte S. 106/107 **(23)**, Rosa-Luxemburg-Str. 30. Neben dem Filmkunsthaus Babylon gelegenes neu eröffnetes Lokal – angenehm in warmen Farbtönen gestylt.

Zapata im Tacheles → Karte S. 106/107 **(11)**, Oranienburger Str. 53–56, ✆ 282 61 09. ⏰ tägl. ab 10 h. "Abgefahrener" Laden mit stilisiertem Sperrmüll und Selbstgeschweißtem im Erdgeschoss des alternativen Kunsthauses Tacheles; von Zeit zu Zeit Live-Musik. Das Tacheles wurde kurz nach der Jahrhundertwende erbaut und war bis 1928 ein Kaufhaus (im "Shop-in-Shop-System"!). Dann wegen Pleite der Geschäftsinhaber von der AEG zum "Haus der Technik" umgebaut. 1933 nistete sich die SS ein, und zu DDR-Zeiten residierte hier der FDGB (Freier Dt. Gewerkschaftsbund). Seit 2000 wird das Tacheles saniert; wie es nach Abschluss der Arbeiten aussehen wird, weiß noch niemand so genau.

Bars und Kneipen

Prenzlauer Berg

Die vor allem im Sommer schönste Gegend zum abendlichen Bier- oder Cocktailkonsum ist ohne Frage das Gebiet um den **Kollwitzplatz** und den **Wasserturm**, auch wenn es dort von Touristen nur so wimmelt. Rund um die namengebende Käthe, die inmitten des grünen Platzes auf einem Sockel vor sich hin träumt, blüht die gastronomische Kultur. Hier gibt es Kneipen und Restaurants aller Couleur, wobei die wilden Wendejahre sichtbar vorbei sind. Daneben entwickelten sich die Gegend um den **Helmholtzplatz**, die **Oderberger Straße** sowie die **Kastanienallee** und deren Umgebung in den letzten Jahren zu Ausgehmeilen.

Akba → Karte S. 146/147 **(50)**, Sredzkistr. 64, ✆ 441 14 63. ⌚ tägl. ab 19 h. Hier trinkt ein internationales Publikum sein Bier – später geht's dann eine Treppe höher in die Akba-Lounge, wo man auch tanzen kann.

Anita Wronski → Karte S. 146/147 **(56)**, Knaackstr. 26, ✆ 442 84 83. ⌚ tägl. 10–3 h. Immer volle ehemalige Szenekneipe.

Bambi Bar → Karte S. 146/147 **(31)**, Kollwitzstr. 97, ✆ 44 04 48 75. ⌚ tägl. 19–2 h. Kein Bambi, sondern bunte Malerei der "Jungen Wilden" schmückt diese skurrile Cocktail-Bar mit (mittlere Preislage), deren Tresen aus Glasbausteinen errichtet wurde.

BlaBla, Sredzkistr. 19 a, ✆ 44 05 20 08, www.blabla-berlin.de. ⌚ tägl. ab 19 h. Kleine Speisen zu sich nehmen und dann bis zum Abstürzen am sehr späten Abend trinkend und plaudernd hier bleiben. Leicht gammeliges Interieur eines ehemaligen Wohnzimmers.

Bodeguita del Medio → Karte S. 146/147 **(21)**, Lychener Str. 6, ✆ 442 96 98. ⌚ tägl. ab 18 h. Kubanisches Flair – und die karibischen Cocktails sind stark ...

Drei → Karte S. 146/147 **(16)**, Lychener Str. 30, ✆ 44 73 84 71. ⌚ Mo–Sa ab 18 h, So ab 10 h (Brunch). Edel-schlicht möbliertes, recht neues Bar-Restaurant, das ein schickes Publikum anzieht.

5 Ziegen → Karte S. 146/147 **(8)**, Lychener Str. 63, www.5ziegen. de. ⌚ tägl. ab 20 h. Kiezkneipe mit (im Winter) bullernden Öfen.

In der Oranienburger Straße grenzt Kneipe an Kneipe

So ziemlich das Gegenteil von elegant, entprechend niedrige Getränkepreise.

Goldbar → Karte S. 146/147 **(45)**, Rykestr. 45, ✆ 0179/490 18 73. ⌚ tägl. ab 19 h. Mit viel Falschgold dekorierte Cocktail-Sushi-Bar mit Leopardenfell-Sesseln. Junges Publikum.

Krähe, Kollwitzstr. 84, ✆ 442 82 91. ⌚ Mo–Fr 17.30–1 h, Sa/So ab 10 h, Frühstück bis 15 h. Auch eine Institution. Tummelplatz von Prenzelberger Schöngeistern und allerlei anderem Volk. Dichte, lebendige Atmosphäre, kein Szenezwang. Hin und wieder Live-Musik.

Manson → Karte S. 146/147 **(9)**, Schliemannstr. 37, ✆ 440 98 69. Seit Herbst 1997 bestehende Bar, ganz im modischen Terrakotta-Stil gehalten. Im Gegensatz dazu steht die harte Techno-Beschallung. Viele

Nachtleben

An einem Sommertag vor dem Café Schwarzsauer in der Kastanienallee

(auch etliche alkoholfreie) Cocktails zu moderaten Preisen. Junges Publikum. Billard.

Santiago-Bar → Karte S. 146/147 **(48)**, Wörther Str. 36, ✆ 441 25 55. ⌚ tägl. ab 18 h. Angenehm unschummrige Bar, in der es auch Kleinigkeiten zu essen gibt.

Sevilla-Bar → Karte S. 146/147 **(33)**, Rykestr. 54, ✆ 441 89 81. ⌚ tägl. 20–4 h. Wie der Name schon andeutet, spanisch angehauchtes Ambiente, und es gibt Tapas. Bis 22 h Happy Hour.

Vinotheque Mariage → Karte S. 146/147 **(60)**, Winsstr. 11, ✆ 442 13 16. ⌚ tägl. 18–2 h. Ebenso wie die Öffnungszeiten, sind auch die Getränke gepflegt: fast 100 Sorten Wein, offen und in Flaschen. Am Wochenende Pianomusik (live).

Friedrichshain

In letzter Zeit mauserte sich Friedrichshain zum abendlichen Ausgehgebiet der Szene oder derer, die sich dafür halten. Insbesondere um den **Boxhagener Platz** und die **Simon-Dach-Straße** eröffnen beinahe täglich neue Lokale; aber auch die **Schreinerstraße** wird allmählich zur Kneipenmeile. Ein zweites Zentrum der Friedrichshainer Kneipenkultur hat sich ganz im Süden an der **Oberbaumbrücke** gebildet, dominiert vom Amüsiertempel "Speicher", der eher ein Umlandpublikum anzieht.

Apotheke → Karte S. 156–159 **(23)**, Wühlischstr. 32, ✆ 29 00 70 62. ⌚ Mo–Fr 17–2 h, Sa/So 11–2 h. Zwischen Einrichtungsgegenständen aus einer alten Apotheke wird Kräutertee serviert – aber beileibe nicht nur. Als Unterlage für die geistigen Getränke eignen sich die preiswerten kleinen Speisen, die hier ebenfalls serviert werden.

Astro-Bar → Karte S. 156–159 **(14)**, Simon-Dach-Str. 40, ✆ 29 66 16 15, www.astro-bar.de. ⌚ tägl. ab 18 h. Hippe Musik und wechselndes Programm, das ein Publikum aus weiter entfernten Bezirken anzieht. Sehr angesagt.

Black Bar Jazz Café → Karte S. 156–159 **(27)**, Krossener Str. 34, ✆ 694 66 03, www.blackbar.de. ⌚ Mo–Do 18–3 h, Fr 18–5 h, Sa 12–5 und So bis 3 h. Das Abendprogramm besteht aus Live-Jazz, Soul, Blues etc., aber auch aus den beliebten Lesungen und Kabarett-Vorstellungen. Preiswerte Cocktails; bis 2.30 h gibt es Kleinigkeiten zu essen.

Bars und Kneipen

Conmux → Karte S. 156–159 **(22)**, Simon-Dach-Str. 35, ✆ 291 38 63. ⓣ tägl. ab 9.30 h. Die Räumlichkeiten sind mit Einzelteilen aus einer alten Bäckerei dekoriert. Im Sommer ist draußen vor der Kneipe, in der es auch kleine Speisen gibt, kaum ein Platz zu kriegen.

Dachkammer → Karte S. 156–159 **(28)**, Simon-Dach-Str. 39, ✆ 296 16 73. ⓣ Mo-Fr 12–2 h, Sa/So 10–2 h. Trotz des rustikalen Wohnzimmer-Stylings ein angenehmer Ort; vor allem die Balkonplätze im 1. Stock sind sehr begehrt. Cocktail-Preise im unteren Bereich, 17–21 h Happy Hour. Zu empfehlen ist der Sonntags-Brunch.

Deponie No. 1 → Karte S. 156–159 **(21)**, Warschauer Str. 27, ✆ 296 20 43. ⓣ Mo-Fr 10–22 h, Sa 13–22 h, So 14–21 h. Die erste Friedrichshainer Neueröffnung nach der Wende bietet in rustikaler Atmosphäre jeden Fr Live-Musik, meist bluesig angehaucht.

Die Tagung → Karte S. 156–159 **(26)**, Wühlischstr. 29, ✆ 292 87 56. ⓣ tägl. ab 19 h. Ebenfalls eine Kiez-Institution, in der einige Ost-Reminiszenzen (z. B. Karl Liebknecht und Club-Cola) präsentiert werden. Auch Soljanka wird serviert. Im Keller liegt der Cube Club, in dem am Wochenende die überregional bekannten Lesungen der "Chaussee der Enthusiasten" stattfinden.

Em-Bar → Karte S. 156–159 **(16)**, Gabriel-Max-Str. 17, ✆ 29 00 39 29. ⓣ tägl. 10–2 h. Ab 18 h wird die umfangreiche Cocktailkarte ausgelegt, mediterrane Speisen sind ebenfalls erhältlich. Seit in der Simon-Dach-Straße wegen anhaltender Anwohnerproteste im Sommer die Stühle um 22 h hineingestellt werden, ist die Em-Bar eine prima Freiluft-Alternative: Am Boxhagener Platz kann man länger draußen sitzen.

Filmriss → Karte S. 156–159 **(1)**, Rigaer Str. 103, ✆ 42 21 96 27. ⓣ tägl. ab 20 h. Drogen- und hundefreie Kneipe mit Hausbesetzer-Interieur. Den Namen gab die Leinwand, die Mi und So um 21 h ausgerollt wird. Dann gibt es kostenlos Filme zu sehen!

Kino-Café Intimes → Karte S. 156–159 **(9)**, Boxhagener Str. 107, ✆ 29 66 46 33. ⓣ tägl. 16 h–2 h. Angenehmer Ort zum Essen (Mittelmeerküche) und/oder Trinken neben dem ältesten Friedrichshainer Kino, dessen Name nichts mit Pornofilmen zu tun hat, sondern sich auf die geringe Größe des Kinos bezieht.

Kreuzberg

Kreuzberg und seine Kneipenszene haben sich in den Jahren seit 1989 natürlich sehr gewandelt. War der Bezirk in den 90ern völlig out, so ist in jüngster Zeit eine neue Entwicklung zu beobachten: Im Zuge der Eighties-Nostalgie werden die alten Kneipen aus Anarcho- und Hausbesetzerzeiten, die das letzte Jahrzehnt überstanden haben, bei all denen wieder modern, die die geleckte Eleganz der späten 90er bereits langweilt.

Ex-Kreuzberg 36:

Bateau Ivre → Karte S. 156–159 **(44)**, Oranienstr. 18, ✆ 61 40 36 59. ⓣ tägl. 9–3 h. Recht neue Bistro-Bar, die immer gut besucht ist. Bester Blick auf das Straßenleben.

Bierhimmel → Karte S. 156–159 **(46)**, Oranienstr. 183, ✆ 615 31 22. ⓣ tägl. 13–3 h. Hinten ist die Kneipe (zumindest am Wochenende) nicht zu Ende, dort dringt man ein ins Separée hinter der schweren Tür, und wer nicht kehrtmacht aus Furcht, jemand könnte eine Einladung verlangen, wird verschluckt vom sumpfigen Rotlicht, von roten Polstern und schwülen Cocktails. Barbetrieb Fr/Sa ab 22 h, schwules Publikum.

Intertank → Karte S. 156–159 **(53)**, Manteuffelstr. 47, ✆ 611 64 81, www.intertank.org. ⓣ tägl. ab 20 h. Etwas härtere (und lautere) Kneipe mit Kicker.

Madonna → Karte S. 156–159 **(59)**, Wiener Str. 22, ✆ 611 69 43. ⓣ tägl. ab 15 h. Legendärer Treffpunkt der Hausbesetzer-Szene in den 80ern, heute wird ihre etwas gepflegter getrunken: 250 verschiedene Whisk(e)ys stehen zur Auswahl!

Makabar → Karte S. 156–159 **(41)**, Oranienstr. 39, ✆ 61 65 88 85. ⓣ tägl. 18–3 h, Happy Hour bis 21 h. Orangerot gestaltete, recht neue Cocktailbar mit südamerikanischem Flair. Mi–So Live-Musik (Piano).

Milchbar → Karte S. 156–159 **(51)**, Manteuffelstr. 40/41, ✆ 611 70 06, www.oranienstrasse.de/milchbar. ⓣ tägl. 17 bis ca. 5 h. Reine Koketterie, der Name. Was über Kreuzbergs längsten Tresen (grobe Schätzung) wandert, ist meist Bier oder Hochprozentiges. Keine cool-distinguierte Bar, eher ein skurril-gemütlicher In-Platz der 80er. Ein etwas härteres Publikum vergnügt sich nicht nur am Flipperautomaten.

Nachtleben

Roses → Karte S. 156–159 **(47)**, Oranienstr. 187, ℡ 615 65 70. Von 22 bis etwa 6 Uhr haben Herren hier die Gelegenheit, sich im plüschigen Ambiente tief in die Augen zu sehen – oder mehr. Auch Damenpaare sind präsent.

Schnabelbar → Karte S. 156–159 **(42)**, Oranienstr. 31, ℡ 615 85 34. ⏲ tägl. ab 20 h. In-Bar in einem langen, schmalen Raum. Do–So Tanz (Jungle, House), dann 2,50 € Eintritt.

Wiener Blut → Karte S. 156–159 **(54)**, Wiener Str. 14, ℡ 618 90 23. ⏲ tägl. 18 bis ca. 3 h. Grüne Tapeten, orangefarbene Ledersofas usw. erzeugen die angesagte loungige Seventies-Gemütlichkeit. Szenetauglich. So Live-Musik.

Jeden Sonntag Live-Musik

Würgeengel → Karte S. 156–159 **(45)**, Dresdener Str. 122, ℡ 615 55 60. Tägl. ab 19 h kann man hier Cocktails, die es in sich haben, und Häppchen zu sich nehmen; die Kellner tragen Weste und Krawatte.

Ex-Kreuzberg 61:

Café Anfall → Karte S. 156–159 **(61)**, Gneisenaustr. 64, ℡ 693 68 98. ⏲ tägl. 16–4 h. Anfälle von Kreativität verpassen der traditionsreichen In-Bar des Öfteren einen neuen Look, das Publikum bleibt das gleiche. Sonntags Volxküche.

Enzian → Karte S. 156–159 **(63)**, Yorckstr. 77, ℡ 786 50 88. ⏲ tägl. ab 19 h. Über 20 Jahre lang als "Nulpe" bekannt, seit einiger Zeit unter neuem Namen, der auf den Betreiber, den "wahren Heino" hinweist. Bildet mit dem Yorckschlösschen gegenüber das Traditionsgespann der Straße.

Fogo → Karte S. 156–159 **(72)**, Arndtstr. 29, ℡ 692 14 65. Im Winter ⏲ tägl. 20–4 h, im Sommer ab 17 h, am Wochenende länger. Brasilianisch inspirierte Cocktail-Bar mit ausladenden Wandgemälden und Sand auf dem Boden. Am Wochenende gibt's zwei Cocktails zum Preis von einem; dann ist es hier immer voll.

Golgatha → Karte S. 156–159 **(74)**, auf dem Kreuzberg im Viktoriapark (Zugang von der Dudenstr. aus), ℡ 785 24 53. Betrieb nur März–Sept. Biergarten. Frühstück bis 15 h. Bei schönem Wetter immer voll. Abends wird draußen getanzt, sobald es warm genug ist.

Großbeerenkeller → Karte S. 156–159 **(75)**, Großbeerenstr. 90, ℡ 782 49 84. ⏲ Mo–Fr 16–1, Sa 18–1 h. Alt-Berliner Bürgerlokal mit Theateratmosphäre. Wohlgemerkt: alt, nicht auf alt getrimmt. Besteht seit 1862, und schon Hans Albers hat hier gezecht – mal was ganz anderes nach den vielen Szene-Kneipen im Kiez.

Haifischbar → Karte S. 156–159 **(71)**, Arndtstr. 25, ℡ 691 13 52. ⏲ Di–So 20–2 h, bis 21 h Happy Hour. Stimmt es, dass die meisten studentischen Beziehungen in Ex-61 hier ihren Anfang nehmen? Die Cocktails, Sushis und Ledersofas sind jedenfalls allabendlich sehr gefragt.

Junction Bar, Gneisenaustr. 18, ℡ 694 66 02. ⏲ tägl. 20–5 h. Eintritt 3–6 €. Jazzclub mit Live-Musik an jedem Abend! Anschließend legen DJs auf. Ziemlich voll, ziemlich laut.

Kalomi, Gneisenaustr. 58, ℡ 692 61 72. In den Räumen des ehemaligen Niagara hat sich unlängst ein afrikanisches Musikcafé etabliert. Mi/Fr afrikanische Percussion. Eintritt frei.

Yorckschlösschen → Karte S. 156–159 **(64)**, Yorckstr. 15/Ecke Hornstr., ℡ 215 80 70, www.lustgarten.de/schloss. ⏲ tägl. 9–3 h. Eine original Berliner Kneipen-Konserve (angeblich schon 100 Jahre alt) mit Kiez-publikum. Hier wird grundsätzlich

Bars und Kneipen

Stärkung vor dem Abendprogramm – mit original britischen Fish & Chips in Kreuzberg

nichts renoviert. Deftiges Essen, Frühstück bis 15 h. Im Sommer auch Außenbetrieb. So (im Winter auch Mi) Live-Musik, und zwar Jazz und Blues.

Zyankali-Bar → Karte S. 156–159 **(62)**, Großbeerenstr. 64, ✆ 251 63 33, www.zyankali.de. ⏲ tägl. ab 20 h. Hier haben die Cocktails abgefahrene Namen, daneben gibt's Hanfbier ohne jede narkotisierende Wirkung. Neuerdings So-abend gratis Kino.

Schöneberg

Der Stadtteil, in dem sich die Szene in den späten 80ern feierte. Vor allem in der Gegend um den **Winterfeldtplatz**, die **Goltzstraße** und den **U-Bahnhof Eisenacher Straße** wimmelte es geradezu von ungemein kultverdächtigen Cafés, Bars und Kneipen, die inzwischen teilweise reichlich verstaubt wirken. Dennoch – oder vielleicht gerade deshalb – eine interessante Gegend für einen Kneipenbummel. Rund um den **Nollendorfplatz** hat die Schwulenszene ihre Traditionslokale.

Anderes Ufer → Karte S. 94/95 **(45)**, Hauptstr. 157, ✆ 78 00 15 08. ⏲ Mo–Fr 17–2 h, Sa/So 14–2 h (oder länger). Traditionsreiche Schwulen-Kneipe mit riesiger einschlägiger Zeitschriften-Auswahl. Auch Lesben und Heteros/Heteras nehmen hier ihren Kaffee.

Café M → Karte S. 94/95 **(42)**, Goltzstr. 33, ✆ 216 70 92. ⏲ Mo–Do 8–2, Fr/Sa 9–3 h, So 9–2 h. Das ehemalige Café Mitropa, in den 80ern unumstrittene Institution der Schöneberger Szene, ist immer noch gut besucht; im Sommer auch draußen auf dem Bürgersteig.

Destillerie E. & M. Leydicke → Karte S. 94/95 **(50)**, Mansteinstr. 4, ✆ 216 29 73. ⏲ tägl. 18–1.30 h. Eine wirklich urige Kneipe, in der seit über 100 Jahren im Familienbetrieb hergestellte Fruchtweine und -liköre ausgeschenkt werden.

Eldorado → Karte S. 94/95 **(33)**, Motzstr. 20, ✆ 218 25 18. Durchgehend geöffnet. Plüschige Schwulenbar; eher älteres Publikum.

Felsenkeller → Karte S. 94/95 **(48)**, in der Akazienstr. 2/Ecke Hauptstr, ✆ 781 34 47. ⏲ Mo–Fr ab 16 h, Sa ab 12 h und So ab 18 h. Ein kleines, schmales und musikfreies (!) Bierlokal im Seefahrt-Look, das vor allem

74 Nachtleben

gestandene Männer zwischen 30 und 40 schätzen.

Green Door → Karte S. 94/95 **(37)**, Winterfeldtstr. 50, ✆ 215 25 15. ⏰ tägl. 18–3 h. Eine Mitte der 90er gegründete Bar mit relativ strenger Gesichtskontrolle; voll wird's hier schon ziemlich früh. Das Publikum ist amüsierwillig und gesprächig – allein muss hier niemand bleiben.

Hafen → Karte S. 94/95 **(31)**, Motzstr. 19, ✆ 211 41 18, www.hafen.de. ⏰ tägl. ab 20 h. (Nicht ausschließlich) schwule Szene-Bar, in der keiner lang allein bleibt.

Lenz → Karte S. 94/95 **(29)**, Eisenacher Str. 3, ✆ 217 78 20, www.lenzdiebar.de. ⏰ tägl. ab 20 h, Happy Hour bis 21.30 h. Knackige junge Schwule vor und hinter dem Tresen.

Mr. Hu → Karte S. 94/95 **(43)**, Goltzstr. 39, ✆ 217 21 11. ⏰ Mo–Fr, So ab 17 h, Sa ab 11 h. Der Indonesier Huseh Xiawi gab dieser Bar ihren Namen. Ausgefallene Namen gab er auch den von ihm kreierten Cocktails, und zwar ziemlich scheußliche – wie "Cabrio Akkuschrauber". Auf jeden Fall ein skurriler Ort, auch die Einrichtung ist sehenswert.

N.N. → Karte S. 94/95 **(46)**, Hauptstr. 159, ✆ 787 50 33. ⏰ tägl. ab 17 h. Empfehlenswerte Cocktailbar, bis 20 h Happy Hour. Der ausrangierte S-Bahn-Waggon direkt am U-Bhf. Kleistpark gehört auch zu dieser Bar.

Pour Elle → Karte S. 94/95 **(32)**, Kalckreuthstr. 10, ✆ 218 75 33. ⏰ tägl. 21–5 h. Jahrzehntelang eine Lesben-Bar, nach Besitzer-Wechsel gemischtes Publikum. Das Interieur soll aber unverändert bleiben.

Sidney → Karte S. 94/95 **(38)**, Winterfeldtstr. 40/Ecke Maaßenstr., ✆ 216 52 53. ⏰ tägl. 9–2 h, Fr/Sa bis 3 h. Großes cleanschickes Kneipen-Café mit großen Fenstern. Meist recht voll, im Sommer auch draußen. Übrigens soll es auf Ibiza eine Filiale geben.

Slumberland → Karte S. 94/95 **(40)**, Goltzstr. 24 (Winterfeldtplatz), ✆ 216 53 49. ⏰ So–Fr 17–4 h, Sa ab 11 h. Ua zum Wochenmarkt trifft sich hier schon tagsüber eine illustre Alt-68er-Gemeinde und versumpft bei Reggae-Musik auf dem Sandfußboden des Slumberland.

Zoulou-Bar → Karte S. 94/95 **(47)**, Hauptstr. 3, ✆ 784 68 94. ⏰ tägl. 20–4 h, Fr/Sa bis 6 h, erst zu später Stunde voll mit flirtbereitem Publikum. Bar im Stile der amerikanischen 30er, garantiert ohne Prohibition. Hier kann man zünftig bis zum Absturz weiterzechen.

Charlottenburg

Um den **Savignyplatz**, über den die Kantstraße verläuft, haben sich in den 1980er Jahren neben den wenigen verbliebenen alten 68er-Institutionen eine Vielzahl schicker Cafés und Bars angesiedelt, in denen heute die älter gewordene Charlottenburger Szene residiert.

Bogen → Karte S. 132/133 **(24)**, S-Bahn-Passage, ✆ 313 77 04. ⏰ tägl. (außer Mo) 15–3 h. Eine Kneipe mit Stil. Viele Flaschenweine im Ausschank, außerdem 4 Biere vom Fass und ein Piano. Daneben und gegenüber weitere ähnliche Etablissements.

Elaine's → Karte S. 132/133 **(8)**, Schlüterstr. 69 (Pestalozzistr.), ✆ 313 50 38. ⏰ So–Do 13–2 h, Fr/Sa 13–4 h. Die roten Sixties-Lackledersitze und die rote Wurlitzer-Musikbox des alten Dralle's sind immer noch da. Auch das Publikum ist mitgealtert.

Gainsbourg → Karte S. 132/133 **(10)**, Savignyplatz 5, ✆ 313 74 64. ⏰ tägl. ab 17 h, Happy Hour bis 20 h. Stilvolle American Bar, stilvolles Publikum; ab und zu Live-Musik. Neigt zur Überfüllung.

Hefner → Karte S. 132/133 **(27)**, Kantstr. 146 (am Savignyplatz), ✆ 31 01 75 20. ⏰ tägl. ab 13 h. Schicke Neueröffnung des Jahres 2001 im Seventies-Stil, wie er in Mitte allerorten vorherrscht.

Le Bar → Karte S. 132/133 **(9)**, Grolmanstr. 52, ✆ 312 87 02. ⏰ ab 19 h. Selbstdarstellung in postmodern designtem Edelambiente. Schillernde Cocktails, mühsam schillernde Kunden. Teuer.

Zwiebelfisch → Karte S. 132/133 **(16)**, Savignyplatz 7–8, ✆ 312 73 63. ⏰ tägl. 12–6 h. Seit Jahrzehnten beliebte, gleichbleibend abgewetzte Charlottenburger Institution mit vielfach gemischtem Stammpublikum. Bis 3 h gutes, einfaches Essen, wohlportioniert und preiswert. Im Sommer Tische unter Riesenschirmen am Platz.

Mehrere Clubs beherbergt die riesige Kulturbrauerei

Diskotheken und Clubs

Da die Club-Szene groß und außerdem einem raschen Wandel unterworfen ist, kann hier nur ein Teil der Berliner Diskotheken und Clubs vorgestellt werden. Dabei wurden Partyorte ganz unterschiedlicher Stilrichtungen ausgewählt, so dass für jede und jeden etwas dabei sein dürfte. Seit dem Regierungsumzug wurden einige super-edle Clubs wie das Blu am Potsdamer Platz und der Shark Club an der Friedrichstraße eröffnet, in denen sich fast ausschließlich Promis tummeln. Auch das seit über zehn Jahren bestehende 90° veredelte sich zum Promi-Treff. Daneben existieren weiter alt eingesessene Diskotheken und halblegale "Schmuddel-Clubs".

Infos zu DJs und Parties gibt es in den Stadtillustrierten **tip** und **zitty**, die alle 14 Tage (im Wechsel) erscheinen und bundesweit im Bahnhofs-Zeitschriftenhandel erhältlich sind. Beide auch im Netz: www.zitty.de bzw. www.berlinonline.de/kultur/tip.

Kostenlos informieren die Hefte **[030]** (für 4 Wochen, auch unter www.berlin030.de) und **flyer** (für 2 Wochen, www.flyeronline.de), die in Berliner Kneipen, Läden, Kinos etc. ausliegen.

Tipps zum schwul-lesbischen Nachtleben geben die ebenfalls kostenlosen Magazine **Siegessäule** (www.siegessaeule.de) und **Sergej** (www.berlinonline.de/kultur/sergej).

Nachtleben

Die Friedrichshainer Club-Meile am Ostbahnhof, die in den letzten Jahren entstanden ist, wird bereits von der Verdrängung bedroht: Das "Maria am Ostbahnhof" erhielt im Sommer 2001 die Kündigung, Ostgut und Casino gelten – neben einigen kleineren Partyorten – ebenfalls als Schließungs-Kandidaten.

Von Zeit zu Zeit findet die "Lange Nacht der Clubs" statt. Dann können etwa zwanzig Clubs mit einer Eintrittskarte (2002: 11 €) besucht werden; Infos unter www.club-commission-berlin.net.

Abraxas (Char.) → Karte S. 132/133 **(20)**, Kantstr. 134, ☎ 86 39 91 44. ⏰ Di–So 22 h– 5 bzw. 6 h. Die Wellen vollsynthetischer Musikmoden plätschern ungehört am Abraxas vorbei. Die DJs legen gekonnt Funk, Soul und Latin aus alten Tagen auf, an den Wänden sind Musikinstrumente statt Laserkanonen befestigt. Das Publikum dankt's – der Club ist seit Jahren stets randvoll.

Alte Kantine in der Kulturbrauerei (Pren.) → Karte S. 146/147 **(37)**, Knaackstr. 97, ☎ 441 92 70, www.kulturbrauerei.de. ⏰ Mo ab 20, Mi und Fr–So ab 22 h. Verschiedenste Themen-Parties und Konzerte; Klassiker sind die Ostrock-Abende.

Blu (Tier.) → Karte S. 94/95 **(19)**, Marlene-Dietrich-Platz 4, ☎ 25 59 30 13. ⏰ Fr/Sa ab 22 h. Eintritt um die 10 €, die Getränkepreise sind ebenfalls hoch. Dafür gibt es auf 3 Etagen ein extrem gediegenes Interieur, getanzt wird unten, auf einer runden Tanzfläche, oben sind mehrere Bars und Lounges. Das Publikum ist teuer gekleidet, man bemüht sich um Stil.

Blue Note (Schö.) → Karte S. 94/95 **(25)**, Courbièrestr. 13, ☎ 218 72 48. ⏰ Do–So ab 22 h. Eintritt frei. 2000 nach Renovierung wiedereröffnet; eng und eher schick. Jazz und Soul, häufig Live-Musik.

Busche (Frie.) → Karte S. 156–159 **(39)**, Mühlenstr. 11–12, ☎ 296 08 00, www.diebusche.de. Ehemals einzige Gay-Disko Ostberlins, heute mischt sich hier junges Homo- und Heteropublikum. Eintritt 3–5 €.

Casino (Frie.) → Karte S. 156–159 **(35)**, Mühlenstr. 26–30, ☎ 29 00 97 99, www.casino-bln.com. ⏰ Fr/Sa ab 23 h. Techno-Club an neuem Standort; keiner weiß, wie lange man hier weiter feiern kann.

Connection (Schö.) → Karte S. 94/95 **(30)**, Fuggerstr. 33/Ecke Welserstr., ☎ 218 14 32, www.connection-berlin.com. ⏰ Fr/Sa ab 23 h. In der traditionellen Schwulengegend gelegene Großdisko mit Schwerpunkt auf Techno, House und Disco.

Cookies (Mitte) → Karte S. 106/107 **(59)**, Charlottenstr. 44/Ecke Unter den Linden, www.cookies-berlin.de. 2001 an neuer Stelle eröffneter Club des legendären Party-Machers Cookie. In den sehenswerten Räumlichkeiten mit ruinösem Nachkriegscharme trifft sich an ausgewählten Tagen, spät in der Nacht ein von den Türstehern handverlesenes Publikum. Dabei zu sein gilt als äußerst hip, ist aber nicht ganz einfach.

Delicious Doughnuts (Mitte) → Karte S. 106/107 **(15)**, Rosenthaler Str. 9, ☎ 28 09 92 74. ⏰ tägl. ab 21 h, DJ ab 23 h. Seit Jahren am Wochenende proppenvoll, junges Publikum. Musik von 2Step über Jazz bis House, je nach Wochentag. In letzter Zeit kursieren Schließungsgerüchte.

Diva (Mitte) → Karte S. 106/107 **(47)**, Friedrichstr. 105, ☎ 28 09 90 55. ⏰ Fr/Sa ab 22 h. Edler Club am Ufer der Spree unter einem Opel-Autosalon. Themenparties, oft geschlossene Gesellschaften.

Duncker Club (Pren.) → Karte S. 146/147 **(4)**, Dunckerstr. 64, ☎ 445 95 09. ⏰ Mo–Sa ab 22/23 h. Traditionsreicher Club mit sehr abwechslungsreichem Programm von Independent Rock bis Dark (s. Tagesprogramm der Stadtillustrierten oder Szene-Magazine).

El Barrio (Tier.) → Karte S. 94/95 **(24)**, Potsdamer Str. 84, ☎ 262 18 53. ⏰ tägl. ab 21 h; nur Fr/Sa kostet es Eintritt. Salsateca, vieles Latinos im Publikum.

Far Out (Wilm.) → Karte S. 132/133 **(52)**, Kurfürstendamm 156 (am Adenauerplatz), ☎ 32 00 07 17. ⏰ Di–So ab 22 h. Osho-Disko, mit Publikum mittleren Alters. Di ab 19 h After Work Party. Musik von Rock und Global Music bis HipHop und House.

Havanna – La Discoteca Latina (Schö.) → Karte S. 94/95 **(49)**, Hauptstr. 30, ☎ 784 85 65. ⏰ Fr/Sa ab 22 h. Auf den weitläumigen Tanzflächen des ehemaligen Ecstasy gibt es seit 1997 Salsa, Latin und HipHop. Vergnügen auf drei Etagen!

Icon Club (Pren.) → Karte S. 146/147 **(5)**, Cantianstr. 15/Ecke Milastr., ☎ 61 28 75 45. ⏰ Do ab 22.30, Fr/Sa ab 23.30 h. Im ehemaligen Brauereikeller tanzt man lässig gekleidet zu Drum'n'Bass, HipHop, Reggae, Dancehall etc.

Diskotheken und Clubs

Belebt bei Tag und Nacht – die Ankerklause

Insel (Trep.), Alt-Treptow 6, ☎ 53 60 80 25, www.insel-berlin.com. ⏰ Di–So ab 15 h. Über die Brücke geht's zum Tanzen auf die ehemalige "Insel der Jugend" in der Spree.

Kalkscheune (Mitte), Johannisstr. 2, ☎ 59 00 43 40, www.kalkscheune.de. Diverse Themenparties auf drei Etagen im hochsanierten Bauwerk. Hier mischen sich die Generationen.

Knaack Club (Pren.) → Karte S. 146/147 **(63)**, Greifswalder Str. 224, ☎ 442 70 60, www.knaack-berlin.de. ⏰ Mi 21–5 h, Fr/Sa ab 21 h. Aus dem ehemaligen FDJ-Jugendclub wurde ein Wallfahrtsort der tanzenden Jugend. Auf drei Etagen kann man sich vergnügen; oft Konzerte.

Kurvenstar (Mitte) → Karte S. 106/107 **(48)**, Kleine Präsidentenstr. 3, ☎ 28 59 97 10, www.kurvenstar.de. ⏰ Do–So ab 21 h. Um rein zu kommen, muss man erst klingeln. Das Innere zeigt sich modisch gestylt; musikalischer Schwerpunkt ist HipHop.

Lore.Berlin (Mitte) → Karte S. 106/107 **(40)**, Neue Schönhauser Str. 20, ☎ 28 04 51 34, www.lore-berlin.de und www.kohlen-keller.de. ⏰ Mo–Fr 19–5 h, Sa/So 21–5 h. Eintritt frei. Ehemaliger Kohlenkeller, zu einem großen Club mit unendlich langem Tresen veredelt. After-Work-Parties.

Matrix (Frie.) → Karte S. 156–159 **(37)**, Warschauer Platz 18, Gewölbe 3, ☎ 29 49 10 47, www.matrix-berlin.de. ⏰ Di, Do, Fr ab 23 h, Sa Lounge ab 22 h. Eintritt 5–10 €. Direkt unter dem U-Bhf. Warschauer Str. befinden sich zwei Tanzflächen, auf denen Techno- und House-Parties gefeiert werden; auch Rock und Mainstream. Viel junges und sehr junges Umlandpublikum.

Metropol (Schö.) → Karte S. 94/95 **(34)**, Nollendorfplatz 5, ☎ 217 36 80. Im ägyptischen Stil präsentiert sich heute der Bau von 1906, der schon viel mitgemacht hat: Errichtet als Schauspielhaus, das sofort floppte, danach zu einem Kino umgebaut. Nach dem Ersten Weltkrieg und in den 1950er Jahren als Operetten-Bühne genutzt und in den 70ern als Porno-Kino. Anschließend folgte eine gute Phase, das Metropol diente als Konzertbühne; später folgte der Umbau zur Disko. Heute diverse Veranstaltungen, vor allem für schwules Publikum.

Mudd Club (Mitte) → Karte S. 106/107 **(29)**, Große Hamburger Str. 17, ☎ 27 59 49 99. ⏰ Mi–Sa ab 22 h. Neueröffnung des Jahres 2001 in einem uralten Kellergewölbe. Der Name stammt vom legendären New Yorker Mudd Club, in dem Keith Haring und Madonna arbeiteten, bevor sie Karriere machten.

Nachtleben

90° (Tier.) → Karte S. 94/95 **(36)**, Dennewitzstr. 37/Ecke Kurfürstenstr., ✆ 23 00 59 54, www.90grad.de. Begehrte Adresse mit absolut unnachgiebigem Türsteher, viele Promis. ⏰ Mi ab 21 h, Fr/Sa ab 23 h.

Ostgut (Frie.) → Karte S. 156–159 **(36)**, Mühlenstr. 26–30, Eingang über Rummelsburger Platz, ✆ 29 00 05 97, www.ostgut.de. ⏰ Fr/Sa ab 24 h, So ab 18 h. Eintritt 8–10 €. Techno, House, Elektro und Gabba in der ehemaligen Güterumschlagshalle am Ostbahnhof. "Zweite Adresse" nach dem Tresor. Publikum in den Zwanzigern. Der Club ist durch Neubau-Vorhaben von der Schließung bedroht.

Oxymoron (Mitte) → Karte S. 106/107 **(32)**, Rosenthaler Str. 40/41, ✆ 28 39 18 85. ⏰ Mi–Sa ab 11 h. In den hochsanierten Hackeschen Höfen (1. Hof) nun auch Tanz – House, Jazz und vieles mehr im edlen Ambiente von Samt und Lüstern, das schwer auf Zwanziger Jahre macht. Ebenso das Publikum.

Roter Salon (Mitte), Rosa-Luxemburg-Platz 2, ✆ 24 06 58 06, www.roter-salon.de. Der ehemalige Pausenraum der Volksbühne ist seit einigen Jahren bei Tanzfreunden angesagt. Wechselnde Veranstaltungen.

Sage-Club (Mitte) → Karte S. 156–159 **(33)**, Köpenicker Str. 76/Brückenstr. 1, direkt im U-Bhf. Heinrich-Heine-Str, ✆ 27 59 10 82, www.sage-club.de. ⏰ Do ab 22 h, Fr/So 23–9 h. Im 1998 völlig renovierten und vergrößerten ehemaligen Boogaloo tanzt im Fantasy-Ambiente, wer die Türkontrolle bestanden hat. Außerdem lockt die Cocktailbar, und die Dachterrasse wird's wohl auch noch geben. Etwas schicker anziehen!

SchwuZ (Kreu.) → Karte S. 156–159 **(65)**, Mehringdamm 61, ✆ 693 70 25, www.schwuz.de. Fr/Sa ab 23 h wird im Schwulen Zentrum getanzt, auch Lesben lassen sich hier sehen.

Shark Club (Mitte) → Karte S. 106/107 **(61)**, Rosmarinstr. 8–9, ✆ 20 63 50 63, www.shark-club.de. ⏰ Mo–Fr ab 18 h, So ab 22 h. Kein Eintritt, strenge Gesichtskontrolle und recht hohe Getränkepreise regeln den Zugang. Im neuerdings obligatorischen Aquarium – hier im Großformat – schwimmen die namengebenden Katzenhaie. In den VIP-Bereich können normal Sterbliche kaum vordringen. Um eingelassen zu werden, sollte man sich sehr aufrüschen (Anzug/Abendkleid o. Ä.).

SO 36 (Kreu.) → Karte S. 156–159 **(48)**, Oranienstr. 190, ✆ 61 40 13 06, www.so36.de. Legendärer, unkommerzieller Club, Mo ab 23 h Techno, Mi ab 22 h schwul-lesbische "Hungrige-Herzen"-Party, So ab 19 h Tanztee "Café Fatal" (viele Lesben). Auch sonst sehr gemischt – House, Schlager und Soul.

Soda Club (Pren.) → Karte S. 146/147 **(38)**, Knaackstr. 97, ✆ 44 05 87 07, www.soda-berlin.de. ⏰ Mo–Do ab 21 h, Fr/Sa ab 23 h. Weihnachten 1999 eröffneter Club in der alten Fassbier-Lagerhalle der Kulturbrauerei, deutlich intimer und edler als die Alte Kantine. Do und So Salsa, Mo Tango.

Speicher (Frie) → Karte S. 156–159 **(40)**, Mühlenstr. 78/80, ✆ 293 38 00. ⏰ Mo–Do 20–2 h, Fr/Sa 20–5 h, So 8–2 h. Eintritt 5 €. Multifunktionshaus für 1500 Gäste, die hier essen, trinken und tanzen können. Das allein stehende ehemalige Speicherhaus wurde völlig umgebaut und glänzt nun in pseudoamerikanischem Neon und Chrom. Entsprechendes Publikum (Umland!).

Sternradio (Mitte) → Karte S. 120/121 **(2)**, Alexanderplatz 5, ✆ 24 72 49 82, www.sternradio-berlin.de. ⏰ Do–Sa ab 23 h. Im Mai 2000 eröffneter Bar-Club im ehemaligen Restaurant Spreegarten. Zwei Bars und eine reichlich große Tanzfläche warten auf Tänzer; So ab 22 h Gayclub. Techno-, Trance- und House-Parties.

The Pip's (Mitte) → Karte S. 106/107 **(7)**, Auguststr. 84, ✆ 282 45 12, www.thepips.de. ⏰ Mo–Do 20–2 h, Fr/Sa ab 21 h. Eintritt frei. Neuer Club auf der edel gewordenen Galeriemeile, der mit ruhigeren Klängen wie Soul, Funk und Latin (kein House und Techno) und gemäßigtem 70er-Jahre-Design ein älteres, anspruchsvolleres Publikum erreichen will.

Tresor (Mitte) → Karte S. 120/121 **(14)**, Leipziger Str. 126a, ✆ 229 06 14, www.tresorberlin.de. ⏰ Mi, Fr, Sa ab 23 h; Einlass nur für Volljährige. Legendärer Techno-Keller, der bereits seinen 11. Geburtstag feiern konnte. Er wird wohl nicht mehr lange in dieser Form weiter existieren, denn das Gebäude soll verkauft werden.

Wild at Heart (Kreu.) → Karte S. 156–159 **(58)**, Wiener Str. 20, ✆ 611 70 10. ⏰ tägl. ab 20 h. Eintritt frei. Ganz gemischtes Musikangebot, von Rock'n'Roll über Wave bis Punk, ab und zu Konzerte. Auch das Publikum ist beste "Kreuzberger Mischung".

Profi- und Amateurhändler beschicken den Flohmarkt an der Straße des 17. Juni

Einkaufen

Beim Bummel über den Ku'damm, den Potsdamer Platz, durch die Friedrichstraße oder eine der zahlreichen neuen Shopping Malls sieht man neben Nobel- und Nobelst-Boutiquen überwiegend Filialen von Handelsketten, die man fast überall findet – allerdings in riesiger Zahl. Wer etwas Spezielles, Ausgefallenes oder Skurriles sucht, findet es eher in den zahlreichen kleinen Lädchen der Stadt, die so individuell sind wie ihre Besitzer. Besonderes Flair haben die Märkte und Markthallen, deren Warenangebot von Obst und Gemüse über Kunsthandwerk bis Trödel und Antiquitäten reicht.

Märkte

Wochenmärkte und Markthallen

Neben den traditionellen Wochenmärkten etablierten sich in den letzten Jahren Ökomärkte, auf denen Bio-Produkte verkauft werden. Einige Wochen- und Ökomärkte haben sich zu samstäglichen Treffpunkten entwickelt. Wichtiger als das Einkaufen ist hier das Sehen und Gesehen werden; man trifft sich auf einen Kaffee am Bagelstand oder einen Saft am Obststand. Das Warenangebot ist auch schon längst über Obst, Gemüse, Blumen und Eier hinausgewachsen: Es gibt asiatische Heilkräuter, portugiesisches Backwerk, hölzernes Kinderspielzeug, afrikanisches Kunsthandwerk und vieles mehr. Ganz unterschiedlich ist die Atmosphäre der Märkte, je nach der Gegend, in der sie stattfinden.

Drei der ehemals 14 Berliner Markthallen aus dem späten 19. Jh. haben Pleiten und Krieg überlebt, zwei davon in

Einkaufen

den Original-Gebäuden. Hier werden zu den üblichen Laden-Öffnungszeiten neben Lebensmitteln Waren von Schreibpapier bis Hundeleine angeboten, außerdem gibt es beliebte Imbiss-Stände.

Winterfeldtplatz-Markt (Schö.), auf dem Winterfeldtplatz, Mi/Sa 8–13 h. Der wohl bekannteste und am häufigsten beschriebene Wochenmarkt der Stadt liegt im ersten Hausbesetzerviertel Berlins, wo Ende der 1970er Jahre Häuserkämpfe tobten. Die ehemaligen Hausbesetzer, mittlerweile ergraut und gesettelt, kaufen hier nun toskanische und portugiesische Spezialitäten. Für viele ist der samstägliche Marktbesuch ein gesellschaftliches Muss. Publikum, Markthändler und Warenangebot sind äußerst bunt und vielfältig.

Kollwitzplatz-Markt (Pren.), Kollwitzplatz, Sa 8–16 h. Der Shooting-Star unter den Berliner Wochenmärkten: sobald ein Strahl Sonne zu sehen ist, sofort hoffnungslos überfüllt. Stammgast ist Bundestagspräsident Wolfgang Thierse, der hier um die Ecke wohnt. Ex-Bonner, Ex-Charlottenburger und Alt-Prenzlauer-Berger tätigen hier ihre Samstagseinkäufe, was angesichts der vielen Bekannten, die man dabei trifft, stundenlang dauern kann. Do 12–19 h findet hier ein Öko-Markt statt.

Maybachufer-Markt (Neuk.), Maybachufer, Di/Fr 8–16 h. Der pittoresk am Neuköllner Ufer des Landwehrkanals gelegene so genannte Türkenmarkt hat sich in den letzten Jahren ebenfalls veredelt. Neben Grünzeug gibt es hier auch frisch gemischte Gewürze und allerlei orientalische Küchenausrüstung.

Ökomarkt Chamissoplatz (Kreu.), Chamissoplatz, Sa 8–14 h. Der baumbestandene rechteckige Gründerzeitplatz bildet einen schönen Rahmen für den Markt, den vor allem die älter gewordenen Ex-Autonomen aus dieser ehemaligen Hausbesetzergegend frequentieren.

Ökomarkt "Zickenplatz" (Kreu.), Hohenstaufenplatz, Di 11–18 h. Familienfreundlicher Markt mit Musik und Kinderunterhaltung auf dem Platz, auf dem früher ein Viehmarkt abgehalten wurde. Daran erinnert der alte Name Zickenplatz.

Eisenbahn-Markthalle (Kreu.), Eisenbahnstr. 43–44. In eine Häuserzeile eingebaute Gründerzeithalle mit einfachem Sortiment.

Marheineke-Markthalle (Kreu.), Marheinekeplatz. Die in den 1950er Jahren wieder aufgebaute Halle steht frei auf dem Marheinekeplatz an der beliebten Einkaufsmeile Bergmannstraße.

Arminius-Markthalle (Tier.), Arminiusstr. 2. Über hundert Jahre alt ist die Halle, die sogar mit einem Imbiss-Stand für Hunde aufwartet. Ansonsten traditionelles Warenangebot an Lebensmitteln, Haushaltsbedarf etc.

Floh- und Kunsthandwerksmärkte

Vom Profi-Markt mit echten Antiquitäten bis zum Trödelmarkt im eigentlichen Sinn, auf dem Nachlässe und Fundstücke verkauft werden, ist in der Stadt alles vertreten. Fast überall kann gehandelt werden, was ja – neben den Überraschungen, die das Warenangebot bietet – den Reiz der Flohmärkte ausmacht. Aktuelle Markt-Termine werden in Tageszeitungen und Stadtillustrierten angekündigt. Hier einige der wichtigsten Märkte:

Trödel- und Kunstmarkt Straße des 17. Juni (S-Bhf. Tiergarten), Sa/So 10–17 h, im Winter eher kürzer. Die östliche Hälfte des lang gestreckten Marktes bildet der Trödelmarkt. Die meist auf eine Warengruppe spezialisierten Profi-Händler stehen an den beiden breiten Marktgassen, die Amateure im schmalen Gang in der Mitte. Im westlichen Teil des Marktes bieten Kunsthandwerker ihre Produkte an, von Schmuck über Kleidung bis zu Spiegeln und Gemälden. Auskünfte unter ✆ 26 55 00 96.

Kunst- und Nostalgiemarkt (Mitte), an der Museumsinsel, am Zeughaus und Kupfergraben, Sa/So 11–17 h. Edler und noch professioneller als der Markt am 17. Juni; man hofft auf Touristen, denen die Geldbörse locker sitzt, ✆ 03341/30 94 11.

Antik- & Trödelmarkt (Frie.), auf dem Parkplatz vor dem Kaufhaus Galleria Kaufhof am Ostbahnhof. Sa/So 9–15 h (im Winter wird etwas früher eingepackt) wird hier von Kindern und Professionellen so manches, was lange Zeit im Privatbesitz war, zu Geld gemacht.

Flohmarkt am Rathaus Schöneberg, John-F.-Kennedy-Platz, Sa/So 9–16 h. Nachfolger des legendären Trödelmarktes am Kreuzberger Reichpietschufer, auf dessen Areal heute die debis-Bauten stehen. Überwiegend "echter Trödel".

Die Galeries Lafayette sind bekannt für ihr nobles Warenangebot

Shopping Malls und Einkaufsstraßen

Touristen-Magnet ist der **Potsdamer Platz** mit der Mall Potsdamer Platz Arkaden und dem Sony Center. In den *Potsdamer Platz Arkaden* findet sich von Aldi über Wöhrl bis Swarowski die gesamte Palette an Ketten-Läden: von preiswert bis ganz edel. Dasselbe gilt für die Gastronomie: McDonald's und das Nobel-Restaurant Facil, wo man für ein Abendmenü problemlos über 100 Euro ausgeben kann, sind nur wenige Schritte voneinander entfernt. Homogener ist das Angebot im *Sony Center* – und eher auf die dickere Geldbörse ausgerichtet.

Die **Friedrichstraße** (www.friedrichstrasse.de) und einige ihrer Nebenstraßen mit ihren neuen Passagen sind ein weiterer Touristen-Sammelpunkt. Doch gekauft wird hier bei weitem nicht so viel, wie die Planer vorgesehen hatten. So sind mittlerweile zahlreiche "Autosalons" in Gebäude eingezogen, die für Einzelhandelsgeschäfte gebaut worden sind. Das wirkt reichlich skurril, ist aber vielleicht nur eine Übergangserscheinung. Neben preiswerten Läden wie Hennes&Mauritz hat sich hier bereits früh der französische Kaufhauskonzern *Galeries Lafayette* (direkt am U-Bhf. Französische Straße) niedergelassen, der an diesem Standort angeblich immer noch keine schwarzen Zahlen schreibt. Sehenswert sind vor allem die (Innen-)Architektur und die exklusive französische Lebensmittelabteilung. Edle Mode-Labels wie Donna Karan und Prada haben ihre Geschäfte vor allem im *Quartier 206* (Friedrichstr. 71, ✆ 20 94 62 40, www.quartier206.com), wo viele Verkäuferinnen russisch sprechen, um die Kundschaft bedienen zu können.

Zu einem interessanten Einkaufsviertel mit vielen kleinen Läden, darunter Berliner Modedesign, hat sich die

Spandauer Vorstadt entwickelt. Auf einem Bummel in den *Hackeschen Höfen* (www.hackesche-hoefe.com), den frisch sanierten *Heckmann-Höfen* an der Oranienburger Straße 32 und durch die *August-* und die *Rosenthaler Straße* lässt sich einiges entdecken.

Umsatzstärkste Einkaufsmeilen sind nach wie vor der **Kurfürstendamm** (www.kurfuerstendamm.de) und die **Tauentzienstraße** mit Umgebung in der West-City. Hier haben Levi's, Diesel und Nike ihre neuen Flagstores eröffnet, liegt mit dem *KaDeWe* das größte Kaufhaus der Stadt, wird ständig Altes abgerissen und Neues, wie das *Neue Kranzler-Eck*, gebaut.

Das KaDeWe

Von 1906–07 wurde das Kaufhaus nach Plänen von *Johann Emil Schandt* erbaut, die eine einfache Fassade vorsahen – prunkvoll war nur der Haupteingang, durch den man in eine zweigeschossige Halle kommt. Eine kleine Sensation war seinerzeit der Teesalon und Erfrischungsraum im Kaufhaus. Daneben gab es eine Leihbibliothek, einen Frisiersalon, eine Bank, ein Fotoatelier, eine Galerie und verschiedenes mehr. 1929–31 wurden auf den Bau vier weitere Stockwerke aufgesetzt, weil die Ladenfläche nicht mehr ausreichte. Viel ist von der alten Bausubstanz nicht erhalten, denn 1943 brannte das Haus aus, zudem stürzte ein Flugzeug in die Trümmer. Bis 1956 wurde das Gebäude mit vereinfachter Fassade wiedererrichtet und 1978 erneut ausgebaut. 1992 und 1995 wurde schließlich das Dachgeschoss noch einmal verändert und erweitert. Das Image des KaDeWe, eines der größten Kaufhäuser Europas zu sein, rechtfertigt vor allem die Lebensmittelabteilung im 6. Stockwerk, in der

alles nur Erdenkliche zur Auswahl steht. Im 6. und 7. Stock kann vieles von den angebotenen Leckereien gleich an Ort und Stelle verzehrt werden – mit grandiosem Blick über die West-City.

Seit Jahrzehnten haben sich exklusive Läden in den Seitenstraßen des Kurfürstendamms zwischen *Fasanenstraße* und *Leibnizstraße* etabliert. Vor allem in Richtung Kantstraße findet man viele interessante Boutiquen und Geschäfte. Cafés für Verschnaufpausen finden sich besonders zahlreich um den *Savignyplatz*.

Shopping Malls und Einkaufsstraßen

Am Potsdamer Platz kann man ausgiebig shoppen

Ein Tipp für Freunde edlen Designs und ausgefallener Gebrauchsgegenstände ist das *Stilwerk* in der Kantstraße 17 (℡ 31 51 50, www.stilwerk. de). In der luxuriösen Einkaufsgalerie, die mit den üblichen Shopping Malls nichts gemein hat, haben sich 52 Geschäfte mit gehobenem Sortiment niedergelassen.

Nach dem Niedergang der **Wilmersdorfer Straße** zwischen *Stuttgarter Platz* und *Bismarckstraße* in den 1990ern soll es jetzt mit dieser traditionsreichen Einkaufsstraße wieder bergauf gehen. Schon ab 1880 hatten sich rund um den Charlottenburger Bahnhof Handel und Kleingewerbe niedergelassen. Ab 1978 entstand zwischen Stuttgarter Platz und Schillerstraße eine Fußgängerzone, die jedoch schon nach wenigen Jahren an Attraktivität verlor, jetzt aber zu neuem Leben erweckt wird. Unlängst wurde das neue *Karstadt-Kaufhaus* an der Ecke Pestalozzistraße eröffnet. Dieses Gebäude wurde ab 1905 als Kaufhaus errichtet; nach dem Zweiten Weltkrieg modernisierte man das teilweise zerstörte Haus im Stil der 60er. Seit einiger Zeit ist die alte Form mit den vier Ecktürmen und dem großen Lichthof im Inneren des Kaufhauses wiederhergestellt.

An der Steglitzer **Schloßstraße** zwischen Rathaus Steglitz und Walther-Schreiber-Platz findet man eine bunte Mischung von großen und kleinen Geschäften. Am nördlichen Ende der Schloßstraße liegt eines der Einkaufszentren der 1970er Jahre, das *Forum Steglitz*. In Richtung Süden folgen diverse Kauf- und Bekleidungshäuser und – hinter dem U-Bahnhof Schloßstraße – die *Galleria* mit Boutiquen und Feinkostläden. Auch in der Schloßstraße wird derzeit einiges getan, um nicht noch mehr Kunden an die neuen Shopping Malls und die Einkaufszentren im Berliner Umland zu verlieren.

In **Kreuzberg** haben sich zwei Einkaufsstraßen mit vielen kleinen Läden etabliert, die *Bergmannstraße* und die

Oranienstraße. Beide sind Tag und Nacht belebt, denn zwischen den Läden liegen Cafés und Bars. Die Bergmannstraße im ehemaligen Kreuzberger Postzustellbezirk 61, dem "besseren Kreuzberg", war noch vor zehn Jahren eine Trödelladen-Straße mit einigen Secondhand-Klamotten-Läden. Heute ist das Angebot teurer und vielfältiger, aber weiterhin bunt. "Hauptstraße" des ehemaligen SO 36 ist die Oranienstraße, in der sich türkische Läden mit Kleidungs- und Plattengeschäften sowie außergewöhnlich vielen Buchhandlungen abwechseln.

Ganz unterschiedliche Einkaufsstraßen in **Prenzlauer Berg** sind die *Kastanienallee* und die *Schönhauser Allee*. Letztere beherbergt Filialen bekannter Ladenketten – vor allem in der Shopping Mall *Schönhauser Allee Arcaden*. Die Kastanienallee steht für Szene-Geschäfte aller Couleur. Wie in Kreuzberg mischen sich auch hier Einkaufen und Ausgehen.

> Sonderhefte zum Thema Shopping in Berlin geben die Stadtmagazine zitty und tip heraus (Preis ca. 5 €), virtuelles Schaufensterbummeln ist unter www.kauflust.de möglich.

Geschäfte

Im Folgenden sind einige der für Berlin-Besucher interessantesten Geschäfte aufgeführt – von der Buch- und CD-Handlung über die Boutique bis zum Secondhand-Klamotten-Laden.

Einkaufsquelle für Menschen mit dem Grünen Daumen – Gartengeschäft im Botanischen Garten

Szene-Shopping im Prenzlauer Berg

Kleidung, Schuhe und Accessoires

Die Schwerpunkte liegen auf Secondhand-Klamotten und Schöpfungen Berliner Modedesigner. Es lohnt sich, selbst auf die Suche zu gehen, denn ständig eröffnen neue Geschäfte. Viele Läden findet man in der Spandauer Vorstadt, der Kastanienallee, der Bergmann- und der Oranienstraße, zwischen Ku'damm und Bismarckstraße – von der Bleibtreu- bis zur Leibnizstraße – sowie um den Ludwigkirchplatz in Wilmersdorf. Bei der Jugend beliebte Fundgrube für preiswerte Secondhand-Kleidung ist das Humana-Kaufhaus am Frankfurter Tor.

Neue und Second-Hand Trendklamotten gibt es im **Kleidermarkt** mit 4 Filialen:

Garage (Schö.) → Karte S. 94/95 **(26)**, Ahornstr. 2 (U-Bhf. Nollendorfplatz), ✆ 211 27 60. Seit fast 20 Jahren gibt es hier unglaubliche Massen an Second-Hand-Kleidung zum Kilopreis, der heute bei knapp 14 € steht. **Colours** (Kreu.) → Karte S. 156–159 **(76)**, Bergmannstr. 102 (Hinterhaus). **Made in Berlin** (Tier.) → Karte S. 94/95 **(28)**, Potsdamer Str. 106. **Kleidermarkt** (Pren.) → Karte S. 146/147 **(1)**, Schönhauser Allee 115. Gemeinsame Internet-Adresse: www.kleidermarkt.de.

Sgt. Peppers (Pren.) → Karte S. 146/147 **(47)**, Kastanienallee 91/92, ✆ 448 11 21. ⏰ Mo–Fr 11–19 h, Sa 11–15 h. Spezialisiert auf Secondhand-Mode der 60er und 70er Jahre.

Dralon (Pren.) → Karte S. 146/147 **(24)**, Danziger Str. 45, ✆ 440 85 58. ⏰ Mo–Fr 11–19.30, Sa bis 15 h. Second hand wear der 60er und 70er Jahre aus USA, aber auch neue Klamotten, Sonnenbrillen und andere Accessoires.

Schumann's (Pren.) → Karte S. 146/147 **(30)**, Danziger Str. 48, ✆ 441 59 50, www.schumanns-company.de. Original und neue Seventies-Mode.

Rock-a-Tiki-Laden (Pren.) → Karte S. 146/147 **(35)**, Danziger Str. 3, ✆ 43 73 97 60, www.rock-a-tiki.de. ⏰ Mo–Fr 12–20, Sa 12–16 h. Treffpunkt der Berliner Rockabilly-Szene; im Angebot Original- und Remake-Klamotten, Acessoires. Außerdem jede Menge Szene-News.

Blue Moon (Pren.) → Karte S. 146/147 **(29)**, Danziger Str. 26. Außergewöhnliches Schuhwerk im Doc-Martens- und Fifties-Stil.

Einkaufen

Coration Store (Pren.) → Karte S. 146/147 **(36)**, Kastanienallee 13, ✆ 534 40 42. Winziger Herrenmode-Laden mit eigenem Label.

To die for (Mitte) → Karte S. 106/107 **(37)**, Neue Schönhauser Str. 10, ✆ 28 38 68 34. ① Mo–Fr 12–20 h, Sa bis 18 h. Kollektionen Berliner Labels.

Waahnsinn (Mitte) → Karte S. 106/107 **(17)**, Neue Promenade 3/Ecke Hackescher Markt, ✆ 282 00 29. ① Mo–Sa 12–20 h. Original Fifties- bis Seventies-Klamotten und -Accessoires; daneben auch schon 80er Retro ...

Auf zum Bilderkauf

Kostümhaus Hackesche Höfe (Mitte) → Karte S. 106/107 **(31)**, Rosenthaler Str. 40/41, Hof 4. Mode Berliner Labels, z. B. Thatchers.

Flex Fashion (Mitte) → Karte S. 106/107 **(39)**, Neue Schönhauser Str. 2, ✆ 283 48 36. ① Mo–Fr 12–20, Sa 11–16 h. Clubwear-Kollektionen Berliner und internationaler Modedesigner; angeschlossen: ein Szene-Friseur und ein Plattenladen.

Apartment (Mitte), Neue Schönhauser Str. 11. ① Mo–Fr 12–20, Sa bis 16 h. Clubwear internationaler Labels, Schuhe.

Sterling Gold (Mitte) → Karte S. 106/107 **(26)**, Oranienburger Str. 32 (Heckmann-Höfe), ✆ 28 09 65 00. ① Mo–Sa 12–20 h. Edelstes aus 2. Hand: US-amerikanische Cocktail- und Ballkleider der letzten 70 Jahre – Glamour pur.

Barfuß oder Lackschuh (Mitte) → Karte S. 106/107 **(45)**, Oranienburger Str. 89, ✆ 28 39 19 91. ① Mo–Fr 11–20 h, Sa 10–18 h. Trendy Schuhwerk, von Lack-Stilettos bis Sneakers.

Calypso (Mitte) → Karte S. 106/107 **(41)**, Münzstr. 16, ✆ 281 61 65. ① Mo–Fr 12–19 h, Sa bis 16 h. Rosemarie Mohamed führt eine Riesen-Auswahl getragener Schuhe der 40er, 60er und 70er zu teilweise recht gesalzenen Preisen.

Evelin Brandt (Mitte) → Karte S. 106/107 **(58)**, Friedrichstr. 153a/Ecke Unter den Linden, ✆ 204 44 44, www.evelin-brandt.de. Schlichte, klassische Damenkleidung; mittlerweile ein bekanntes Berliner Label. Weitere Läden in Char., Savignyplatz 6 u. Wilmersdorfer Str. 96; Frie., Frankfurter Allee 111 und in der Galleria in der Steglitzer Schloßstr. 101 sowie in Potsdam, Dortustr. 53.

Madano Second-Hand (Frie.) → Karte S. 156–159 **(12)**, Grünberger Str. 63/Ecke Simon-Dach-Str., ✆ 496 74 52. Seventies, Jeans, Leder etc.

Historische Schuhe (Frie.) → Karte S. 156–159 **(29)**, Wühlischstr. 31, ✆ 44 05 58 55, www.historischeschuhe.de. ① Mo–Sa 10–19 h. Ungetragene Schuhe aus verschiedenen Epochen des 20. Jh., die ältesten aus den 30er Jahren.

Molotow (Kreu.) → Karte S. 156–159 **(66)**, Gneisenaustr. 112 (U-Bhf. Mehringdamm), ✆ 693 08 18, www.molotowberlin.de. ① Mo–Fr 14–20, Sa 12–16 h. Zeitlose Mode Berliner Designer, die auf gute Stoffe und beste Verarbeitung achten. Eingehende Beratung; was nicht in der richtigen Größe oder Farbe vorrätig ist, wird nachgeschneidert.

Headache (Kreu.) → Karte S. 156–159 **(49)**, Oranienstr. 198, ✆ 618 58 00. ① Mo–Mi 11–16.30, Do, Fr bis 19.30 h, Sa bis 15.30 h. Hier werden Basecaps, Mützen, Pullis und Schals nach Wunsch (maschinell) bestickt, Clubwear.

Toscanini (Steg.), Schloßstr. 119. Schuhe in Über- und Untergrößen; Damenschuhe bis Größe 35 ab 42, Herrenschuhe bis Größe 40 und ab 47. Giorgio Toscanini kennt die Probleme seiner Kundschaft – und weiß immer Abhilfe. Was er nicht auf Lager hat, wird kurzerhand bestellt. Auch der Herr, der rote Lackpumps in Größe 47 anprobiert, wird nicht scheel beäugt.

Geschäfte

Modenschau in den Heckmann-Höfen

Glencheck (Wilm.) → Karte S. 132/133 **(45)**, Joachim-Friedrich-Str. 34. Constanze Pelzer verkauft Mode und Accessoires aus den 1920er bis 50er Jahren sowie historische Stoffe. Sehr schöne, gut erhaltene Stücke zu entsprechenden Preisen.

Playground (Schö.) → Karte S. 94/95 **(27)**, Courbièrestr. 9/Ecke Kleiststr. Leder, Latex, Fetisch usw. – insbesondere die schwule Szene kauft hier.

Bücher und Comics

Ungefähr 350 Buchhandlungen gibt es in Berlin. Große Geschäfte mit einem gut sortierten Angebot an Fachbüchern findet man vor allem in der City (West und Ost) sowie rund um die Universitäten. Medienkaufhäuser versuchen, von allem etwas zu bieten. Spezialisierte Buchhandlungen mit fachkundigem Personal bedienen die unterschiedlichsten Bereiche. Comics sind heute als eigene Kunst- bzw. Literaturform anerkannt und füllen ganze Läden.

Kiepert (Char.) → Karte S. 132/133 **(4)**, Hauptgeschäft: Hardenbergstr. 4–5 (U-Bhf. Ernst-Reuter-Platz), ✆ 31 18 80, www.kiepert.de. Filialen u. a. am Ku'damm 206 (im ProMarkt), ✆ 88 86 87 77; in Mitte unter dem S-Bahn-Viadukt Georgenstr. 2, ✆ 203 99 60 und in der Friedrichstr. 63, ✆ 201 71 30; in den Schönhauser Allee-Arcaden (Pren.), ✆ 447 10 60; und an der Freien Universität in Zehl., Garystr. 46, ✆ 832 43 68. Eine der größten Buchhandlungen Berlins, mit eigener Fachabteilung für Landkarten und Reiseführer. Zudem ein hervorragendes Angebot an Fach- und allgemeiner Literatur. Im Ende 2000 nach Totalrenovierung wiedereröffneten Hauptgeschäft in der Hardenbergstr. führt Kiepert auch ein modernes Antiquariat.

Hugendubel (Wilm.) → Karte S. 132/133 **(41)**, Flaggschiff der süddeutschen Kette in der Tauentzienstr. 13 (gegenüber Europacenter), ✆ 21 40 60, www.hugendubel.de. Weitere Filialen in den Potsdamer Platz Arkaden (Tier.), ✆ 253 91 70, im Forum Neukölln, Karl-Marx-Str. 66, und in der Friedrichstr. 83 (Mitte), ✆ 20 63 51 00.

Thalia, Großbuchhandlung mit umfassendem Sortiment – auch modernes Antiquariat, freundlicher Service. Filialen u. a. im Forum Köpenick, Bahnhofstr. 33–38, ✆ 656 67 10; im Gesundbrunnencenter (Wedd.), Badstr. 4, ✆ 493 06 80; und im Ringcenter (Frie.), Frankfurter Allee 113–117, ✆ 558 80 90. Internet: www.thalia.de.

88 Einkaufen

Kulturkaufhaus Dussmann (Mitte) → Karte S. 106/107 **(53)**, Friedrichstr. 90. Großes allgemeines Sortiment, viel Berlin-Literatur. Öffnungszeiten etc. s. Schallplatten/CDs.

Wohlthat'sche Buchhandlung mit mehreren Läden in Berlin, in den zentralen Bezirken u. a.: Wilmersdorfer Str. 43 (Char.); Alexanderplatz 2 (Mitte); Budapester Str. 44, direkt an der Gedächtniskirche, ✆ 262 36 36. Dieser Laden hat bis 22 h geöffnet! www.wohlthat.de. Hauptsächlich modernes Antiquariat, viel Berlin-Literatur.

Schropp (Schö.) → Karte S. 94/95 **(39)**, Potsdamer Str. 129, ✆ 235 57 32-0, ✆ -10, www.schropp.de. Große Fachbuch- und Landkartenhandlung im Kleihues-Neubau am U-Bhf. Bülowstraße. Spezialgebiete: Reise, Geographie, Touristik und Sprachen.

Chatwins (Schö.) → Karte S. 94/95 **(44)**, Goltzstr. 40, ✆ 21 75 69 04. ⓘ Mo–Fr 20 h, Sa 10–16 h. Reiseliteratur – Reisebücher, Romane, Impressionen, Kochbücher usw. Auch englischsprachige Bücher.

Literaturhaus Berlin (Char.) → Karte S. 132/133 **(36)**, Fasanenstr. 23, ✆ 882 65 52. Ein kleines Reservat der Ruhe und des Schöngeistigen im Gebäude des Literaturhauses. Passend dazu das Sortiment. Tipp: Nach dem Buchkauf Lektüre im Café eine Etage höher.

Knesebeck Elf (Char.) → Karte S. 132/133 **(7)**, Knesebeckstr. 11, ✆ 312 28 36. Anheimelnd enge Buchhandlung mit Lesesofa und der andächtig-geistvollen Leseatmosphäre, die die großen Bücher-Kaufhäuser so sehr vermissen lassen.

Marga Schoeller Bücherstube (Char.) → Karte S. 132/133 **(30)**, Knesebeckstr. 33–34, ✆ 881 12 12. Neben einem großen Angebot an Taschenbüchern findet man in diesem über 70 Jahre alten Laden, der vom Sohn der namengebenden Gründerin geführt wird, auch viele englischsprachige Bücher und eine mehr als passable Film- und Theaterabteilung. Peter Zadek ist Stammkunde. Ein weiterer Schwerpunkt: klassische und moderne jüdische Literatur. Ausgezeichnete Beratung!

Bücherbogen (Char.) → Karte S. 132/133 **(25)**, am Savignyplatz, unter dem S-Bahn-Bogen 593/Ecke Knesebeckstr., ✆ 312 19 32 und (Kreu.) Kochstr. 19, ✆ 251 13 45, www.buecherbogen.com. ⓘ Mo–Fr 10–20 h, Sa bis 16 h. Großes Angebot an Büchern über Kunst, Architektur, Design, Foto und Film, auch fremdsprachig. Ein interessantes modernes Antiquariat ist auch mit drin.

Cantus 139 (Char.) → Karte S. 132/133 **(21)**, Kantstr. 139, ✆ 31 10 23 61, www.cantus139.de. Ende September 2000 von einigen Mitarbeitern des ein halbes Jahr zuvor geschlossenen Musikalienhandels Bote und Bock gegründeter Laden mit Noten, Partituren und Musikliteratur von Klassik bis Pop, Rock und Jazz. Stöbern und Fragen ist hier erwünscht, eine kleine Café-Ecke lädt zum Blättern und Plaudern ein. Wer nicht herkommen kann, kann den weltweiten Bestell- und Versandservice nutzen.

Kunstbuchhandlung Galerie 2000 (Char.) → Karte S. 132/133 **(49)**, Knesebeckstr. 56/58, ✆ 883 84 67. Bücher zu Architektur, Design, Kunst und Kunst; Mode- und Fotoliteratur, auch fremdsprachig.

Autorenbuchhandlung (Char.) → Karte S. 132/133 **(18)**, Carmerstr. 10, ✆ 313 01 51. ⓘ Mo–Fr 10–20 h, Sa 10–16 h. Ein bereits 25 Jahre dauernder Versuch der Schreibenden, sich von der Abhängigkeit des Vertriebs zu befreien. Der Laden gehört 14 Autorinnen und Autoren, die hier selbst an der Kasse stehen; über 100 weitere Schriftsteller sind mit Darlehen beteiligt. Literatur pur, riesiges Lyrik-Sortiment.

Prinz Eisenherz (Char.) → Karte S. 132/133 **(14)**, Bleibtreustr. 52, ✆ 313 99 36, www.prinz-eisenherz.com. ⓘ Mo–Fr 10–19 h, Sa 10–16 h. Seit 20 Jahren besteht die homosexuelle Buchhandlung mit einem umfangreichen Sortiment. Freundliche Bedienung. Autorenlesungen.

Artificium (Mitte) → Karte S. 106/107 **(33)**, Rosenthaler Str. 40/41 (Hackesche Höfe, Hof 2), ✆ 30 87 22 80. ⓘ Mo–Do 10–21 h, Fr 10–23 h, Sa 13–23 h, So 11–19 h! Kunstbuchhandlung und Galerie.

Anagramm (Kreu.) → Karte S. 156–159 **(67)**, Mehringdamm 50, ✆ 785 95 10. ⓘ Mo–Fr 9–18 h, Sa 9–13 h. Buchladen für Kinder und Erwachsene.

Hammett Krimibuchhandlung (Kreu.) → Karte S. 156–159 **(77)**, Friesenstr. 27, ✆ 691 58 34, www.hammett-krimis.de. Deutsche und englische Krimis, auch antiquarisch.

NiK (Noten in Kreuzberg) → Karte S. 156–159 **(77)**, Friesenstr. 7, ✆ 694 55 75, www.Nik-Noten.de. ⓘ Mo–Fr 10–19, Sa bis 15 h. "The World of Printed Music" – also neue und gebrauchte Noten, Unterrichtsbücher und -videos.

Ufo (Kreu.) → Karte S. 156–159 **(68)**, Bergmannstr. 25, ✆ 69 50 51 17, www.uforberlin.de. Wie der Name verrät: Science-

Eine der kleinen Berliner Buchhandlungen

Fiction und Fantasy-Buchhandlung mit sehr umfassendem Angebot.

Schwarze Risse (Kreu.) → Karte S. 156–159 **(78)**, Gneisenaustr. 2a, ✆ 692 87 29. Politische Bücher und anspruchsvolle Belletristik im Ex-Autonomen-Zentrum Mehringhof.

Grober Unfug (Kreu.) → Karte S. 156–159 **(79)**, Zossener Str. 32 und 33, ✆ 69 40 14 90, www.groberunfug.de. ⏱ Mo–Fr 11–18.30 h, Sa 11–14 h. Ein Comic-Spezialgeschäft, das auch Importe aus USA, England, Frankreich, Italien, Spanien und Japan führt. Filiale in Mitte: Weinmeisterstr. 9, ✆ 281 73 31. ⏱ Mo–Mi 11–19 h, Do/Fr bis 20 und Sa bis 16 h.

Modern graphics – Comics & more (Kreu.) → Karte S. 156–159 **(43)**, Oranienstr. 22, ✆ 615 88 10. Comics aus Europa und USA; toys, Videos, Poster usw. Filiale in Steglitz: Bundesallee 83, ✆ 85 99 90 54.

Schallplatten und CDs

Auch auf diesem Sektor hat Berlin ein sehr breit gefächertes Angebot. Neben riesigen CD-Geschäften gibt es die Läden, in denen nur Vinyl steht.

WOM (Wilm.) → Karte S. 132/133 **(40)**, World of Music – Riesen-CD-Angebot im Untergeschoss des Wertheim-Gebäudes, Eingang Augsburger Str. 36 (U-Bhf. Kurfürstendamm), ✆ 885 72 40, www.wom.de. Weitere Filialen im Forum Steglitz, Schloßstr. 1 (U-Bhf. Walther-Schreiber-Platz) und in Friedrichshain, Koppenstr. 8–9.

Dussmann Kulturkaufhaus (Mitte) → Karte S. 106/107 **(53)**, Friedrichstr. 90, ✆ 202 50, www.dussmann.de. ⏱ Mo–Sa 10–22 h. Besonders interessant für Klassikfreunde: die CD-Abteilung im Untergeschoss.

L & P Classics (Char.), Knesebeckstr. 33/34 (Ecke Mommsenstr.), ✆ 88 04 30 43. Wie der Name schon sagt: Klassische Musik auf LP (und CD). Filiale mit riesigem Jazz-Angebot im Hause Kiepert (s. Buchhandlungen).

DNS Recordstore (Mitte) → Karte S. 106/107 **(20)**, Alte Schönhauser Str. 39/40, ✆ 247 98 35. ⏱ Mo–Fr 11–20, Sa bis 16 h. Viel Vinyl, neu und gebraucht; eine Einkaufsstätte auch für DJs – TripHop, Drum'n'Bass, Ambient, Elektro usw. Mittlerweile selten geworden: echte Plattenspieler zum Anhören der Platten, für die man sich interessiert.

Vopo-Records (Pren.) → Karte S. 146/147 **(22)**, Danziger Str. 31, ✆ 44 04 49 25, www.vopo-records.de. CDs, LPs, auch importiert u. Second Hand; daneben Konzert-Tickets. Schwerpunkt auf Punk und Hardcore.

Einkaufen

Freak out (Pren.) → Karte S. 146/147 **(46)**, Rykestr. 23, ✆ 442 76 15. ⏰ Mo–Fr 12–19.30 h, Sa 11–15.30 h. Vinyl und CDs, darunter viele Importe. Anspruchsvolle moderne Musik.

Club Sound Records (Pren.) → Karte S. 146/147 **(19),** Eberswalder Str. 32, ✆ 449 27 03. ⏰ Mo–Fr 11–20 h, Sa 11–15 h. Elektronische Tanzmusik wie Hardtrance, House, Acid, Techno, Drum'n'Bass, HipHop auf Vinyl und CD. Wenn's länger dauert, wird Kaffee serviert.

da capo (Pren.) → Karte S. 146/147 **(41)**, Kastanienallee 96, ✆ 448 17 71. ⏰ Mo–Fr 11–19 h, Sa 11–16 h. Nur antiquarisches Vinyl und sogar Musik-Kassetten! Klassik, Jazz, Rock, Pop und Schlager der 1920er bis 70er, daneben Musik-Bücher und Noten.

Tonikum (Pren.) → Karte S. 146/147 **(15)**, Pappelallee 85, ✆ 51 09 85 72. ⏰ Mo–Fr 12–19, Sa bis 16 h. Auf HipHop LPs und CDs spezialisiert; auch Mix-CDs und Tapes.

Rave Age (Frie.) → Karte S. 156–159 **(8)**, Mainzer Str. 5, ✆ 612 30 95, www.rave-age.de. ⏰ Mo–Fr 11–20, Sa bis 16 h. Fachgeschäft für elektronische Musik aller Richtungen in der ehemaligen Hausbesetzerstraße.

Core Tex (Kreu.) → Karte S. 156–159 **(50)**, Oranienstr. 3, ✆ 61 28 00 51, www.coretexrecords.com. ⏰ Mo–Fr 11–20 h, Sa bis 16 h. Punk, Hardcore, HipHop (viel Independent) auch im Versand. Schwerpunkt: Vinyl und Importe. Auch Fanzines, Videos, Bücher etc.

Scratch Records (Kreu.) → Karte S. 156–159 **(60)**, Kottbusser Damm 15, ✆ 691 38 67. ⏰ Mo–Mi 11–19 h, Do, Fr bis 20 h, Sa bis 16 h. Ankauf, Verkauf, Tausch von LPs und CDs vieler Stilrichtungen von HipHop, Soul, Funk, TripHop über Drum'n'Bass bis Jazz. Alles wird gut sortiert und übersichtlich präsentiert.

RAW (Kreu.) → Karte S. 156–159 **(80)**, Zossener Str. 20, ✆ 694 78 15. ⏰ Mo–Mi 13–20 h, Do, Fr 12–20 h, Sa 12–16 h. Die Betreiber des Ladens sind aktive Musiker und kennen sich bestens aus. Viel – auch rares Vinyl aus den Bereichen Techno, House Garage etc., daneben CDs und DVDs.

Mr Dead & Mrs Free (Schö.) → Karte S. 94/95 **(35)**, Bülowstr. 5 (U-Bhf. Nollendorfplatz), ✆ 215 14 49, www.platten.net/deadandfree. ⏰ Mo–Mi 11–19 h, Do, Fr bis 20 h, Sa bis 16 h. Traditionsreicher Independent-Laden; viel Vinyl, aber auch CDs, Videos und DVDs. Importe und Bestellservice.

Unrest Music & More (Schö.), Akazienstr. 8 (U-Bhf. Eisenacher Str.), ✆ 454 18 36. ⏰ Mo–Fr 12–19 h, Sa 10.30–16 h. An- und Verkauf von gebrauchten LPs und CDs, auch neue Tonträger; Punk, Reggae, HipHop, Techno, Rock, Black Music etc. Daneben auch Plattenspieler!

Fidelio (Schö.), Akazienstr. 30, ✆ 781 97 36. ⏰ Mo–Fr 11–19 h, Sa 10–15 h. Neue und gebrauchte Klassik- und Jazzschallplatten und -CDs in einem familiären Lädchen.

Schokolade, Confiserie & Bonbons

Für die Befriedigung der Naschsucht gibt es Allerwelts-Schokoladen und luxuriöse Produkte, die man nicht überall bekommt. Einige davon werden sogar exklusiv in Berlin hergestellt.

Erich Hamann (Wilm.), Brandenburgische Str. 17, ✆ 873 20 85. ⏰ Mo–Fr 9–18 h, Sa bis 13 h. Die bitteren Schokoladen aus der traditionsreichen Berliner Schokolade-Manufaktur sind sogar in Übersee begehrt und werden dorthin verschickt. Seine hauchdünnen Schoko-Plättchen soll Hamann bereits in den 1920er Jahren erfunden haben! Nicht so empfehlenswert sind die Milchschokoladen, die einen deutlichen Milchpulver-Geschmack aufweisen. Unbedingt sehenswert ist die Ladeneinrichtung des Familienbetriebs im Stil der Neuen Sachlichkeit.

Fassbender & Rausch (Mitte), Charlottenstr. 60, ✆ 20 45 84 40. 1863 wurde in Berlin die Schokoladen-Fabrikation Fassbender gegründet, die heute nicht mehr existiert. Unter dem Traditionsnamen werden im Confiseriegeschäft am Gendarmenmarkt Rausch-Schokoladen und -Pralinen verkauft, die nicht von schlechten Eltern sind. Wer ein originelles Mitbringsel sucht, kann hier VW-Käfer, Berliner Bären und vieles andere aus Schokolade kaufen.

Confiserie Mélanie (Char.), Goethestr. 4, ✆ 313 83 30. ⏰ Mo–Mi, Fr 10–19 h, Sa 10–14 h. Der Inhaber, Herr Päller, importiert die feinsten Rohstoffe für seine süßen Erzeugnisse, die ohne jede Ausnahme hervorragend sind. Die Qualität hat natürlich ihren Preis.

Lively (Kreu.), Friesenstr. 6, ✆ 69 50 36 58. ⏰ Mo–Fr 11–19 h, Sa 10–14 h. Monika Wolfram hat im März 2000 in einer ehemaligen Rotlicht-Gegend Berlins ersten Schoko-

Geschäfte

Ideal für den schnellen Einkauf – die Berliner Kioske

Erotik-Shop eröffnet. Hier kann man männliche und weibliche Geschlechtsteile in allen Größen und Materialien – von Schokolade bis Marzipan – kaufen. Daneben sind diverse schokoladene Musikinstrumente im Angebot. Außerdem ein großes Angebot an niederländischer Lakritze. Zutritt nur für Erwachsene.

Berliner Bonbonmacherei (Mitte), Oranienburger Str. 32 (Heckmann-Höfe), ✆ 44 05 52 43. ⓘ Mi–Sa 12–20 h. Zwei Berliner mittleren Alters kauften sich einige antike Bonbon-Herstellungsmaschinen und produzieren nun mit großem Erfolg Maiblätter, Himbeerdrops und viele andere Traditions-Bonbons. Dabei kann man ab und an zuschauen. Immer zu haben: käufliche Kindheitserinnerungen (zumindest für über 30-Jährige).

Diverses

In Berlin gibt es ungezählte Geschäfte, die sich auf Besonderheiten spezialisiert haben. Hier eine kleine Auswahl:

Eastside gayllery, gay & lesbian store (Pren.) → Karte S. 146/147 **(26),** Schönhauser Allee 41, ✆ 43 73 54 84. ⓘ Mo–Sa 12–20 h. Im Angebot Rainbow-Artikel, DVDs, Videos, Bücher und Poster, aber auch Schmuck. Und dazu allerlei Tipps zum schwulen und lesbischen Leben in der Stadt.

Blindenanstalt von Berlin (Kreu.), Oranienstr. 26, ✆ 25 88 66 12. ⓘ Mo–Do 9–16.45 h, Fr 9–15.45 h. Aufsehen erregte vor einigen Jahren die Rettung der "Anstalt" durch Berliner Künstler: Sie entwarfen Kunstwerke aus Besen- und Bürsten-Material, die nun von den Blinden hergestellt werden, die hier arbeiten. Dadurch wurde die drohende Pleite des Ladens abgewehrt. Neben künstlerisch Gestaltetem gibt es im sehenswerten Ambiente des frühen 20. Jh. auch ganz normale Besen, Bürsten und Korbwaren zu kaufen: Hochwertige und schöne Stücke in traditioneller Machart.

Mondos Arts (Frie.), Schreinerstr. 6, ✆ 42 01 07 78, www.mondosarts.de. ⓘ Mo–Fr 10–19 h, Sa 11–16 h. Echte DDR-Hinterlassenschaften und viel DDR-Inspiriertes, vom Plattenbau-Quartett bis zu Schallplatten.

Metamorph (Mitte), Oranienburger Str. 46/47, ✆ 65 26 08 66, www.maskworld.com. ⓘ Mo–Sa 11–22 h. Gummi-Masken ohne Ende, von Einstein über Gottschalk bis Zombie. Man braucht damit ja nicht gleich eine Bank zu überfallen – der nächste Karneval tut's auch. Viele decken sich hier auch für Halloween ein.

Endpunkt des ersten Rundgangs – das Museum für Gegenwartskunst im Hamburger Bahnhof

Stadttouren und Ausflüge

Die folgenden Kapitel begleiten Sie zu den wichtigsten Sehenswürdigkeiten und in die interessantesten Stadtviertel Berlins. Wenn Ihnen die Beine vom vielen Herumlaufen schmerzen und Ihre Aufnahmefähigkeit sich langsam erschöpft, begeben Sie sich einfach ins Grüne. Traditionelle Ausflugsziele innerhalb der Stadtgrenzen sind der Müggelsee und der Treptower Park, wo Ausflugsdampfer in alle Richtungen starten. Sehr zu empfehlen – auch bei einem kurzen Berlin-Aufenthalt – ist ein Tagesausflug nach Potsdam.

Spaziergänge

Die Touren durch ganz unterschiedliche Bereiche der Berliner Innenstadt sind als Spaziergänge angelegt, die man an einem Tag bewältigen kann. Wer jedoch jede Sehenswürdigkeit, jedes Museum ausgiebig besucht, wird Abkürzungen der Routen nicht vermeiden können. Auch ist es möglich, Teilstrecken mit öffentlichen Verkehrsmitteln zurückzulegen und mehrere Rundgänge miteinander zu verbinden. Dafür empfiehlt sich die Anschaffung einer Zeitkarte für die öffentlichen Verkehrsmittel (s. Kapitel "Unterwegs in Berlin").

Grünes Berlin

Empfehlungen für einen ruhigeren Tag nach den Besichtigungstouren: Der Müggelsee mit Wassersport- und Wandermöglichkeiten, Schloss und Park Charlottenburg, Dahlem mit seinen Museen und dem Botanischen Garten sowie der Treptower Park, der neben Erholung auch einiges Sehenswerte bietet.

Ausflug nach Potsdam

Wer in Berlin ist und ein bisschen Zeit erübrigen kann, sollte sich auf jeden Fall auch Potsdam ansehen. Mit seinen berühmten Schlössern und Gärten, seiner kleinstädtischen Innenstadt mit dem einmaligen Holländischen Viertel und der russischen Kolonie Alexandrowka bildet es ein beschauliches Kontrastprogramm zu Berlin. Potsdam ist rasch und bequem mit öffentlichen Verkehrsmitteln erreichbar; die Fahrzeit vom Berliner Zentrum liegt deutlich unter einer Stunde.

Rundgang 1: Vom Kulturforum ins Regierungsviertel

Potsdamer und Leipziger Platz lagen jahrzehntelang im Mauer-Ödland, heute befinden sich hier die Zentralen von Weltkonzernen sowie Gebäude der Bundesregierung. Nördlich der zahlreichen Neubauten auf der ehemaligen Staatsgrenze stehen das Brandenburger Tor, das Reichstagsgebäude und das Kanzleramt. Jenseits der Spree sind das Museum für Gegenwartskunst und das Naturkundemuseum lohnende Ziele.

Was nicht der Krieg in Schutt und Asche gelegt hatte, wurde auf Ost-Berliner Seite nach 1961 planiert oder dem Zutritt der Öffentlichkeit entzogen. Auf der West-Berliner Seite der Mauer wucherten neben den wenigen verbliebenen Bauwerken wie der Ruine des Hotels Esplanade Gras und Sträucher, zwischen denen Kaninchen hoppelten. Diese Zeiten sind lange vorbei; heute steht hier das Sony-Center, nebenan flanieren Shopping-Enthusiasten durch die Potsdamer Platz Arkaden. Das nahe gelegene **Kulturforum** wurde schon in den 1950er Jahren geplant und während der folgenden Jahrzehnte an zentraler "Gesamtberliner" Stelle errichtet. Dabei hatte man immer die Wiedervereinigung Berlins im Sinn, nach der die Museen, die Staatsbibliothek und die Philharmonie mitten in der Stadt liegen würden. In den 1970er und 80er Jahren glaubte kaum einer mehr daran, dass jemals Realität werden könnte, was uns heute völlig normal erscheint.

Von 1961 bis 1989 verlief die Mauer westlich der Wilhelmstraße und dem Brandenburger Tor, die damit in der "Hauptstadt der DDR" lagen. Im Kaiserreich fungierte die Wilhelmstraße als **Regierungmeile**, in der Weimarer Republik und der NS-Zeit blieb sie es.

Hier ließ Hitler seine überdimensionierte Reichskanzlei erbauen, deren Marmorplatten später als Wandverkleidung im U-Bahnhof Mohrenstraße eine friedliche Verwendung fanden: Die DDR-Regierung setzte alles daran, die nationalsozialistische Vergangenheit dieser Gegend vergessen zu machen. Letzter und deutlichster Ausdruck dieser Bemühungen ist die Wohnbebauung auf der Westseite der Wilhelmstraße, die fast bis zum Brandenburger Tor reicht. Das Tor stand 1989 übrigens ganz einsam am Pariser Platz; alle Gebäude am Platzrand sind erst seit Mitte der 90er Jahre entstanden.

Der Reichstag lag im Westteil der Stadt; die Mauer stand wenige Meter hinter dem Gebäude, vor dem in den 1980er Jahren ab und zu Rockkonzerte stattfanden. Ansonsten wurde hier Fußball gespielt. Heute ist der Umbau des Areals auf dem ehemaligen Mauerstreifen im Zentrum der Stadt fast abgeschlossen. Nur die Fertigstellung des Tiergartentunnels und des Lehrter Bahnhofs lassen noch ein paar Jahre auf sich warten. Aus dem verwunschenen Niemandsland auf West- und dem streng bewachten Grenzstreifen auf Ost-Berliner Territorium ist die so genannte **Neue Mitte Berlins** geworden.

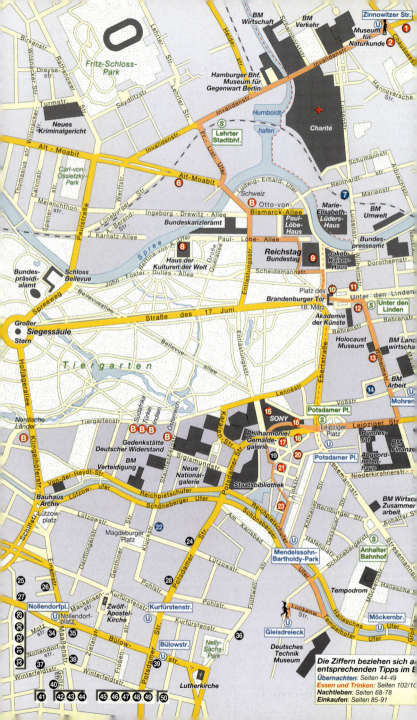

bernachten
- Artist Hotel-Pension Die Loge
- Hotel Märkischer Hof
- Hotel am Scheunenviertel
- Künstlerheim Luise
- Frauenhotel Intermezzo
- Jugendherberge JGH Berlin

estaurants
- Derya
- Paris-Moskau
- Käfer
- Margaux
- Adlon Stube, Lorenz Adlon
- Porta Brandenburgo
- Diekmann im Weinhaus Huth

afés
- River Café und Terrassen
- Meyerbeer Palais Café
- Café Josty
- BB's Coffee & Muffins

iergärten
- Lindenbräu

nbiss
- Marcann's
- Sushi Q.
- Gosch
- Salomon Bagels

ars und Kneipen
- Lenz
- Hafen
- Pour Elle
- Eldorado
- Green Door
- Sidney
- Slumberland
- Café M
- Mister Hu
- Anderes Ufer
- N.N.
- Zoulou Bar
- Felsenkeller
- Destillerie Leydicke

Diskos und Clubs
- Blu
- El Barrio
- Blue Note
- Connection
- Metropol
- 90°
- Havanna

Einkaufen
- Garage
- Playground
- Made in Berlin
- Mr Dead & Mrs Free
- Schropp
- Chatwins

250 m

Rundgang 1

Rundgang 1   95

Spaziergang

Ausgangspunkt ist der U-Bhf. Gleisdreieck, der sich noch über dem Erdboden befindet. Von hier oben sieht man schon den Potsdamer Platz mit seinen zahlreichen Neubauten. Technikbegeisterte sollten aber zunächst einmal in die andere Richtung gehen, denn an der Trebbiner Straße liegt Deutschlands größtes Technikmuseum: das **Deutsche Technikmuseum Berlin** mit zahllosen alten Automobilen, Lokomotiven, Dampfmaschinen und dem ersten Computer. Außerdem zu bestaunen: Muskelkraftflugzeuge, Schiffsmodelle, Fahrsimulatoren, aber auch Webstühle, Radios und vieles mehr.

Am Landwehrkanal entlang geht es dann zum **Kulturforum** mit der von Hans Scharoun Ende der 1950er Jahre entworfenen Philharmonie und dem zugehörigen Kammermusiksaal, der 1998 eröffneten Gemäldegalerie, dem Kunstgewerbe- und dem Musikinstrumenten-Museum, der Neuen Nationalgalerie von Ludwig Mies van der Rohe und Hans Scharouns eindrucksvollem Bau der Staatsbibliothek (Haus 2).

Auf der Rückseite der "Stabi" erheben sich die Bauten des debis-Areals, das einige Jahre vor dem Sony-Center fertig gestellt war. Oft werden alle diese Neubauten zusammen **Potsdamer Platz** genannt. Den namengebenden Platz, dessen Bilder aus den 1920er Jahren berühmt sind, kann man jedoch nicht finden, denn er wurde völlig zugebaut. Herzstück des Ganzen sind die Potsdamer Platz Arkaden, eine überdachte Shopping Mall nach US-Vorbild. Am Marlene-Dietrich-Platz baden Touristen ihre müden Füße im Brunnen, vielleicht steht noch ein Besuch im Stella-Musical-Theater an. Trotz der vielen Menschen wirkt das ganze Ensemble tagsüber immer ein wenig steril.

Vom Kulturforum ins Regierungsviertel
Karte S. 94/95

Vom Kulturforum ins Regierungsviertel

Rest des alten Hotels Esplanade im Sony Center

Direkt am neu gestalteten U- und S-Bahnhof Potsdamer Platz erheben sich die gläsernen Fassaden des **Sony-Centers**, in das ein Rest des alten Hotels Esplanade nach einer spektakulären Umsetzungsaktion integriert wurde. Wer sich die Einkehr im neuen Café Josty oder in der Bar im ehemaligen Frühstückssal des Luxushotels nicht leisten kann, findet im Sony-Center reichlich andere gastronomische Angebote. Japanische Touristen bevölkern das bayerische Restaurant, bevor sie sich im Style Store die Sony-Neuheiten anschauen. Cineasten sollten einige Stunden für den Besuch des 2000 eröffneten Filmmuseums oder des Arsenal-Kinos im **Filmhaus** einplanen. Modernste 3-D-Technik macht die **IMAX-Kinos** am Potsdamer Platz zu Kassenfüllern. Besonders eindrucksvoll sind die Natur- und Stadtfilme. Manch einer duckte sich schon vor einem anfliegenden Adler weg...

Der **Leipziger Platz** ist noch für mehrere Jahre Baustelle. Nachdem Mitte der 90er Jahre das Mosse-Center erbaut wurde, passierte erst einmal nichts. Mittlerweile ist der achteckige Grundriss des Platzes wieder zu erkennen, einige neue Gebäude – wie die Botschaft Kanadas – sind im Bau. 2005 soll die Bebauung des Platzes abgeschlossen sein. An der Leipziger Straße schließen das ehemalige Preußische Herrenhaus, in dem seit 2000 der **Bundesrat** zusammentritt, und das ehemalige Reichsluftfahrtministerium an. Der seit einigen Jahren in Detlev-Rohwedder-Haus umbenannte Kolossalbau beherbergt das **Finanzministerium**. Vor dem Ministerium ist ein riesiges Denkmal in den Boden eingelassen: eine auf eine 24 Meter lange Glasplatte vergrößerte Fotografie vom DDR-Arbeiteraufstand am 17. Juni 1953 (→ S. 160). An die Rückseite des Bundesratsgebäudes grenzt übrigens das Berliner Abgeordnetenhaus.

Abends, wenn die Leuchtschriften vom Hyatt-Hotel, der Spielbank, den Kinos und Bars leuchten, sieht das Areal vom Kulturforum aus fast wie ein Raumschiff aus – ein bisschen aus der Welt ist es ja auch. Nur wenige hundert Meter weiter spielt sich das ganz normale Berliner Alltagsleben ab. Einziges altes Haus auf dem Potsdamer Platz ist das Weinhaus Huth, in dem sich ein empfehlenswertes Restaurant befindet. Wer sich das Ganze von oben ansehen möchte, der fährt mit dem angeblich schnellsten Aufzug Europas in den 24. Stock des **Kollhoff-Gebäudes** am Potsdamer Platz 1. Die Aussichtsplattform ist täglich von 11–20 h geöffnet.

Auf der Wilhelmstraße geht es – vorbei an Botschafts- und Regierungsgebäuden – zum Pariser Platz mit dem **Brandenburger Tor**. Bis auf die Akademie der Künste und die US-amerikanische Botschaft sind alle geplanten Gebäude am Platz fertig gestellt.

Das Brandenburger Tor

Geschlagene zwei Jahre lang, von November 2000 bis Oktober 2002, muss das Brandenburger Tor saniert werden. Bei den Arbeiten stellte man fest, dass der Sandstein, aus dem das Tor gebaut wurde, durch Umwelteinflüsse und frühere Restaurierungsarbeiten weit stärker beschädigt worden ist als zunächst angenommen. Die aufgetragenen Beschichtungen hatten die Steine zwar außen gefestigt, aber im Inneren regelrecht mürbe gemacht. Auch wenn die Planen, hinter denen jetzt gearbeitet wird, entfernt werden, ist das Bauwerk noch längst nicht endgültig "über den Berg".

Südlich der Behrenstraße liegt das Gelände, auf dem nun das jahrelang umstrittene **Denkmal für die Ermordung der europäischen Juden** nach einem Entwurf von Peter Eisenman errichtet wird. Geht man durchs Brandenburger Tor, in dessen südlichem Torhäuschen sich eine Tourist-Info befindet, sieht man rechts bereits das **Reichstagsgebäude** mit der neuen, begehbaren Glaskuppel von Norman Foster. Allein ist man hier nie; über 4 Mio. Besucher erstiegen im Jahr 2000 die spiralförmige Rampe an der Innenwand der Kuppel.

Hunderte von Verwaltungs- und Abgeordnetenbüros des Bundestages befinden sich in den neuen Gebäuderiegeln Jakob-Kaiser- sowie Paul-Löbe- und

2004 soll hier das Denkmal für die ermordeten europäischen Juden stehen

Hinter hohem Gitterzaun – das Bundeskanzleramt

Marie-Elisabeth-Lüders-Haus. Im Sommer 2001 wurde das Paul-Löbe-Haus bezogen, im Herbst 2001 begann der Einzug ins Jakob-Kaiser-Haus. Erst für 2003 ist die Fertigstellung des Marie-Elisabeth-Lüders-Hauses geplant. Die optische Verlängerung des Paul-Löbe-Hauses bildet das im Frühjahr 2001 bezogene **Bundeskanzleramt**. Ruhe und Entspannung findet man im Café-Restaurant River Café am Ufer der Spree in unmittelbarer Nähe des Bundeskanzleramts. Hier kann man den Spaziergang ausklingen oder auf ein Ausflugsschiff steigen und sich durch die Innenstadt schippern lassen. Wer noch mehr sehen möchte, kann vom Kanzleramt mit der Buslinie 248 am Alt-Neubau der Schweizer Botschaft und an der Baustelle des Lehrter Bahnhofs vorbei zum S-Bahnhof Lehrter Stadtbahnhof fahren. Wer das Museum für Gegenwartskunst besuchen möchte, geht von hier noch ein paar Schritte zum alten **Hamburger Bahnhof**. Wenige hundert Meter weiter – hinter dem Wirtschafts- und dem Verkehrsministerium – kommen Dinosaurier-Fans auf ihre Kosten: Im **Museum für Naturkunde** steht ein riesiges – natürlich echtes – Saurierskelett. Nach der Besichtigung kann man am Bahnhof Zinnowitzer Straße in die U-Bahn steigen.

Die meisten der genannten Museen werden von der **Stiftung Preußischer Kulturbesitz** verwaltet. Auch die Museen auf der Museumsinsel und die Friedrichswerdersche Kirche (→ S. 127) sowie einige Museen im und um das Schloss Charlottenburg (→ S. 183ff.) zählen dazu. Sie können alle mit einer einzigen Eintrittskarte besucht werden.

Eintrittspreise/Infos: Die Tageskarte, die zum Eintritt in beliebig viele Museen der Stiftung berechtigt, kostet ca. 4 € (erm. ca. 2 €); die 3-Tages-Karte ist für ca. 8 € (erm. ca. 4 €) zu haben. Jeden 1. So im Monat ist der Eintritt frei. Infos unter ✆ 20 90 55 55, Anmeldung zu Führungen unter ✆ 20 90 55 66, www.smb.spk-berlin.de.

Rundgang 1 99

Sehenswertes

Deutsches Technikmuseum: Nicht nur anschauen kann man die urtümlichen Fortbewegungsmittel, sondern auch einen Fahrsimulator ausprobieren oder eigenhändig technische und naturwissenschaftliche Experimente durchführen. Auf dem riesigen Gelände des Museums gibt es zudem eine für Blinde mit einem speziellen Leitsystem ausgestattete "Naturoase Museumspark" mit seltenen Pflanzen und Tieren; dort findet man auch zwei funktionsfähige Windmühlen, eine Wassermühle und eine historische Brauerei.

Adresse: Trebbiner Str. 9 (U-Bhf. Gleisdreieck oder Möckernbrücke, Bus 248), ✆ 90 35 40, www.dtmb.de. ⏰ Di–Fr 9–17.30 h, Sa/So 10–18 h, Führungen nach Anmeldung.

Gemäldegalerie: Bereits vor der Mauereröffnung im klassischen Stil entworfene Gemäldegalerie mit den nun vereinigten Schätzen aus dem Ost- und dem Westteil der Stadt. Ungefähr 1.400 bedeutende Gemälde sind hier ausgestellt, von mittelalterlichen Bildern aus Deutschland und den Niederlanden über berühmte flämische und niederländische Werke des 17. Jh. (u. a. Rembrandt) bis hin zu englischer und französischer Malerei sowie italienischen Kunstwerken des 18. Jh. Um nicht in der Masse der Extraklasse zu versinken, sollte man sich auf einen Teil der Ausstellung beschränken!

Adresse: Matthäikirchplatz 8 (U-/S-Bhf. Potsdamer Platz, Bus 129, 142, 148, 200, 248, 348), ✆ 26 60. ⏰ Di–So 10–18 h, Do bis 22 h. An einem Mi im Monat Führung für Rollstuhlfahrer(innen); Anmeldung unter ✆ 266 29 51 erforderlich.

Kunstgewerbemuseum: Reliquien aus dem 11. Jh. sind die ältesten Exponate dieser umfassenden Sammlung im 1985 eröffneten behindertengerechten Neubau. Hier findet man Goldschmiedearbeiten,

Deutsches Technikmuseum am Landwehrkanal

kunstvoll bemalte Gläser, Porzellan, Teppiche und vieles mehr, was den Menschen früherer Zeiten wertvoll und teuer war.
Adresse: Matthäikirchplaz 10. ⊘ Di–Fr 10–18 h und Sa/So 11–18 h.

Musikinstrumenten-Museum: Highlights sind die größte erhaltene Kino-Orgel Europas (Vorführung Sa 12 h), vier Cembali des 17. Jh. und Querflöten aus dem Besitz von Friedrich II. Daneben viele andere Musikinstrumente vom 16. bis zum 20. Jh., manchmal Konzerte und Vorträge.
Adresse: Tiergartenstr. 1, ✆ 25 48 10, www.sim.spk-berlin.de. ⊘ Di–Fr 9–17 h, Sa/So 10–17 h. Führungen Sa 11 h.

Neue Nationalgalerie: Im lichten Ausstellungsbau der 1960er Jahre finden spektakuläre wechselnde Ausstellungen statt.
Adresse: Potsdamer Str. 50 (U-/S-Bhf. Potsdamer Platz, U-Bhf. Mendelssohn-Bartholdy-Park, Busse 129, 148, 200, 248, 348), ✆ 266 26 62. ⊘ Di–Fr 10–18 h, Do bis 22 h, Sa/So 11–18 h.

Staatsbibliothek (Haus 2): Nach der Vereinigung gab es die Staatsbibliothek doppelt: einmal im Ost- und einmal im Westteil der Stadt. Der gelbe Scharoun-Bau, der – vor allem im Inneren – einem Ozeandampfer ähnelt, lag in West-Berlin. Heute beherbergt er die Medien-Bestände ab dem Erscheinungsjahr 1955, daneben wertvolle Sonderbestände. Sehenswert sind die Katalog- und Lesezonen, die nach Erwerb einer Tageskarte besichtigt werden können. Seit 2001 sind große Teile des Katalogs online verfügbar.
Adresse: Potsdamer Str. 33, ✆ 26 60, www.staatsbibliothek-berlin.de. ⊘ Mo–Fr 9–21 h, Sa 9–19 h. Führungen können unter ✆ 266 22 44 angemeldet werden, möglichst 14 Tage im Voraus. Regelmäßige Führung: 3. Sa im Monat, 10.30 h.

Filmmuseum Berlin: Seit 2000 sind auf 1.500 qm über 1.000 Ausstellungsstücke zu sehen. Unter den vielen filmhistorischen Kostbarkeiten befinden sich u. a. auch Teile von Marlene Dietrichs Nachlass. Im 5. Stock gibt es eine sehr gut bestückte Film-Bibliothek.
Adresse: Potsdamer Str. 2 (im Filmhaus im Sony-Center, 3. und 4. Stock; U-/S-Bhf. Potsdamer Platz), ✆ 300 90 30, www.filmmuseum-berlin.de. ⊘ Di/Mi/Fr–So 10–18 h, Do 10–20 h. Eintritt ca. 7 € (erm. 5 €). So 14 h öffentliche Führung.

Brandenburger Tor: Das 1791 erbaute Tor mit der Quadriga obenauf war früher nicht nur Symbol, sondern diente auch einem praktischen Zweck, es war Stadttor zum Westen. Wer es passieren wollte, wurde durchsucht, musste sein Gepäck vorlegen und abgabepflichtige Waren versteuern. Die Durchfahrten wurden am Tag mit eisernen Türen, nachts noch zusätzlich mit Holztüren verschlossen. Erst 1861, als die Stadtgrenze nach Westen verlegt wurde, fielen Riegel und Gitter. Nun war die Durchfahrt frei. Für genau 100 Jahre ...

Reichstagsgebäude: 1894 legte der Kaiser den letzten Stein des von Paul Wallot entworfenen Gebäudes, 1895 tagte das Parlament erstmals darin. 1918 rief Scheidemann von hier die Republik aus, und am 27. Februar 1933 brannte der Reichstag ab – willkommener Anlass für Hitler, die demokratischen Grundrechte abzuschaffen. Im Zweiten Weltkrieg brannte das Gebäude völlig aus, wurde in den 1960er Jahren ohne Kuppel rekonstruiert und beherbergte bis Anfang der 90er die Ausstellung "Fragen an die deutsche Geschichte". 1995 wurde es von Christo und Jeanne-Claude verhüllt, anschließend völlig entkernt und zum Bundestag umgebaut. Im Sommer 1999 fand eine Bundesrats- und darauf die erste Bundestagssitzung hier statt. Seitdem hat sich die **Kuppel** zum Touristenmagneten Nr. 1 und zu einem neuen Wahrzeichen Berlins entwickelt. Leider ist die Aussicht bei Sonnenschein gar nicht

Ziel fast aller Berlin-Besucher – das Reichstagsgebäude

so berauschend, weil das Glas heftig spiegelt. Gerade dann muss man oft mit mehr als einer Stunde Wartezeit bis zum Aufstieg rechnen. Auch das Käfer-Restaurant in der Kuppel ist – zumindest abends – generell überfüllt, deshalb ist ab 18 h eine Reservierung obligatorisch. Auf der bewirtschafteten Aussichtsterrasse findet man meistens auch so einen Platz.

Kuppel: ☉ tägl. 8–24 h, letzter Einlass 22 h. Eintritt frei. ✆ 22 73 21 52 (Besucherdienst des Bundestages).

Bundeskanzleramt: 1995 von Helmut Kohl in Auftrag gegeben und im Mai 2001 von Gerhard Schröder bezogen. Architekt Axel Schultes entwarf dieses massige Bauwerk mit 310 Büroräumen und eingemauertem Garten. Die Baukosten des streng bewachten Komplexes blieben wider Erwarten unter einer halben Milliarde Mark.

Hamburger Bahnhof: 1996 wurde nach jahrelangem Hin und Her das Museum für Gegenwartskunst im vollständig restaurierten und erweiterten ehemaligen Hamburger Bahnhof eröffnet. Schon von weitem fällt nachts die blaue Illumination auf, die ihn schmückt – eine Lichtinstallation von *Dan Flavin*. In der ehemaligen Bahnhofshalle und den neu angebauten Seitenflügeln geht's weiter mit moderner Kunst der Spitzenklasse: *Andy Warhol*, *Joseph Beuys*, *Cy Twombly*, *Keith Haring*, um nur einige Namen zu nennen. Seit 2001 sind in wechselnden Ausstellungen Teile der 1.000 zeitgenössische Kunstwerke (u. a. von *Hanne Darboven* und *Mario Merz*) umfassenden Sammlung Marzona zu sehen. Achtung: Am Wochenende tritt man sich hier ab dem Mittag gegenseitig auf die Füße!

Adresse: Invalidenstr. 50/51 (S-Bhf. Lehrter Stadtbahnhof), ✆ 20 90 55 55, www.smb.spk-berlin.de/hbf. ☉ Di–Fr 10–18 h, Do bis 22 h, Sa/So 11–18 h.

Museum für Naturkunde: Erdgeschichtliches, Fossilien, Mineralien. Eines der größten naturhistorischen Museen der

Welt. Special: So um 15.30 h finden Führungen für Kinder statt.
Adresse: Invalidenstr. 43 (U-Bhf. Zinnowitzer Str., Busse 157, 245, 340, Straßenbahnen 6, 8, 13, 50), ℡ 20 93 85 91, www.museum.hu-berlin.de. ⌚ Di–So 9.30–17 h, Do bis 20 h.

Praktische Infos

Vor wenigen Jahren war diese Gegend gastronomische Wüste. Das sieht heute ganz anders aus. Wer aber Traditionslokale sucht, ist hier verkehrt. Das Angebot richtet sich vor allem an Angestellte in der Mittagspause, abendliche Kino- und Musicalgänger sowie Touristen.

Cafés

BB's Coffee & Muffins (23), Eichhornstr., zwischen Link- und Schellingstraße, ℡ 25 29 62 69. Leckeres Gebäck in nicht ganz so schönem Ambiente. Mittagstisch 12–15 h.

Café Josty (16), Bellevuestr. 1 (im Sony-Center), ℡ 25 75 97 02. ⌚ tägl. 10–24 h. Reichlich künstlich wirkt das Café mit den zwischenzeitlich zersägten Originalwänden des ehemaligen Kaisersaals aus dem nicht mehr existierenden Hotel Esplanade. Aber das hat auch seinen Reiz. Die Preise sind genauso gediegen wie das Kronleuchter-Ambiente.

Meyerbeer Palais Café (10), Ebertstr. 24, ℡ 22 65 12 26. ⌚ tägl. 11–20 h. Frühstück bis 18 h; ab mittags auch kleine warme Speisen zu akzeptablen Preisen. Die Backwaren aus hauseigener Konditorei lassen sich überwiegend Touristen schmecken.

River Café und **River Café Terrassen (8)**, im bzw. hinter dem Haus der Kulturen der Welt, John-Foster-Dulles-Alleee. ⌚ tägl. ab 10 h. Hier rastet man volkstümlich am (Sand-)Strand der Spree, die unmittelbare Nähe der Regierungs- und Parlamentsbauten ist überhaupt nicht zu spüren.

Imbisse und Schnellrestaurants

Gosch (18), Potsdamer Platz 1, ℡ 25 29 68 20. ⌚ tägl. ab 10 h. Von Sylt aus wird auch dieser Gosch-Imbiss mit Fischigem beliefert. Besonders beliebt und sättigend ist die Sylter Fischsuppe mit Gewürznelken.

Salomon Bagels (21), in den Potsdamer Platz Arkaden, ℡ 25 29 76 26. ⌚ Mo–Fr 9–22 h, Sa/So 9–24 h. Hier kann man schon für weniger als 1 € einen Bagel bekommen; wird er mit Frischkäse, Lachs oder anderem belegt, kostet er bis 5 €.

Sushi Q (17), Voxstr. 1, ℡ 25 29 57 77. ⌚ tägl. 12–23 h. Am laufenden (Förder-)Band Sushi und Sashimi, Stückchen ab 1 €. Aber zum satt werden braucht es einige...

Marcann's (1), Invalidenstr. 112, ℡ 28 38 61 71. ⌚ Mo–Fr 7–18, Sa 8.30–14 h. Italienisch oder französisch belegte Panini und Croissants zu gemäßigten Preisen.

Biergarten

Lindenbräu am Sony-Center (15), ℡ 25 75 12 80. Wenn man einen der 90 Plätze auf der Dachterrasse erwischt, ist es hier gar nicht so schlecht. Auf jeden Fall ein geeigneter Ort, um Touristen aus aller Welt zu beobachten.

Restaurants

Diekmann im Weinhaus Huth (20), Alte Potsdamer Str. 5, ℡ 25 29 75 24, www.j-diekmann.de. ⌚ tägl. 12–1 h. Hauptgerichte im edlen Jahrhundertwende-Ambiente des letzten erhaltenen Altbaus am Platz 8–20 €. Riesige Weinauswahl, wie sich das für ein Weinhaus gehört.

Porta Brandenburgo (13), Wilhelmstr. 87, ℡ 229 95 87. ⌚ tägl. 11.30–24 h. Im unscheinbaren Plattenbau verbirgt sich ein wirklich gutes und für die Gegend preiswertes italienisches Restaurant: Hauptgerichte mit toskanischem Einschlag abends 10–18 €, Mittagsmenü unter 10 €. Serviert wird im Sommer auch draußen.

Lorenz Adlon (12), Unter den Linden 77, ℡ 22 61 19 60. ⌚ Di–Sa 18–23.30 h. Im Jahr 2000 eröffnetes Restaurant im Hotel Adlon, das von Beginn an mit perfekter, aber dennoch kreativer Küche klotzt. So will man sich – als erstes Restaurant in der Stadt – mehr als einen Michelin-Stern erkochen, 2001 gab's erstmal einen. Auch Gault

Auf echtem Sandstrand rastet man im River Café

Millau hält das Lorenz Adlon für eines der besten Restaurants der Hauptstadt. Menüs ab 100 €.

Adlon Stube (12), auch im Hotel Adlon, aber etwas preiswerter. Hier isst man deftige Berliner Küche. ⏱ Di–Sa 12–24 h.

Samadhi, Wilhelmstr. 77, ☏ 22 48 88 50. ⏱ Mo–Fr 12–15 h und 18–23 h, Sa 18–23 h, So 12–23 h. Vegetarisches Restaurant mit asiatischer Küche: Tofu und Seitan in vielen leckeren Variationen. Besonders zu empfehlen ist das Mittagsmenü für 8 €, abends kosten die Hauptgerichte zwischen 9 und 12 €.

Margaux (11), Unter den Linden 78, ☏ 22 65 26 11, www.margaux-berlin.de. ⏱ Mo–Sa 12–14 und 19–23 h. Sehr teuer, aber das geht in dieser Lage wohl nicht anders. Küchenchef Michael Hoffmann lernte bei Witzigmann; insbesondere die Fischgerichte sollen ihm unübertroffen gelingen. Vier Gänge um 150 €. 2001 wurde das Margaux vom Gault-Millau als Berliner "Aufsteiger des Jahres" ausgezeichnet.

Käfer im Reichstag (9), Platz der Republik 1, ☏ 22 62 99-0, -33, www.feinkost-kaefer.de. ⏱ tägl. 9–16.30 h und 18.30–24 h (letzter Einlass um 22 h). Die Hauptgerichte für 22–26 € sind nach Meinung vieler Gäste ihren Preis nicht wert.

Paris–Moskau (6), Alt-Moabit 141, ☏ 394 20 81. ⏱ tägl. 18–1 h. Das traditionsreiche, spitzenmäßige (und deshalb nicht ganz billige) Restaurant liegt an der Eisenbahnlinie von Paris nach Moskau. Damit sind auch schon die Weichen gestellt und zwei der drei Geheimnisse der Küchenchefs verraten: Französische und russische Einschläge machen die Küche zu einer der feinsten der Stadt. Mittlerweile verkehren hier neben der Stammkundschaft auch reichlich Promis. Tischreservierung ist unbedingt erforderlich, da das Restaurant sehr klein ist.

Dorya (2), Chausseestr. 116, ☏ 281 75 36. ⏱ tägl. 8–1 h. Bis 23.30 h werden türkische Speisen – im Sommer im Biergarten (mit Brunnen) – serviert. Viel Vegetarisches. Eins der wenigen preiswerten Restaurants in der Nähe von Parlament und Regierung, Hauptgerichte ab 5 €.

Das Zeughaus Unter den Linden ist ein bedeutender Barockbau

Rundgang 2: Unter den Linden und Spandauer Vorstadt

Berlins Gute Stube ist die Straße Unter den Linden. Seit dem Parlaments- und Regierungsumzug gibt sie zusammen mit dem Gendarmenmarkt das Parkett ab, auf dem sich Prominente aus Wirtschaft, Politik und Kultur der Öffentlichkeit zeigen. Neben einer erstaunlichen Anzahl von Auto-Ausstellungssalons prägen vor allem Kulturbauten und Spitzengastronomie die Prachtstraße. Nördlich davon liegt die Spandauer Vorstadt, der Berliner Touristenmagnet Nummer eins.

Aus der grauen Trabi-Rennstrecke hat sich innerhalb eines Jahrzehnts eine Flaniermeile entwickelt, auf der im Sommer Tausende von Touristen unterwegs sind. Man erkennt sie am bedächtigen Schritt, am Fotoapparat und am ausgestreckten Zeigefinger. Auf den breiten Gehwegen werden sie überholt von denen, die hier in einer Behörde, einem Fernsehsender oder einer Ländervertretung arbeiten. Zum Kaffee oder Mittagessen treffen sie in den zahlreichen Cafés und Restaurants der Straße aufeinander, die abends von der "neuen Elite" der Stadt frequentiert werden. Immer wieder wird das Flair der "Goldenen Zwanziger Jahre" beschworen, wenn über die Linden und die Friedrichstraße gesprochen wird. Die Mischung aus Kultur, Kommerz und Attraktivität für zielloses Umherschlendern, die damals diese Gegend prägte, versucht man heute wiederherzustellen. Ob das gelungen ist, muss jeder selbst beurteilen.

Kulturelle Glanzpunkte der Straße sind das **Forum Fridericianum** und die zum Weltkulturerbe ernannte **Museumsinsel**. Jenseits der Spree liegt die in weiten Teilen kleinstädtisch wirkende

Spandauer Vorstadt, oft fälschlich als Scheunenviertel bezeichnet. Innerhalb von zehn Jahren wandelte sich dieses Stadtquartier vom heruntergekommenen Abrissviertel zur belebten Vergnügungszone. Vor allem um den Hackeschen Markt ist an lauen Sommerabenden kaum ein Stehplatz zu finden. Anwohner fordern bereits Verkehrsberuhigung und Lärmschutz. Neben unzähligen Cafés, Restaurants und Bars konzentrieren sich hier die Galerien der Stadt, ausgefallene Geschäfte und diverse Bühnen. Die viel zitierte jüdische Tradition dieses Viertels wurde in der NS-Zeit brutal vernichtet; was heute hier an Jüdischem zu sehen ist, entstand überwiegend erst in den 1990ern.

Spaziergang

Ausgangspunkt ist der S-Bahnhof Unter den Linden am westlichen Ende der Prachtstraße. In Richtung Osten stehen hier zunächst mehrere Botschaftsgebäude, die Ausstellungshalle der Deutschen Guggenheim, und hinter der Kreuzung mit der noblen Einkaufsmeile Friedrichstraße folgen die berühmten Kulturbauten – Staatsbibliothek, Humboldt-Universität, Neue Wache und Zeughaus auf der linken, Alte Bibliothek, Hedwigskathedrale, Staatsoper, Kronprinzessinen- und Kronprinzenpalais auf der rechten Straßenseite.

Überquert man die Schloßbrücke, befindet man sich auf einer Insel zwischen zwei Speearmen, deren nördliche Hälfte wegen der weltberühmten Museumsbauten **Museumsinsel** heißt. Alle Gebäude auf der Insel wurden im Zweiten Weltkrieg stark zerstört, die Aufbau- und Sanierungsarbeiten werden noch viele Jahre andauern. Deshalb sind derzeit nur einige Museen zugänglich. An der Ostseite des Ende der 1990er Jahre wieder zum Park umgestalteten **Lustgartens** steht der massige Klotz des Berliner Doms, auf der anderen Seite der Karl-Liebknecht-Straße, der Verlängerung der Linden, das Gerippe des Palasts der Republik und das ehemalige Staatsratsgebäude.

Über die Friedrichsbrücke und durch die Burgstraße mit dem nostalgischen Kino Börse, das auf DDR-Filme spezialisiert ist, geht es zum Hackeschen Markt mit den beliebten **Hackeschen Höfen**. Hier findet man von Fahrradvermietung über Varieté, Kleinkunstbühne, Kino, Galerien, Läden, Restaurants, Cafés und Clubs auf engstem

Am Hackeschen Markt

Raum alles, was das Touristenherz begehrt. Nur die Berliner, die haben dieser "Spaßhölle" längst den Rücken gekehrt und besinnen sich auf ihre Stadtteil-Kieze zurück.

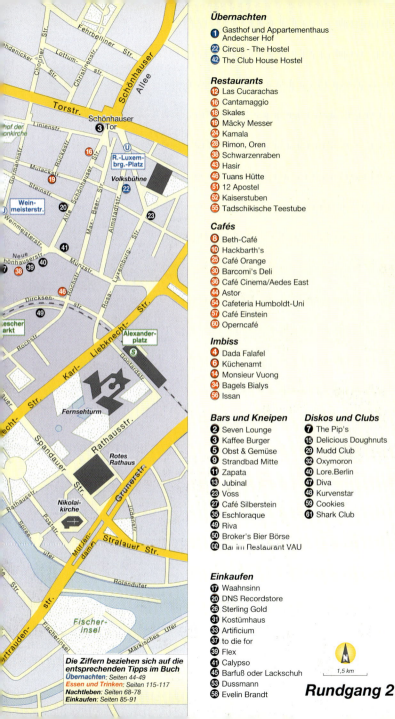

Übernachten
1. Gasthof und Appartementhaus Andechser Hof
22. Circus - The Hostel
42. The Club House Hostel

Restaurants
12. Las Cucarachas
16. Cantamaggio
18. Skales
19. Mäcky Messer
24. Kamala
28. Rimon, Oren
38. Schwarzenraben
43. Hasir
46. Tuans Hütte
51. 12 Apostel
52. Kaiserstuben
55. Tadschikische Teestube

Cafés
8. Beth-Café
10. Hackbarth's
25. Café Orange
30. Barcomi's Deli
36. Café Cinema/Aedes East
44. Astor
54. Cafeteria Humboldt-Uni
57. Café Einstein
60. Operncafé

Imbiss
4. Dada Falafel
6. Küchenamt
14. Monsieur Vuong
34. Bagels Bialys
56. Issan

Bars und Kneipen
2. Seven Lounge
3. Kaffee Burger
5. Obst & Gemüse
9. Strandbad Mitte
11. Zapata
13. Jubinal
23. Voss
27. Café Silberstein
35. Eschloraque
49. Riva
50. Broker's Bier Börse
00. Bar im Restaurant VAU

Diskos und Clubs
7. The Pip's
15. Delicious Doughnuts
29. Mudd Club
32. Oxymoron
40. Lore.Berlin
47. Diva
48. Kurvenstar
59. Cookies
61. Shark Club

Einkaufen
17. Waahnsinn
20. DNS Recordstore
26. Sterling Gold
31. Kostümhaus
33. Artificium
37. to die for
39. Flex
41. Calypso
45. Barfuß oder Lackschuh
53. Dussmann
58. Evelin Brandt

Die Ziffern beziehen sich auf die entsprechenden Tipps im Buch
Übernachten: Seiten 44-49
Essen und Trinken: Seiten 115-117
Nachtleben: Seiten 68-78
Einkaufen: Seiten 85-91

1,5 km

Rundgang 2

Bereits vor Aufstellung der Exponate spektakulär – das Jüdische Museum

Berliner Juden

Von Anbeginn war die jüdische Bevölkerung in der Geschichte Berlins präsent. Im 11. Jh., als in Süddeutschland mit den Kreuzzügen große Judenverfolgungen stattfanden, gelang es einigen, in die Mark zu fliehen. Sie ließen sich dort nieder, wo Fernhandel betrieben wurde, so auch in Berlin und Cölln. 1320 gab es hier bereits eine jüdische Gemeinde. Doch die Juden waren bloß geduldet: Sie mussten am Rand der Stadt im "Judenhof" wohnen (er lag in der heutigen Jüdenstraße). Nachts wurde das Viertel abgeriegelt und bewacht. Auf Eheschließung mit Christen stand die Todesstrafe. Durch das gesamte Mittelalter zog sich die Blutspur der Judenpogrome.

An den Juden ließ man die Frustrationen aus, die in Wirtschaftskrisen und bei Katastrophen entstanden. Nicht den Händlern und Seefahrern, die sie einschleppten, sondern den Juden lastete man die Ausbreitung der Pest an. 1572 zerstörten aufgehetzte Berliner die Synagoge in der Klosterstraße und plünderten Häuser und Wohnungen der Juden.

Erst unter Kurfürst Friedrich Wilhelm I. in der zweiten Hälfte des 17. Jh. änderte sich die Lage der Juden zum Besseren. Er förderte ihre Ansiedlung in Berlin und gab ihnen Privilegien; nicht aus purer Menschenliebe, sondern um damit dem erstarrten Wirtschaftsleben Schwung zu verleihen. Aber erst das 19. Jh. brachte den Juden die staatsbürgerliche Gleichstellung. Jetzt waren sie aus dem wirtschaftlichen und kulturellen Leben Berlins gar nicht mehr wegzudenken.

Theodor Fontane schrieb von einem "berlinisch-jüdischen Geist", der die Stadt erfüllte. *Meyerbeer* und *Mendelssohn-Bartholdy*, die Großbankiers *Bleichroeder*, *Fürstenberg* und *Mendelssohn* waren Berliner Juden, auch *Rathenau*, Gründer der AEG, und viele andere bedeutende Menschen. Nicht zuletzt dank der engen Verbindung der Juden mit der Stadt fanden im damals roten Berlin Antisemitismus und Nationalsozialismus zunächst weniger Anklang als in anderen deutschen Städten. Doch auch in Berlin sahen schon bald einige Kreise "im Juden" einen brauchbaren Blitzableiter für die permanente Krisenstimmung in der Weimarer Republik. Der braune Terror traf auch die Berliner Juden vernichtend. Es spricht aber für Berlin, dass sich hier, so zahlreich wie in keiner anderen deutschen Stadt, jüdische Frauen und Männer bis Kriegsende bei Freunden versteckt halten konnten. Doch waren diese Überlebenden nur eine sehr, sehr kleine Minderheit.

Deutlich präsent ist jüdisches Leben in Berlin erst seit den 1990er Jahren wieder. Durch die jüdischen Emigranten aus der ehemaligen UdSSR wachsen die Berliner Gemeinden stark an, Klezmer-Musik ist seit einem Jahrzehnt en vogue – wie vieles, was jüdisch ist oder zu sein vorgibt. Im September 2001 eröffnete nach jahrelangem Hin und Her das **Jüdische Museum Berlin** im spektakulären Museumsbau von Daniel Libeskind und im angrenzenden ehemaligen Kammergericht.

Adresse: Lindenstr. 9–14, ℡ 25 99 34 10, Infos unter ℡ 308 78 56 81 oder www.jmberlin.de. ⏰ Mo 10–22 h, Di–So 10–20 h (außer an hohen jüdischen Feiertagen).

Der Hinterausgang des verwinkelten Hofgeflechts führt auf die **Sophienstraße**, die ebenfalls mit neu belebten Hinterhofkomplexen aufwarten kann. Sehenswert ist die barocke Sophienkirche mit ihrem winzigen Friedhof. Die Auguststraße ist die Galerien-Meile der Spandauer Vorstadt, bekanntester Ausstellungsort sind die Kunst-Werke. Die Straße stößt auf die Oranienburger Straße mit dem ehemals alternativen Kulturhaus Tacheles.

Richtung Osten folgen als Sehenswürdigkeiten das ehemalige Postfuhramt und die Neue Synagoge an dieser Straße, in der fast jedes Haus ein Restaurant oder eine Kneipe beherbergt. Im Sommer steht hier Biertisch an Biertisch und es wird vor allem am Wochenende bis in die Morgenstunden gefeiert.

Sehenswertes

Deutsche Guggenheim: Im Gebäude der Deutschen Bank werden wechselnde Ausstellungen gezeigt, meist der Klassischen Moderne oder zeitgenössischer Kunst gewidmet.

Adresse: Unter den Linden 13–15, ℡ 202 09 30, www.deutsche-guggenheim-berlin.de. ⏰ tägl. 11–20 h, Do bis 22 h. Führungen um 18 h. Eintritt 3 € (erm. 2 €), am Mo frei.

Staatsbibliothek (Haus 1): Der 1916 eröffnete Prachtbau erstreckt sich bis zur Dorotheenstraße und nimmt den ganzen Block zwischen Charlotten- und Universitätsstraße ein. Er wurde im Zweiten Weltkrieg stark zerstört. Unter anderem fiel den Bomben der Kuppellesesaal zum Opfer, der in neuer Form wieder aufgebaut werden soll. Ein Blick in den Innenhof, in die Eingangshalle und das riesige Treppenhaus ist auf jeden Fall eindrucksvoll. Gesammelt werden hier die Bestände aus der Zeit vor 1955, die überwiegend nur in den Lesesälen einsehbar sind.

Adresse: Unter den Linden 8, ℡ 26 60, www.staatsbibliothek-berlin.de. ⏰ Mo-Fr 9–21 h, Sa 9–17 h. Führungen jeden 1. Sa im Monat, 10.30 h; weitere Termine (auch fremdsprachige Führungen) nach telefonischer Absprache (14 Tage vorher).

Unter den Linden und Spandauer Vorstadt

Humboldt-Universität: Das Hauptgebäude entstand Mitte des 18. Jh. als Palais für den Bruder Friedrichs II., Prinz Heinrich. Zwischen 1809 und 1810 wurde es auf Initiative Wilhelm von Humboldts zur Hochschule umgestaltet. Die Seitenflügel sind erst erheblich später angebaut worden. Heute wird die Humboldt-Universität von über 30.000 Studierenden besucht, Infos zum Studium unter www.hu-berlin.de. Vor dem Hauptgebäude stehen täglich (auch sonntags) ambulante Buchhändler mit neuen und antiquarischen Büchern.

Neue Wache: Nach einem Entwurf von *Schinkel* 1818 als Königswache erbaut. 1931 wurde sie nach einem Entwurf von *Heinrich Tessenow* zur Gedenkstätte für die Gefallenen des Ersten Weltkrieges umgebaut. Die Nazis modelten die Gedenkstätte in ihrem Sinn für "Heldengedenktage" um. In der DDR erhielt die Neue Wache 1960 als "Mahnmal für die Opfer des Faschismus und Militarismus" eine neue Bestimmung. 1993 wurde die Neue Wache wieder umgewidmet, nun zur "zentralen Gedenkstätte der Bundesrepublik". Seitdem beherbergt sie die stark vergrößerte Plastik "Mutter mit totem Sohn" von *Käthe Kollwitz* (1937). Gegen diese Umgestaltung äußerten zahlreiche Gruppen lautstarke Proteste, so der Zentralrat der Juden in Deutschland und die Verbände der NS-Verfolgten. Sie kritisieren die Gleichsetzung von Opfern und Tätern in der Gedenkstätte "für die Opfer von Krieg und Gewaltherrschaft", in der man nun zugleich eines von Bomben getöteten Nazi-Führers oder Blockwarts und einer ermordeten Jüdin oder "Geisteskranken" gedenken kann.

Zeughaus: Erst 2004 wird das Deutsche Historische Museum im Zeughaus nach jahrelangem Um- und Ausbau wieder eröffnet. Bis dahin kann das 1695–1706 erbaute Gebäude, das bis 1875 als Waffen- und Munitionslager gedient hat und als einer der schönsten

Das ehrwürdige Hauptgebäude der Humboldt-Universität

Geschichtsträchtiger Ort – der Bebelplatz

Barockbauten Deutschlands gilt, nur von außen bewundert werden. Den gläsernen Erweiterungsbau hinter dem Zeughaus entwarf der amerikanische Star-Architekt *Ieoh Ming Pei*, der mit so etwas schon Erfahrung hat: Von ihm stammt auch die gläserne Pyramide vor dem Louvre in Paris.

Adresse: Unter den Linden 2 (U-/S-Bhf. Friedrichstr., Busse 100, 157, 348, Straßenbahnen 2–5, 15, 53), ✆ 20 30 40, www.dhm.de.

Bebelplatz: Gegenüber der Universität öffnet sich der Platz mit der Alten Bibliothek, dem ehemaligen Gebäude der Dresdner Bank, der St.-Hedwigs-Kathedrale und der Deutschen Staatsoper, der 1933 Schauplatz der Bücherverbrennung durch die Nazis wurde. Daran erinnert seit 1995 ein eigenwilliges Denkmal in der Mitte des Platzes. Von weitem ist es überhaupt nicht zu sehen, denn es befindet sich unter der Erde und ist durch eine Glasplatte von oben einsehbar. Der israelische Bildhauer und Konzeptkünstler *Micha Ullman* entwarf den unterirdischen Raum, der nur leere Bücherregale beherbergt. Derzeit tobt ein Streit darüber, ob das Denkmal in eine geplante Tiefgarage integriert werden darf.

Alte Bibliothek: Wegen ihrer geschwungenen Form von den Berlinern als Kommode bezeichnet, wurde sie 1755–80 nach Plänen für die Reichskanzlei der Wiener Hofburg gebaut. Trotz des schwierigen Untergrunds – über 1.200 Pfähle mussten in den Boden gerammt werden – gingen die Berliner schneller zur Sache als die Wiener. So kam es dazu, dass die Kopie in Berlin älter ist als das Original in Wien. Heute sind hier Institute der Humboldt-Universität untergebracht.

St.-Hedwigs-Kathedrale: Architektonisches Vorbild dieser katholischen Bischofskirche war das Pantheon in Rom, die Pläne stammen von *Georg Wenzeslaus von Knobelsdorff*. Da der Bau durch Sammlungen der katholischen Gemeinde finanziert wurde, zog sich seine Fertigstellung über 26 Jahre (1747–73) hin. Auch der Wiederaufbau nach der Zerstörung im Zweiten Weltkrieg dauerte verhältnismäßig lange. Seit 2001 ist auch die unterirdische Schatzkammer zu besichtigen.

🕐 Mo–Sa 10–17 h, So 13–17 h; Mi 15 h Orgelmusik. ✆ 203 48 10, www.hedwigs-kathedrale.de.

Unter den Linden und Spandauer Vorstadt

Deutsche Staatsoper: 1951–55 wurde der im Krieg stark beschädigte Knobelsdorff-Bau originalgetreu wiederhergestellt, gilt heute aber erneut als stark sanierungsbedürftig.

Kronprinzessinnenpalais: Das heute als Opernpalais bekannte Bauwerk wurde ebenfalls im letzten Krieg bis auf die Außenmauern zerstört. Die Fassade entspricht dem historischen Vorbild, die Innenräume sind umgestaltet und beherbergen ein Café und Restaurants. Das schöne schmiedeeiserne Treppengeländer im Inneren stammt aus dem Schloss Berlin-Buch.

Kronprinzenpalais: 1664 als erstes privates Adelspalais Berlins erbaut, 1732 umgebaut und für den Kronprinzen eingerichtet, 1857 erneut verändert und im Zweiten Weltkrieg total zerstört, hat man das Palais Ende der 60er Jahre nach alten Stichen rekonstruiert. Später diente es als Gästehaus. Bis zur Wiedereröffnung des gegenüberliegenden Zeughauses (s. o.) werden hier wechselnde Ausstellungen zur deutschen Geschichte gezeigt, oft mit künstlerischem Anstrich.
Adresse: Unter den Linden 2–3 (U-/S-Bhf. Friedrichstr., Busse 100, 157, 348, Straßenbahnen 2–5, 15, 53), ✆ 20 30 40, www.dhm.de. ⏰ Fr–Mi 10–18 h, Do bis 22 h. Eintritt frei.

Berliner Dom: 1894–1905 von *Julius Carl* und *Otto Raschdorff* als "Hauptkirche des preußischen Protestantismus" und "Hauskirche der Hohenzollern" erbaut. Bei den Luftangriffen 1945 brannte der Dom völlig aus; er wurde von 1975 bis 1993 rekonstruiert und 1996 feierlich wieder eingeweiht. Neben einem Altar von *Schinkel* sind vor allem die Kuppel, das Treppenhaus und die Hohenzollerngruft sehenswert, in der etwa 100 Särge aus fünf Jahrhunderten stehen. Auch die Prunksarkophage von König Friedrich I. und Königin Sophie Charlotte können besichtigt werden.
Adresse: Am Lustgarten, ✆ 20 26 91 11, www.berliner-dom.de. ⏰ Mo–Sa 9–20 h, So 12–20 h. Eintritt 4 € (erm. 2 €), mit Kuppelumgang (nur bei gutem Wetter) 5 € (erm. 3 €). Letzter Einlass um 19 h. Die Gruft wird bereits um 18 h geschlossen.

Museumsinsel: 1999 wurde ein Masterplan für die Museumsinsel beschlossen, der u. a. den Wiederaufbau des Neuen Museums und die Erweiterung des Pergamonmuseums festschreibt. Bis zum Abschluss aller Arbeiten werden voraussichtlich noch mehr als zehn Jahre vergehen. Frühestens 2005 soll das Bodemuseum wieder eröffnet werden.

Altes Museum: Gebaut nach Plänen von *Karl Friedrich Schinkel* in den Jahren 1825–30, im Krieg stark zerstört und ab 1951 wieder aufgebaut. Bis zur Instandsetzung (voraussichtlich ab 2007) beherbergt dieses Haus wechselnde Ausstellungen. Im Sockelgeschoss werden zudem Teile der Antikensammlung gezeigt.
Adresse: Bodestr. 1–3, Eingang vom Lustgarten aus (Busse 100, 157, 348). ⏰ Di–So 10–18 h.

Alte Nationalgalerie: Bis 2001 dauerte die Renovierung des 1876 eröffneten Hauses, die über 65 Mio. € kostete. Nun ist die historische Bausubstanz z. T. in ihrer originalen Farbigkeit wieder freigelegt; die Umbauten des 20. Jh. wurden aber überwiegend beibehalten.
⏰ Di–So 10–18 h, Do bis 22 h.

Pergamonmuseum: Das 1930 eröffnete Museum war das erste Architekturmuseum der Welt! In seinen Räumen sind drei Sammlungen untergebracht:

Antikensammlung: Ganze Altäre, Tore und Teile von Tempeln sind im Original aufgebaut. Ein Großteil der Sammlung geht auf eigene Ausgrabungen des Museums in Kleinasien zurück. Besonderer Anziehungspunkt sind die Reliefs des Pergamonaltars aus dem 2. Jh. v. Chr., der in der Antike zu den Weltwundern zählte.

Derzeit wegen Sanierung geschlossen – das Bodemuseum

Vorderasiatisches Museum: Denkmäler der neubabylonischen Baukunst aus dem 6. und 5. Jh. v. Chr. sind hier ausgestellt: das Ischtar-Tor, die Prozessionsstraße von Babylon, das Wasserbecken von Assur. Diese und die vielen anderen Schätze sind zum größten Teil Beute der "Deutschen Orientgesellschaft" aus der Zeit von 1900–1918.

Museum für Islamische Kunst: Das 2000 völlig neu gestaltete Museum im Südflügel zeigt die Entwicklung der islamischen Kunst vom 7. Jh. bis zur Neuzeit. Das wertvollste Ausstellungsobjekt ist die Fassade des jordanischen Kalifenschlosses Mschatta.

Adresse: Bodestr. 1–3, Eingang vom Kupfergraben (U-/S-Bhf. Friedrichstr., Busse 100, 157, 200, 348, Tram 1, 13). ⏱ Di, Mi und Fr–So 10–18 h, Do bis 22 h.

Hackesche Höfe: Der heutige Touristenmagnet, ein verschachteltes und in den 1990ern umfassend saniertes Gewirr von acht Hinterhöfen, wurde 1906/07 erbaut. Bereits damals lagen hier Wohnen, Arbeiten und Amüsement dicht beieinander. Die alten Festsäle, heute u. a. vom Varieté Chamäleon genutzt, zeugen davon. Eine eigene Website präsentiert Kommerzielles und Kulturelles dieser Höfe: www.hackesche-hoefe.com.

Sophienkirche: Sie hat als einzige Kirche von Berlin-Mitte den Zweiten Weltkrieg heil überstanden. Die Kirche wurde 1713 ohne Turm eingeweiht; der geschweifte und reich gegliederte Turm folgte 20 Jahre später und zählt zu den schönsten Barocktürmen der Stadt. Auf dem Kirchhof liegt das Grab der Dichterin Anna Louisa Karsch (1722–1791), die aus ärmlichsten Verhältnissen stammte und über ihre Dichtkunst die Bekanntschaft Goethes gemacht hat.

Kunst-Werke: Seit 1991 wird die ehemalige Margarinefabrik künstlerisch genutzt – zunächst sehr improvisiert, heute sehr kommerziell. 1996 erfolgte der Totalumbau, und der als Café genutzte Glaspavillon wurde in den Hof gebaut. Auf vier Etagen sind Ausstellungen zeitgenössischer Kunst zu sehen. Adresse: Auguststr. 69, ✆ 243 45 90, www.kw-berlin.de. ◷ Di–Do 12–20 h, Fr/Sa 12–22 h, So 12–18 h; Führungen nach Vereinbarung.

Neue Synagoge in der Oranienburger Straße

Tacheles: In den Ateliers und Werkstätten des weithin bekannten Kulturzentrums herrscht bis heute ein reger internationaler Austausch, daneben gibt es Cafés, ein Kino und diverse Bühnen. Seit März 2000 wird das Tacheles, das nach jahrelangem Hin und Her an die Investorengruppe Fundus verkauft wurde, saniert und erweitert. Diesen Arbeiten fällt die ruinöse Rückseite des ehemaligen Kaufhauses zum Opfer; hier entstehen eine Galerie und Wohnungen im Stil des US-amerikanischen New Urbanism. Das Ganze heißt dann Johannis-Quartier.

Adresse: Oranienburger Str. 55–56 (U-Bhf. Oranienburger Tor, S-Bhf. Oranienburger Str.), ✆ 282 61 85.

Postfuhramt: 1875–1881 aus roten und gelben Klinkersteinen erbauter eindrucksvoller Komplex mit Ställen für 240 Postpferde. Seit einigen Jahren wird über die künftige Nutzung dieses Bauwerks gestritten. Derzeit werden im Postfuhramt wechselnde Ausstellungen gezeigt.

Neue Synagoge/Centrum Judaicum: 1859–1866 wurde die Synagoge im byzantinisch-maurischen Stil erbaut und während der Pogrome der "Reichskristallnacht" geschändet, aber nicht zerstört. Im Krieg wurde das Bauwerk jedoch bei Bombenangriffen stark beschädigt und blieb bis in die 80er Jahre eine Ruine. Seitdem ist die Fassade des von *Eduard Knoblauch* entworfenen Baus wiederhergestellt, und ihre vergoldete Kuppel bildet wieder einen der markantesten Punkte in der Berliner Stadtlandschaft.

Der Gebäudekomplex beherbergt ein Archiv, Räume der Jüdischen Volkshochschule, eine Zweigstelle der Hauptbibliothek der Jüdischen Gemeinde, Ausstellungsräume, in denen in einer ständigen Ausstellung jüdische Sakralgegenstände gezeigt werden, und eine kleine Synagoge. Das Synagogenhauptschiff, das über 3.000 Personen Platz bot, wird wahrscheinlich nicht wieder aufgebaut. Seine Grundfläche ist im Boden markiert.

Adresse: Oranienburger Str. 28–30, ✆ 88 02 83 00, www.cjudaicum.de. ◷ So/Mo 10–20 h, Di–Do 10–18 h, Fr 10–17 h. Von April–Okt. kann die Kuppel besichtigt werden. An jüdischen Feiertagen ist das Centrum Judaicum geschlossen. Termine von Veranstaltungen (u. a. Konzerte, im Sommer auch open air) können tel. erfragt werden, Gottesdienst Fr 19 h, Sa 10 h.

Zustand vor der Sanierung – Kulturhaus Tacheles

Praktische Infos

Viele Restaurants, Kneipen und Cafés haben sich in Angebot und Preisen auf die Touristen eingestellt – die ja nicht zu Stammgästen gemacht zu werden brauchen. Dennoch findet man auch hier empfehlenswerte Lokalitäten mit moderatem Preisniveau.

Cafés

Café Einstein (57), Unter den Linden 42, ✆ 204 36 32, www.cafeeinstein.com. ⏱ tägl. 8–1 h. 1996 eröffnete, handtuchschmale Dependance des berühmten Wiener Café Einstein an der Kurfürstenstraße, in der man im Sommer auch draußen sitzen kann. Sogar die Mittelpromenade der Linden ist bestuhlt. Hier ruhen sich überwiegend Touristen aus; recht hohes Preisniveau.

Cafeteria der Humboldt-Universität (54), Unter den Linden 6, rechter Seitenflügel. Wer preiswert, aber in schlichtem Ambiente einen Kaffee oder Imbiss zu sich nehmen möchte, ist hier richtig. Selbstbedienung; in den Pausenzeiten lange Warteschlangen. Im Sommer einige (sehr beliebte) Sitzplätze auf der Terrasse.

Operncafé im Opernpalais (60), Unter den Linden 5, ✆ 204 22 69. ⏱ tägl. 9–24 h; So Frühstücksbuffet für 10 €/Person (ohne Getränke); Kuchentheke mit Riesenauswahl an hausgemachten Leckereien. Zentrale kulinarische Sammelstelle für – überwiegend ältere – Lindenbummler aus aller Welt, aber auch für väterliche Professoren aus der gegenüberliegenden Humboldt-Universität, die hier ihre Studenten zum Plausch nach der Vorlesung versammeln. Im Sommer wird auch draußen serviert.

Café Cinema (36), Rosenthaler Str. 39, ✆ 280 64 15. ⏱ tägl. ab 12 h. Seit 40 Jahren bestehendes Galerie-Café mit Gammel-Atmosphäre der Wendezeit im denkmalgeschützten Filmhaus Berlin. Im Sommer Hofbetrieb. Frühstück und kleine Gerichte sind hier preiswert.

Aedes East (36), Rosenthaler Str. 40/41 (Hackesche Höfe), ✆ 282 21 03. ⏱ tägl. ab 10 h. Recht chic, aber dennoch angenehm. Im Sommer kann man im Hof frühstücken.

Beth-Café (8), Tucholskystr. 40, ✆ 281 31 35. ⏱ Sa–Do 9–22 h, Fr 9–15 h.

Jüdisches Café; im Bistro-Ambiente – im Sommer im wunderhübschen Hof – werden leckere kleine Speisen serviert.

Hackbarth's (10), Auguststr. 49a, ✆ 282 77 06. ⌚ tägl. 9–3 h, von 9–14 h leckeres Frühstück mit viel Obst; abends gibt es Cocktails.

Café Orange (25), Oranienburger Str. 32, ✆ 28 38 52 42. ⌚ tägl. 9–24 h. Hier begann die Kneipen- und Cafégründungswelle in der Oranienburger Straße. Kaffee, Kuchen und Tellergerichte zu akzeptablen Preisen.

Barcomi's Deli (30), Sophienstr. 21, ✆ 28 59 83 63, www.barcomi.de. ⌚ Mo–Sa 9–22 h, So 10–22 h. Der Erfolg in der Kreuzberger Bergmannstraße gab Cynthia Barcomi Recht: Berlin braucht Muffins, Bagels und aromatisierte Kaffees. Seit einigen Jahren ist das alles auch in den Sophie-Gips-Höfen zu haben – im Sommer unter freiem Himmel.

Astor (44), Oranienburger Str. 84, ✆ 283 63 34. ⌚ Mo–Do 11–1 h, Fr/Sa 11–2 h, So 10–1 h. US-amerikanisches Frühstück während der gesamten Öffnungszeit. Wer's deftiger mag: Hier werden auch hoch gelobte Fish & Chips serviert.

Imbisse und Schnellrestaurants

Issan (56), Unter den Linden 78, ✆ 22 48 81 47. ⌚ täglich 12–24 h werden hier Sushi und Sashimi serviert – natürlich nicht ganz billig.

Bagels Bialys (34), Rosenthaler Str. 46, ✆ 283 65 46. ⌚ tägl. 8–4 h. Bagels mit verschiedenem herzhaften Belag sowie Brownies und Muffins für die Süßschnäbel.

Monsieur Vuong (14), Gipsstr. 3, ✆ 30 87 26 43. ⌚ Mo–Sa 12–24 h. Thai-Imbiss; gut, aber nicht spottbillig.

Küchenamt (6), Oranienburger Str. 48, ✆ 28 87 98 82. ⌚ Mo–Do 8.30–20 h, Sa bis 24 h, So 9–17 h. Netter italienischer Imbissladen mit leckeren kleinen Speisen.

Dada Falafel (4), Linienstr. 132/Ecke Oranienburger Str., ✆ 27 59 69 27. ⌚ tägl. 11–2 h. Hochgelobte Kichererbsen-Bällchen mit Knoblauchsoße.

Restaurants

Tadschikische Teestube (55), Am Festungsgraben 1, ✆ 204 11 12. ⌚ Mo–Fr 17–24 h, Sa/So 15–24 h. Bereits seit 1974 gibt es die original tadschikische Teestube im Palais am Festungsgraben, in der man im Liegen speisen kann (Samowar-Teezeremonie!). Etwas für kalte Wintertage.

Kaiserstuben (52), Am Kupfergraben 6a, ✆ 20 45 29 80. ⌚ Di–Sa 18–1 h. 1998 eröffnetes Spitzenrestaurant nach dem Motto "klein, aber äußerst fein". Gegenüber der Museumsinsel gelegen, sollen dem bildungshungrigen Publikum auch Gaumenfreuden zuteil werden. Der Küchenchef hat seit der Eröffnung bereits mehrfach gewechselt; derzeit gibt es die weit verbreitete euro-asiatische Küche. Hauptgerichte um 25 €. Sehr gut sortierter Weinkeller.

12 Apostel (51), Georgenstr. 179–182 (in den S-Bahnbögen hinter der Humboldt-Uni), ✆ 201 02 22. ⌚ tägl. 7–2 h. Opulent dekoriertes, häufig volles italienisches Groß-Restaurant direkt unter dem Stadtbahnviadukt. Der Knüller: Mo–Fr bis 19 h kosten alle Pizzen (riesig!) die Hälfte des normalen Preises. Und sie gehören zu den besten Berlins...

Tuans Hütte (46), Dircksenstr. 40, ✆ 283 69 40, www.thaipage.de. ⌚ Mo–Do 12–23 h, Fr/Sa 12–1, So 17–23 h. Jüngstes Ergebnis des Expansionsdranges des Mao-Thai in Prenzlauer Berg: schickes Restaurant für schicke Menschen, die hier neben den bekannt guten Thai-Gerichten auch Sushi konsumieren.

Skales (18), Rosenthaler Str. 13, ✆ 283 30 06. ⌚ Mo–Fr ab 12 h, Sa/So ab 16 h. Das griechische Restaurant mit Bar, das seinen Namen von der Treppe im Ziel im Gastraum hat, ist eine angesagte folklorefreie Institution. Mittleres Preisniveau, jugendliches Publikum, darunter immer wieder Promis.

Schwarzenraben (38), Neue Schönhauser Str. 13, ✆ 28 39 16 98, www.schwarzenraben.de. ⌚ Mo–Fr 10–2 h, Sa/So ab 4 h; Küche bis 24 h. Sehr edel aufgemachtes italienisches Restaurant mit Kellerbar. Kleine Karte mit exklusiven (und entsprechend teuren) Speisen; Hauptgerichte um 20 €, Nudelgerichte um 12 €. Seit hier während der Berlinale 1998 die Stars dinierten, lässt sich viel Prominenz blicken.

Cantamaggio (16), Alte Schönhauser Str. 4, ✆ 283 18 95. ⌚ tägl. 18–24 h. Italienisches Restaurant mit ein eigenem Flair, junges, umtriebiges Stammpublikum. Die Küche ist auf jeden Fall überdurchschnittlich.

Mäcky Messer (19), Mulackstr. 29, ✆ 283 49 42. ⌚ Di–So 18–24 h. Wechselnde,

Cafébetrieb auf dem Mittelstreifen der Straße Unter den Linden

sehr leckere Sushi-Variationen und Miso-Suppenkreationen im schlicht-edel eingerichteten japanischen Restaurant. Hohes Preisniveau.

Hasir (43), Oranienburger Str. 4, 28 04 16 16, www.hasir.de. tägl. 11.30–1 h. Mit handbemalten Kacheln etc. sehr nett gestyltes, recht neues türkisches Restaurant. Angenehm un-ölige Speisen der Oberklasse zu akzeptablen Preisen. Spezialität ist das hausgebackene Brot mit Dorfkäse, das heiß aus dem Ofen serviert wird. Auch sehr empfehlenswert sind die Salate und Schmorgerichte mit vielen frischen Zutaten

Oren (28), Oranienburger Str. 28, 282 82 28. Mo–Do 12–1 h, Fr–So 10–2 h. Das 1992 von einem Israeli eröffnete Café Restaurant neben der Neuen Synagoge knüpft an die jüdische Tradition im Scheunenviertel an. Es werden jüdisch-orientalische und internationale vegetarische Speisen und Fischgerichte (alle um 10 €) in stilvoller Inneneinrichtung – und im Sommer auch draußen – serviert.

Rimon (28), Oranienburger Str. 26, 28 38 40 32. tägl. 10–2 h. 1998 eröffnetes Restaurant auf der "israelischen Meile"; der Name bedeutet übrigens Granatapfel. Vielleicht wurde davon der Innenanstrich inspiriert, der Behaglichkeit schaffen soll. Geschmackssache. Die Speisen gehen weit über die übliche Hoummous-Küche hinaus, denn hier werden auch traditionelle jüdische Gerichte aus Osteuropa aufgetischt. Ähnliches Preisniveau wie im benachbarten Oren.

Las Cucarachas (12), Oranienburger Str. 38, 282 20 44, www.cucarachas.de. tägl. 12–1 h oder länger. Trubeliges Latino-Lokal mitten im Rummel der Oranienburger; Hauptgerichte 7–15 €.

Kamala (24), Oranienburger Str. 69, 283 27 97, www.thaipage.de. So–Do 11.30–24 h, Fr/Sa bis 0.30 h. Ebenfalls ein Ableger des Mao Thai (s. o. Tuans Hütte) ist die sehr schlicht möblierte, ziemlich enge "Thai Dining Bar" im Souterrain. Die wirklich leckeren Hauptgerichte kosten zwischen 8 und 15 €.

Von außen und von innen sehenswert – Konzerthaus am Gendarmenmarkt

Rundgang 3: Vom Checkpoint Charlie zum Alexanderplatz

Vom ehemaligen Grenzübergang für Ausländer geht es ins historische Zentrum Berlins, wo sich im letzten Jahrzehnt vieles verändert hat: Seit dem Umzug von Parlament und Regierung werden zentral gelegene alte Gebäude neu genutzt. Der älteste Teil der Stadt liegt auf dem südlichen Abschnitt der Spreeinsel, deren nördlicher Teil Museumsinsel genannt wird. Von der mittelalterlichen Stadt sind aber nur wenige Reste erhalten; das zu DDR-Zeiten entstandene Nikolaiviertel soll an die zerstörte Altstadt erinnern.

Am 13. August 2000 schwebte an einem Kran ein Nachbau der Abfertigungsbaracke am ehemaligen Checkpoint Charlie herab. Erst kurz zuvor war der Wachturm abgerissen worden, der hier noch jahrelang an die DDR-Sperranlagen erinnert hat. Mittlerweile wird der Verlauf der fast völlig verschwundenen Mauer im Straßenbelag markiert, denn im Straßenbild ist er nicht mehr zu erkennen. Das südlich der Prachtstraße Unter den Linden gelegene Innenstadt-Gebiet hat im letzten Jahrzehnt sein Gesicht völlig verändert. Statt der einstigen Öde am Kreuzberger Ende der Friedrichstraße herrscht hier nun reges Treiben, zahlreiche Neubauten werden aus dem Berliner Sandboden gestampft. Noch massiver sind die Veränderungen der Friedrichstraße zwischen Leipziger Straße und Unter den Linden. Dort standen Ende der 80er Jahre Plattenbau-Ladenpassagen im Rohbau, die nach ihrer nie erfolgten Fertigstellung devisenkräftige Ausländer anlocken sollten. Diese kamen über den einzigen Grenzübergang für Ausländer, den Checkpoint Charlie, in die "Hauptstadt der DDR". Heute sind es vor allem ausländische Touristen, die den ehemaligen Übergang und das privat geführte Mauermuseum "Haus am Checkpoint Charlie" besuchen. Sie schätzen auch die neuen Einkaufspassagen, die nach dem Abriss der DDR-Rohbauten an der Friedrichstraße errichtet worden sind. Doch wird hier viel mehr geschaut als gekauft; das Preisniveau in den Designer-Boutiquen und Edel-Kaufhäusern ist auch wirklich hoch.

Ganz ähnlich sieht es am Gendarmenmarkt mit seiner Nobelgastronomie aus: Hier tafeln Promis und unbekannte Reiche, der Normaltourist bewundert das Konzerthaus und den Deutschen sowie den Französischen Dom von außen – essen geht er woanders. Beispielsweise im Nikolaiviertel, in dem sich einige historische Gaststätten mit traditioneller Berliner Küche zu angemessenen Preisen verstecken. Zwischen diesen beiden gastronomisch gegensätzlichen Bereichen liegt "die" historische Mitte Berlins: der Schloßplatz, auf dem jahrhundertelang das Stadtschloss der Hohenzollern stand. Heute ist der Platz von Relikten der DDR-Zeit geprägt; über seine Zukunft wird seit einem Jahrzehnt erbittert diskutiert – passiert ist aber noch nicht viel.

Auch der Alexanderplatz ist in seiner heutigen Gestaltung heftig umstritten. Viele finden den riesigen, immer zugigen Platz zu "ostig" und möchten ihn durch zusätzliche (Hochhaus-)Bebauung "urbaner" gestalten. Andere schätzen gerade seine Weite in der immer dichter zugebauten Innenstadt und möchten ihn als Paradebeispiel des sozialistischen Städtebaus erhalten.

Weltzeituhr am Alex

Spaziergang

Ausgangspunkt ist der U-Bhf. Kochstraße. Hier, in der Friedrichstraße/Ecke Zimmerstraße, war bis 1990 der Grenzübergang **"Checkpoint Charlie"**, den nur Ausländer benutzen durften. Eine riesige Tafel mit je einem Porträt eines sowjetischen und eines US-amerikanischen Grenzsoldaten erinnert an die Vergangenheit. Auf dem Grundstück des eigentlichen Übergangs an der zu Mauerzeiten verschwenkten Friedrichstraße steht heute das "American-Business-Center", eine Ansammlung von modernen Bürohäusern. Bereits lange vor 1989 bestand das mittlerweile erweiterte **Haus am Checkpoint Charlie**; es zeigt eine etwas skurril wirkende Ausstellung über den Bau der Mauer, die damalige Situation in der DDR und über die teils aberwitzigen Mittel, die zu geglückten und tragisch gescheiterten Republikfluchten entwickelt worden sind.

In das markante Gebäude des einstigen Reichspostmuseums an der Mauer-/Ecke Leipziger Straße zog 2000 das

Rundgang 3

Die Ziffern beziehen sich auf die entsprechenden Tipps im Buch
Essen und Trinken: Seiten 129/130
Nachtleben: Seiten 68-78

ndgang 3

taurants
as Olas
lutter Hoppe
um Nußbaum
einhard's
ur letzten Instanz
addenwirt
orchardt
AU/Frz. Hof
ushi Bar Izumi
ale e Tabacchi

Cafés
❸ Tele-Café
❿ Café Ephraim's
⓱ Café Adler

Imbiss
⓬ Galeries Lafayette
⓰ Schlotzky's Deli

Diskos und Clubs
❷ Sternradio
⓮ Tresor

ganz modern aufgemachte **Museum für Kommunikation** ein, das "Stammhaus" aller Kommunikations- und Postmuseen. Jenseits der Leipziger Straße wurden in den letzten Jahren zahlreiche Ministerien in Altbauten untergebracht, die zuletzt der DDR-Regierung gedient hatten. Hinter dem **Bundesministerium für Arbeit** verbirgt sich eine interessante kleine Ausstellung zur Geschichte von SED und Stasi. Die parallel zur Mauerstraße verlaufende Friedrichstraße ist hier geprägt von Edelgeschäften und dem Kaufhaus **Galeries Lafayette** mit seinem interessanten gläsernen Innenleben. Für Architekturfans empfehlenswert ist auch ein Blick ins außergewöhnlich gestaltete Treppenhaus des **Quartier 206**.

Bedeutend ältere Architektur prägt den **Gendarmenmarkt**, den viele als schönsten Platz Berlins ansehen. König Friedrich I. ließ ihn im streng symmetrischen Barockstil anlegen. In der Mitte steht das früher Schauspielhaus genannte **Konzerthaus**, rechts und links überragt von zwei **Domen** mit riesigen Kuppelbauten. Alle drei Gebäude waren am Ende des Zweiten Weltkriegs nur noch Ruinen. Erst 1984, zum 35. Jahrestag der DDR-Gründung, hatte man sie fertig rekonstruiert. Auf den Platz finden im Sommer Konzerte statt, im Winter wird er zur Eisbahn umfunktioniert.

Einen ganz anderen Charakter und eine ganz andere Geschichte hat der **Hausvogteiplatz**, an dem sich in mehreren zusammenhängenden Altbauten das **Sendezentrum von Sat 1** niedergelassen hat. Auch die Fernsehsender Pro 7 und TV.B sind hier beheimatet. In früheren Jahrhunderten herrschte hier gedrückte Stimmung, da die Hausvogtei das Gerichts- und Gefängnisgebäude für politische Gefangene war. Um die Wende vom 19. zum 20. Jh. entwickelte sich der Platz dann zum Stammsitz der Berliner Konfektionsindustrie.

Wo die Konfektion erfunden wurde

Mitte des 18. Jh. besiedelten vor allem Hugenotten, die sich als Uniformnäher einen Namen machten, die Gegend um den Hausvogteiplatz. Ab 1806 kamen viele jüdische Schneider dazu, von denen einer im Jahr 1839 die Konfektionsmode erfand, indem er den selben Damenmantel fünfmal zuschnitt und nähte, ohne dass dieser von einer Kundin bestellt gewesen wäre. Kurze Zeit später blühte auf dem Platz der Stoffhandel. Hier kauften so genannte Zwischenmeister Stoffe ein, die sie in den armen Berliner Norden zu den Näherinnen fuhren, die daraus in Heimarbeit für wenig Geld Konfektionskleidung nähen mussten. Die fertigen Kleidungsstücke wurden unter den Arkaden der Bauakademie feilgeboten.

Ende des 19. Jh. eröffneten am Hausvogteiplatz immer mehr Konfektionäre ihre eleganten Warenhäuser. Als die Nazis die vorwiegend jüdischen Konfektionäre aus ihren Geschäften vertrieben, verlor Berlin als Modestandort an Bedeutung. Im 2001 eröffneten Mode-Museum im Ephraimpalais (→ S. 127) ist Berliner Konfektion der letzten 170 Jahre ausgestellt.

Karl Friedrich Schinkel hat nicht nur das Konzerthaus, sondern zahlreiche andere öffentliche Gebäude Berlins wie die feingliedrige **Friedrichswerdersche Kirche** entworfen, in der sich heute eine Schinkelausstellung und bedeutende klassizistische Skulpturen befinden. Auf der anderen Straßenseite ist die überdimensionale Glasfassade des **Auswärtigen Amts** zu sehen, in das die 1934–37 errichtete Reichsbank integriert wurde. Für dieses Gebäude, in dem zu DDR-Zeiten das Zentralkomitee der SED tagte, war in den 1930er Jahren ein ganzes Altbauviertel abgerissen worden. Abriss ist an diesem exponierten Ort gang und gäbe: Ganz in der Nähe stand bis 1995 der (viel kleinere) Bau des Außenminis-

Hinterm Schinkelpark stehen das verlassene Gebäude des Staatsrats und das Auswärtige Amt

Ein Meisterwerk Schinkels – die Friedrichswerdersche Kirche

teriums der DDR, dem in den 1960ern die Kriegsruine von Schinkels 1836 erbauter **Bauakademie** weichen musste. Eine Ecke der Bauakademie ist mittlerweile von Auszubildenden des Maurerhandwerks wieder aufgebaut worden. Bis zum 225. Geburtstag *Karl Friedrich Schinkels* im Jahr 2006 soll der Rest des Bauwerks folgen – falls sich genug private Sponsoren finden.

Vielleicht ebenfalls wieder aufgebaut werden soll das Hohenzollern-Schloss, das dem Schlossplatz seinen Namen gegeben und den Krieg relativ glimpflich überstanden hatte. Der auch Berliner **Stadtschloss** genannte, über Jahrhunderte immer wieder vergrößerte Gebäudekomplex wurde 1950 auf Anordnung des DDR-Ministerpräsidenten Walter Ulbricht gesprengt. Heute graben Stadtarchäologen Reste der alten Keller aus. Die Südseite des Schlossplatzes beherrscht das **Gebäude des Staatsrats**, das bis zur Klärung der Zukunft des Schlossplatzes nur sporadisch für Veranstaltungen genutzt wird. Der verspiegelten Fassade ist in der Mitte das Portal IV des ehemaligen Schlosses eingegliedert. Von hier aus hatte Karl Liebknecht am 9. November 1918 die "freie sozialistische Republik Deutschland" ausgerufen. Hinter dem Staatsratsgebäude liegt der Alt-Neubau des **Bundesbauministeriums**. Alle genannten Bauwerke stehen auf dem Areal des mittelalterlichen Berlin, von dem kaum etwas erhalten ist.

Auf der Ostseite der Breiten Straße stehen immerhin noch einige Gebäude aus dem 17. Jh.: der **Alte Marstall** und das **Ribbeckhaus**. Der **Marstall**, von einem holländischen Bau- und Schleusenmeister Mitte des 17. Jh. erbaut, zählt zu den schönsten frühbarocken Bauwerken Berlins. Im Krieg stark beschädigt, wurde er 1953 wieder aufgebaut. In der Brüderstraße stehen noch zwei in einen riesigen Nachkriegsbaukomplex integrierte Bürgerhäuser, das **Nicolaihaus**, ein Barockhaus aus dem Jahr 1670, und das **Galgenhaus**, die beide zum Stadtmuseum Berlin gehören.

Das Galgenhaus

Das Haus Brüderstraße 10 ist das 1688 errichtete so genannte Galgenhaus. Minister Happe hat hier 1735 seine Dienstmagd hängen lassen, weil er einen silbernen Löffel vermisste. Nach ihrer Hinrichtung fand man den Löffel im Magen einer frisch geschlachteten Ziege wieder. Das Loch, in dem der Galgen stand, an dem die arme Magd baumelte, lässt sich der Sage nach bis heute nicht schließen. Man findet es noch immer vor dem Hausportal, gesichert durch ein Gitter.

Seit dem Herbst 2001 werden hier Bestände des Stadtmuseums gezeigt, zunächst Kunstgewerbe, Möbel und Gemälde des 18. und frühen 19. Jh. sowie Kunst des 20. Jh. Zukünftig soll das Haus Wohnkultur früherer Zeiten zeigen (Öffnungszeiten etc. s. u. unter "Knoblauchhaus").

Jenseits der Spree liegt das **Nikolaiviertel**, ein "neues Altbauviertel" aus vorgefertigten Betonplatten, das zur 750-Jahr-Feier Berlins 1987 fertig gestellt wurde. Die Anlage wurde begeistert aufgenommen und ist auch heute noch eines der touristischen Zentren Berlins. Tatsächlich ist es den Baubrigaden in dreijähriger Arbeit gelungen, so etwas wie Altstadt-Flair mit gepflasterten Gassen und vielen Cafés und Kneipen entstehen zu lassen, wenngleich man den Gebäuden ihre Entstehung in den 80er Jahren allzu deutlich anmerkt. Neben Plattenbauten gibt es auch Rekonstruktionen historischer Gebäude: die historische Gaststätte Zum Nussbaum und die **Gerichtslaube**. Eines der wenigen Bauwerke, das bis dahin wenigstens als Ruine erhalten war, ist die 1982–87 wiederaufgebaute **Nikolaikirche**. Als einziges Gebäude im Viertel vollständig erhalten ist das **Knoblauchhaus**. Beim Wiederaufbau 20 Meter versetzt wurde das eindrucksvolle **Ephraimpalais** von 1766. Die drei zuletzt genannten Gebäude gehören zum Stadtmuseum Berlin, hier werden verschiedene Ausstellungen gezeigt.

Richtig alt ist die Ruine der **Franziskaner-Klosterkirche**, die sich schon außerhalb des Nikolaiviertels befindet. Ebenfalls in der Klosterstraße stehen zwei interessante barocke Bauten: die **Parochialkirche** – zu DDR-Zeiten Möbellager, heute Raum für moderne audiovisuelle Kunst-Events – und das ehemalige **Palais Podewils**, heute Ver-

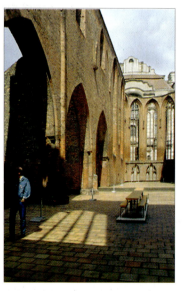

Derzeit wird der Wiederaufbau diskutiert – Ruine der Franziskaner-Klosterkirche

Neptunbrunnen vor dem Roten Rathaus

anstaltungsort für Tanzaufführungen, Konzerte und andere kulturelle Darbietungen. Das Palais erinnert daran, dass die Straße früher gesäumt war von den Palästen der Lehnsherren, des Bischofs, der Äbte und der reichsten Bürger Berlins. Die Klosterstraße galt damals als die vornehmste Straße der Stadt.

Das **Rote Rathaus** trug diesen Namen schon, als es in seinem Innern noch tiefschwarz und kaisertreu zuging. Der Backsteinbau mit dem über 70 Meter hohen Turm wurde in der 2. Hälfte des 19. Jh. errichtet. Auch der **Neptunbrunnen** vor dem Rathaus stammt aus dem 19. Jh. Überragt wird das alles vom 365 Meter hohen **Fernsehturm** auf dem Alexanderplatz, bei seiner Errichtung 1969 das zweithöchste Bauwerk Europas. Von hier strahlen heute vier TV- und neun Radiosender ihre Programme aus. Die **Marienkirche**, westlich des Fernsehturms gelegen, ist die älteste erhaltene Pfarrkirche Berlins. Sie wurde im 13. Jh. errichtet. Der größte Teil der Bausubstanz stammt aber wahrscheinlich aus dem 15. Jh.

Sehenswertes

Haus am Checkpoint Charlie: Sehr gut besuchte Ausstellung zur Geschichte des Mauerbaus und außergewöhnlichen Fluchtmitteln. Nachmittags werden Dokumentarfilme gezeigt; Café im Haus.

Adresse: Friedrichstr. 43–45 (U-Bhf. Kochstr., Bus 129), ✆ 253 72 50, www.mauermuseum.com. ☉ tägl. 9–22 h. Eintritt ca. 6,50 € (erm. 3,50 €).

Museum für Kommunikation: Ausgestellt ist, was mit Post und Telekommunikation zu tun hat; u. a. Karten früherer Postrouten, alte Telefon- und Telegraphenapparate, Briefe und Briefmarken – sogar eine Blaue Mauritius. Blickfang des im März 2000 wieder eröffneten, für 75 Mio DM sanierten Museums

In frischem Glanz – der Französische Dom

sind die drei Roboter, die den Lichthof unsicher machen.

Adresse: Leipziger Str. 16 (Mitte), ✆ 20 29 40, www.museumsstiftung.de/berlin.html. ⌚ Di–Fr 9–17 h, Sa/So 11–19 h. Eintritt frei.

Stasi-Ausstellung: Ausstellung zur SED-Diktatur, untergebracht in einem Pavillon hinter der Russischen Botschaft. 2002 mussten aus rechtlichen Gründen viele Exponate ausgewechselt werden.

Adresse: Mauerstr. 34–38. ⌚ Mo–Sa 10–18 h.

Deutscher Dom: 1701–1708 für die Reformierte Gemeinde der Friedrichstadt gebaut – allerdings in anderer Form als heute zu besichtigen: Der ursprüngliche Turm war so gewaltig, dass er nach einem Jahr einstürzte. Erst 80 Jahre nach der Einweihung bekam der Dom den heutigen Kuppelbau. Im Dom wird heute die Dauerausstellung "Fragen an die deutsche Geschichte" gezeigt.

⌚ Di–So 10–18 h, Mai bis Sept. bis 19 h; ✆ 22 73 04 31. Eintritt frei.

Französischer Dom: Er entstand zeitgleich mit dem Deutschen Dom für die französische Hugenottengemeinde Berlins. Deshalb befindet sich heute hier das **Hugenottenmuseum**. Der Turm ist begehbar; von oben hat man einen herrlichen Blick über die Stadt. Hier läuten tägl. um 12, 16 und 19 Uhr die 60 Glocken des Carillons (Glockenspiels).

Aussichtsbalustrade: ⌚ tägl. 9–22 h. ✆ 20 16 68 84. Hugenottenmuseum: ⌚ Di–Sa 12–17 h, So 11–17 h. Eintritt 2 € (erm. 1 €).

Konzerthaus Berlin: Grundmauern und Säulen des ab 1818 errichteten Baus stammen vom 1817 abgebrannten Nationaltheater. Das klassizistische Bauwerk zählt zu den schönsten der von *Schinkel* geschaffenen Gebäude. Das Konzerthaus und die beiden Dome wurden im Krieg zu Ruinen. Hier hatten sich bis in die letzten Kriegstage SS-Truppen verschanzt. Die Wiederherstellung der historischen Bauten war 1984 zum 35. Jahrestag der DDR-Gründung abgeschlossen. Heute werden hier klassische Konzerte gegeben, leider ist die Akustik nicht überragend.

Friedrichswerdersche Kirche – Schinkel-Museum: Im Krieg wurde die Backsteinkirche stark zerstört, bis 1987 wieder aufgebaut und bis 2001 nach Original-Plänen rekonstruiert. Zu sehen ist hier eine Ausstellung über Leben und Werk *Schinkels*, daneben werden Skulpturen des Berliner Klassizismus gezeigt.

Adresse: Werderscher Markt (U-Bhf. Hausvogteiplatz, Busse 100, 200, 157), ✆ 208 13 23. ⏱ Di–So 10–18 h.

Ribbeckhaus: Das einzige erhaltene Berliner Wohnhaus der Renaissance beherbergt seit 1996 das Zentrum für Berlin-Studien der Berliner Zentral- und Landesbibliothek (ZLB). Hier werden Literatur, Kartenmaterial etc. über Berlin gesammelt. Das Original seines sehenswerten Portals (1960 wurde eine Kopie eingebaut) stammt aus dem Jahr 1624. Original erhalten sind nur noch die Fenstergitter im Erdgeschoss und einige Gewölbedecken. In den vergangenen Jahrhunderten wurde das Haus mehrfach umgebaut, seit 1920 dient es – mit Unterbrechungen – als Bibliothek.

Adresse: Breite Str. 35/36, ✆ 90 22 64 85, www.zlb.de. ⏱ Mo–Fr 10–19, Sa 13–18 h.

Ephraimpalais: Das prachtvolle, im Rokokostil gehaltene Bürgerhaus ließ König Friedrich II. als Dank für gelungene Geldgeschäfte während der Schlesischen Kriege für seinen Hofbankier Veitel Heine Ephraim errichten. 1935 wurde es wegen Straßenerweiterungsarbeiten abgetragen, und die meisten der über 2.000 Einzelteile wurden in Westberlin eingelagert. Nach Kriegsende kämpfte die DDR jahrelang um deren Herausgabe, im Westteil erwog man zwischenzeitlich die Wiedererrichtung und hätte so fast erreicht, dass zweimal das gleiche Gebäude in der Stadt steht. Erst 1983 einigte man sich – das Prachtstück durfte im Ostteil der Stadt wieder zusammengesetzt werden. Seit November 2001 wird das Palais als Modemuseum genutzt, gezeigt wird Berliner Konfektion ab 1820.

Adresse: Poststr. 16

Nikolaikirche: Ihr Fundament stammt aus dem 13., die frühgotische Backsteinfassade aus dem 15. und ihr zweiter Turm aus dem 19. Jh. Nach der Zerstörung der Kirche im Zweiten Weltkrieg stellte man fest, dass sie darüber hinaus noch auf Fundamenten einer älteren romanischen Basilika steht.

Knoblauchhaus: Lange Zeit war dieses barocke Gebäude einer der wichtigsten

Im Nikolaiviertel

Orte im kulturellen Leben Berlins. Heute gehört es zum Stadtmuseum Berlin; zu besichtigen ist die Dauerausstellung "Bürgerliches Wohnen im Biedermeier".

Adresse: Poststr. 23.

Öffnungszeiten von **Nikolaikirche, Knoblauchhaus, Ephraimpalais, Galgenhaus** und **Nicolaihaus:** Di–So 10–18 h. 24 00 21-82, -71, www.stadtmuseum.com. Mi Eintritt frei, sonst (für alle 5 zusammen) 3 € (erm. 1,50 €).

Klosterkirche: Ursprünglich stand hier nicht nur eine Kirche, sondern ein ganzes Franziskanerkloster, dessen Ursprünge ins 13. Jh. zurückgehen. Von 1574 bis 1945 beherbergte der Klosterbau eine Schule, das "Gymnasium zum Grauen Kloster". Die Kriegsruine des Klosters opferte man der Verbreiterung der Grunerstraße, lediglich die Ruine der Franziskaner-Klosterkirche blieb stehen. Hier finden heute im Sommer Skulpturen-Ausstellungen statt; dann kann auch ein Teil des Kellers besichtigt werden.

(nur April bis Okt.) Di–So 12–18 h, Sa 15 h bis Sonnenuntergang.

Parochialkirche: Seit 1996 bietet die Singuhr Hoergalerie jeden Sommer Klangkünstlern aus aller Welt einen Raum für Ausstellungen, Performances und Konzerte im Kirchenbau, der seit einigen Jahren restauriert wird.

Informationen: Singuhr – Hoergalerie in Parochial, Waisenstr. 28, / 24 72 44 65, info@format5.de.

Marienkirche: Im Haupteingang steht ein kleines verwittertes Kreuz, das **"Sühnekreuz"**. 1335 hatte man Berlin mit einem zehnjährigen Kirchenbann belegt, weil in der Stadt der Propst von Bernau ermordet worden war. Dieses Kreuz musste zur Sühne der Tat aufgestellt werden. Bedeutendste Kunstwerke in der Marienkirche sind die **Kanzel** von Andreas Schlüter vom Anfang des 18. Jh. und das **Totentanz-Fresko** aus dem 15. Jh.

Mo–Do 10–16 h, Sa/So 12–16 h; Führungen: Mo/Di 13 h, So 11.45 h, weitere Auskünfte unter 242 44 67.

Fernsehturm: In über 200 Meter Höhe liegt die Aussichtsplattform, darüber das Tele-Café, das sich stündlich zweimal um die eigene Achse dreht. Hier kann man also von seinem Platz aus das gesamte Berlin überblicken – bei klarem Wetter über 40 Kilometer weit.

Adresse: Panoramastr. 1 a, www.berlinerfernsehturm.de. März–Okt. tägl. 9–1 h, Nov.–Feb. tägl. 10–24 h. Eintritt 5 € (erm. 2,50 €).

Blick vom Märkischen Ufer auf Rotes Rathaus und Fernsehturm

Im Sommer speist man auf Schiffsplanken – Restaurant Ermelerhaus am Märkischen Ufer

Praktische Infos

Die teuersten Restaurants Berlins ballen sich am Gendarmenmarkt. Wenige Schritte entfernt kann man deutlich preiswerter rasten.

Cafés

Café Adler (17), Friedrichstr. 206, ✆ 251 89 65. ⏱ Mo–Sa 9.30–24 h, So nur bis 19 h. Durchgehend Frühstück, es gibt auch relativ preiswert kleine Speisen wie Suppen und Salate. Schönes altes Eck-Café am ehemaligen Grenzübergang Checkpoint Charlie, mittlerweile von Touristen geflutet.
Café Ephraim's (10), Spreeufer 1, ✆ 24 72 59 47. ⏱ tägl. 12–22 h. Gemütlicher Rastplatz mit altdeutscher Möblierung; hausgemachte Kuchen und Torten. Abends gibt es warme Küche, Hauptgerichte 9–15 €. Besonders schön sitzt man im Sommer auf der Terrasse.
Tele-Café (3), im Fernsehturm über dem Alex, ✆ 242 33 33, www.berlinerfernsehturm.de. ⏱ tägl. 10–1 h. Rotierendes Lokal in schwindelerregender Höhe zum seekrank werden – dank der nach der Wiedervereinigung verdoppelten Drehgeschwindigkeit (zweimal pro Stunde um die eigene Achse). Der beste Blick über Berlin aus moderat renoviertem DDR-Ambiente. Teuer.

Imbisse

Schlotzky's Deli (16), Friedrichstr. 200, ✆ 22 33 88 99. ⏱ Mo–Fr 8–20, Sa/So 8–19 h. So professionell wie die Wahl der Telefon-Nummer ist auch der ganze Imbissladen, der zu einer US-amerikanischen Kette gehört. Im von amerikanischen und asiatischen Touristen geschätzten Angebot: Sandwiches, Muffins etc.
Galeries Lafayette (12), Friedrichstr./Ecke Französische Str., ✆ 20 94 90, www.galerieslafayette.de. Leider völlig fern vom Tageslicht werden im Keller des Edelkaufhauses Austern, Champagner etc. an kleinen Imbiss-Ständen angeboten. Sehr beliebt bei Neureichen aus aller Herren Länder. Tipp: Ein paar Leckereien aus dem "normalen" Lafayette-Sortiment einkaufen und auf einer Bank am Gendarmenmarkt genießen.

Restaurants

Sale e Tabacchi (18), Kochstr. 18, ☎ 25 29 50 03. ⏱ Mo–Fr 9–2 h, Sa/So 10–2 h. Küche bis 24 h. Italienische "Kantine" der in die Jahre gekommenen taz-Belegschaft, denn der Verlag der tageszeitung befindet sich im selben Haus. Edle Gerichte zu entsprechenden Preisen (Hauptspeisen 15–24 €). Im vorderen Teil des Restaurants herrscht Bistro-Atmosphäre; hier kann man preiswertere Kleinigkeiten zu sich nehmen; empfehlenswert ist der Mittagstisch. Leckere Frühstücksangebote.

Sushi Bar Izumi (15), Kronenstr. 66, ☎ 20 64 99 38. ⏱ tägl. 12–23 h. Leckere Sushi und Tempura in typisch japanisch-kargem Ambiente. Recht teuer. Ein Tipp ist das reichliche Mittagsmenü, das es bis 15 h gibt. Es kostet um 12 €.

Trotz großen Touristenzulaufs gute Küche – Zur letzten Instanz

Borchardt (11), Französische Str. 47, ☎ 20 38 71 10. ⏱ tägl. 11.30–1 h. Nachdem die Großbaustelle rings um das alte Haus, in dem sich das kurz nach der Wende etablierte Restaurant befindet, mehr oder weniger verschwunden war, öffnete das Borchardt 1995 wieder. Schnell stellte sich eine Promi-Stammkundschaft aus Politik, Film und Fernsehen ein. Wunderschön: der Hofgarten. Ohne Reservierung geht abends nichts; kleines Abendmenü um 50 €.

VAU (13), Jägerstr. 54/55, ☎ 202 97 30, www.viehhauser.de/vau. ⏱ Mo–Sa 12–14.30 und 19–23 h. 1997 eröffnetes ambitioniertes Restaurant, das bereits nach weniger als einem Jahr einen Michelin-Stern einheimsen konnte und auch von Gault Millau immer wieder ausgezeichnet wird. Die Einrichtung ist sehr schlicht; die an den Wänden aufgereihten Sitzbänke schaffen fast eine Wartehallenatmosphäre. Die genießt mittlerweile jeder, der gern Promis sehen will oder sich für einen hält. Tipp: das (vergleichsweise preiswerte) Mittagsmenü wählen: um 50 €. Abends kosten 4 Gänge um 100 €.

Französischer Hof (13), Jägerstr. 56, ☎ 20 17 71-70, -74. ⏱ Bistro tägl. ab 10 h, im Winter ab 11 h; Restaurant 12–24 h. Seit DDR-Zeiten gutbürgerliche "französische" Atmosphäre. Das Essen wird sehr unterschiedlich beurteilt.

Paddenwirt (9), Nikolaikirchplatz 6, ☎ 242 63 82. ⏱ tägl. 11–24 h. Deftige Berliner Küche mit reichlich Bratkartoffel-Gerichten ab 6 €.

Zum Nußbaum (6), Am Nussbaum 3, ☎ 242 30 95. ⏱ tägl. 12–24 h. Eine der ältesten Kneipen Berlins (seit 1571), allerdings nicht original: Das Gebäude wurde im 2. Weltkrieg zerbombt und 1986/87 wieder aufgebaut. Schwere, bodenständige Kost ab 6 €.

Reinhard's (7), Poststr. 28, ☎ 242 52 95. ⏱ tägl. 9–1.30 h, warme Küche durchgehend von 11.30–1 h. Gediegenes Restaurant mit Biergarten.

Mutter Hoppe (5), Rathausstr. 21, ☎ 241 56 25, www.mahlzeit.de/mutterhoppe. ⏱ tägl. ab 11.30 h. Deftige Altberliner Gerichte mit viel Schweinefleisch; Hauptgericht ab 8 €. Am Wochenende oft voll, da sollte man besser reservieren.

Zur letzten Instanz (8), Waisenstraße 14–16, ☎ 242 55 28, www.gourmetguide.com. ⏱ Mo–Fr 12–1 h, Sa/So 12–23 h. Eine der wenigen "historischen" Gaststätten und vermutlich das älteste Lokal der Stadt; nach dem Krieg originalgetreu rekonstruiert. Wie es sich für die Tradition der Berliner Küche gehört (vor allem schlesische Anleihen), wird erstklassig gewürztes Eisbein mit Kraut geboten; Hauptgerichte ab 9 €. Die Gaststätte liegt ganz in der Nähe des Stadtgerichts, dadurch ist auch ihr Name verständlich ...

Las Olas (1), Karl-Liebknecht-Str. 29, ☎ 241 54 72, www.las-olas.de. ⏱ tägl. 17–3 h. Rustikale spanische Erlebnis-Cantina, z. T. mit Fackeln beleuchtet. Hauptgerichte (auch Vegetarisches) 13–18 €, außerdem gibt es eine große Auswahl an Tapas. Am Wochenende oft voll.

Volksfest "Europameile" auf dem Ku'damm

Rundgang 4: City West

Der Kurfürstendamm und die Gegend um den Zoologischen Garten waren zu Mauerzeiten das bevorzugte Ziel bundesdeutscher Berlin-Besucher. Das hat sich mittlerweile gründlich geändert, dennoch lohnt die West-City auf jeden Fall einen Besuch. Ungewöhnlich ist das dichte Nebeneinander von lärmigem Shopping- und Vergnügungszentrum und ruhigem Grün: Der Zoo und der größte Park der Innenstadt liegen nur wenige Schritte von Kaufhäusern und Kinos entfernt.

Auch wenn der Ku'damm an Bedeutung verloren hat seitdem der Ost-Boulevard Unter den Linden und der Gendarmenmarkt die nobelsten Pflaster der Stadt geworden sind, ist er – allen Unkenrufen zum Trotz – doch nicht verkümmert. Hier finden sich weiterhin Edelgeschäfte, Kaufhäuser und die "Flagstores" der Modeketten und Sportbekleidungs-Firmen. In der Kantstraße lassen sich in jüngster Zeit Wohndesign-Shops nieder. Neben phantastischen Einkaufsmöglichkeiten, die – im Gegensatz zur Friedrichstraße – von der Bevölkerung rege genutzt werden, bietet die City West auch Kultur- und sogar Naturerlebnisse. Um den Savigny-, den Olivaer und den Ludwigkirchplatz haben sich Restaurants, Cafés und Bars aller Schattierungen etabliert. Jazzclubs, Kinos und Theater bieten unterschiedlichste Unterhaltung und Kulturgenuss. Insgesamt ist die West-City auf jeden Fall ein großstädtisches Pflaster mit reichlich Hektik, aber auch ruhigen Oasen in den Nebenstraßen. Entspannung findet man im Großen Tiergarten, wo man sogar Ruderboot fahren und im Winter Schlittschuh laufen kann.

Restaurants
1. Wasserwelt
2. Tiergartenquelle
3. Capt'n Schillow
11. Tai Ji
13. Good Friends
15. Surya
17. Dicke Wirtin
19. Porta Capuana
22. XII Apostoli
23. La Piazza
31. Terzo Mondo
32. Arche Noah
34. Daitokai
46. Kyoto
50. Diekmann
55. Jimmy's Diner
56. Scarabeo

Imbisse
12. Soupkultur
35. Götterfreuden
39. Soupkultur
42. Einhorn
43. Bachhuber bei Witty's
57. Vanfun

Biergärten
5. Schleusenkrug
6. Café am Neuen See
53. Loretta am Ku'damm

Cafés
28. Schwarzes Café
37. Leysieffer, Tearoom
38. Café Wintergarten

Übernachten
26. Pension Viola Nova
29. Hotel-Pension Waizenegger
33. Berolina an der Gedächtniskirche
44. Hostel Die Etage
47. Hotel-Pension Dittberner
48. Bleibtreu Hotel
51. Hotel-Pension Nürnberger Eck
54. Propeller Island City Lodge
58. Frauenhotel Artemisia
59. Hotel-Pension Wittelsbach
60. Jugendgästehaus Central

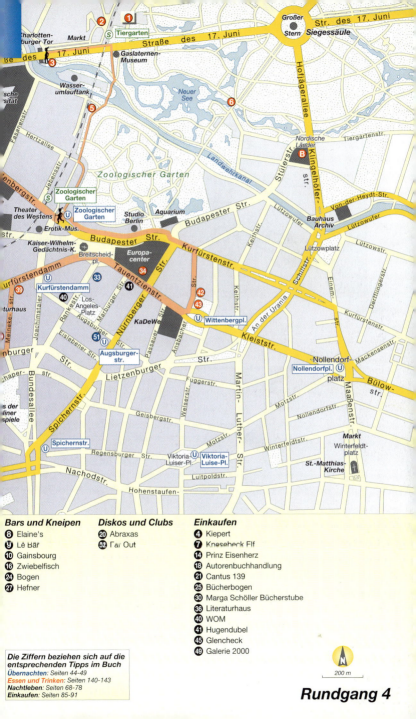

Bars und Kneipen
- ⑧ Elaine's
- ⑨ Le Bar
- ⑩ Gainsbourg
- ⑯ Zwiebelfisch
- ㉔ Bogen
- ㉗ Hefner

Diskos und Clubs
- ⑳ Abraxas
- ㊷ Far Out

Einkaufen
- ④ Kiepert
- ⑦ Kneseheck Elf
- ⑭ Prinz Eisenherz
- ⑱ Autorenbuchhandlung
- ㉑ Cantus 139
- ㉕ Bücherbogen
- ㉚ Marga Schöller Bücherstube
- ㊱ Literaturhaus
- ㊵ WOM
- ㊶ Hugendubel
- ㊺ Glencheck
- ㊾ Galerie 2000

Die Ziffern beziehen sich auf die entsprechenden Tipps im Buch
Übernachten: Seiten 44-49
Essen und Trinken: Seiten 140-143
Nachtleben: Seiten 68-78
Einkaufen: Seiten 85-91

200 m

Rundgang 4

Theater des Westens – seine Zukunft ist ungewiss

Spaziergang

Ausgangspunkt ist der U-/S-Bahnhof Zoologischer Garten. Bekannt geworden ist der 1934 erbaute **Bahnhof Zoo** durch das Buch "Wir Kinder vom Bahnhof Zoo" von Christiane F., einer realistischen Erzählung aus der Fixerszene. Seit dem Umbau des Bahnhofs vor einigen Jahren hat sich diese Szene weitgehend an andere Orte verlagert, vor allem nach Kreuzberg.

Weniger bekannt, aber architektonisch viel interessanter ist die Berliner **Börse**, die sich im riesigen, gewölbten Bau des von dem britischen Architekten *Nicholas Grimshaw* entworfenen **Ludwig Erhard Hauses** befindet. Das spektakuläre Bauwerk, das 1998 fertig gestellt wurde, wird wegen seiner Form auch "Gürteltier" genannt. An der Ecke Kantstraße fällt der Säulenbau des **Theaters des Westens** auf. Gegenüber, auf dem so genannten **Kantdreieck**, wurde vor einigen Jahren Joseph Paul Kleihues' markantes Bürohochhaus mit dem beweglichen dreieckigen Segel auf dem Dach errichtet.

Bevor man auf den Kurfürstendamm gelangt, sind zwei Gebäude sehenswert. Gleich hinter der S-Bahn-Brücke steht das ehemalige **Künstlerhaus St. Lukas**. Schräg gegenüber befindet sich das von außen unscheinbare **Jüdische Gemeindehaus**. Bis zur "Reichskristallnacht" 1938 stand an diesem Ort eine der alten Berliner Synagogen. Zwischen Kurfürstendamm und Lietzenburger Straße besitzt die **Fasanenstraße** noch ein richtig großbürgerliches Aussehen. Besonders beeindruckend sind die großartigen Treppenhäuser und -aufgänge. Seit Mitte der 1980er Jahre wurde diese Straße zu einer sehr schicken und teuren Einkaufsstraße herausgeputzt. Rasten kann man im **Literaturhaus**, das in einer schön restaurierten ehemaligen Kapitäns-

Villa mit schattigem Garten residiert. Direkt daneben liegt das kleine **Käthe-Kollwitz-Museum**, in dem Zeichnungen, Druckgraphik, Plakate und das gesamte plastische Werk von Käthe Kollwitz gezeigt werden.

Auf dem Joachimstaler Platz fällt eine Kuriosität ins Auge: die unter Denkmalschutz stehende Kanzel, von der aus in der frühen Nachkriegszeit der Verkehr an dieser belebten Ecke geregelt wurde. Ab und zu finden hier Kunst-Aktionen statt. Die Umgebung des kleinen Platzes hat in den letzten Jahren ihr Gesicht stark verändert. Dominiert wird sie vom **Neuen Kranzler-Eck**, dessen Glasfassade nachts farbig beleuchtet ist. Das Café Kranzler gibt es nicht mehr; ein kläglicher Rest behauptet sich in der Rotunde des Fünfziger-Jahre-Baus. Die ehemaligen Café-Räume belegt seit Ende 2000 eine Filiale des Modehändlers Gerry Weber. Im Innenhof des Neuen Kranzler-Ecks kann man zwei riesige Volieren bestaunen. Schräg gegenüber vom Kranzler-Eck wurde 2001 das neue **Ku'damm-Eck** eingeweiht. Überhaupt ist das Gebiet am Zoo im baulichen Umbruch. Die mittlerweile von Architekturkennern hoch geschätzten Bauten der 1950er und 60er Jahre verschwinden nach und nach und werden durch Hochhäuser ersetzt. So soll nach jahrelangem Hin und Her im Dreieck zwischen Hardenberg-, Kant- und Joachimstaler Straße das **"Zoofenster"** errichtet werden, ein städtebaulich umstrittenes Hochhaus mit über 30 Stockwerken. Das denkmalgeschützte Schimmelpfeng-Haus, das die Kantstraße überspannt, soll ebenfalls durch einen Neubau ersetzt werden. Dafür wird der Denkmalschutz dann einfach aufgehoben – man fragt sich, welchen Sinn er eigentlich macht. Anfang 2003 sollen die Bauarbeiten für das dort geplante **"Focus"** beginnen, das aus drei Teilen bestehen wird. Eins der Teile wird ein Büro-Hochhaus mit 33 Stockwerken sein.

Käthe-Kollwitz-Museum

Kinderattraktion – das Elefantentor des Zoos

Die wenigen 50er-Jahre-Bauten, die stehen bleiben, werden heute neu genutzt. Ins ehemalige Leineweber-Haus, ein Textilkaufhaus, ist vor ein paar Jahren das **Erotik-Museum** gezogen, das einstige Bilka-Kaufhaus mit seiner rautenförmig gemusterten Fassade unter der Betonkuppel ist heute ein Karstadt-Sport-Haus und wurde im Inneren stark verändert. Doch einiges hat auch Bestand – wie das Wahrzeichen West-Berlins: Die "restaurierte Ruine" der **Kaiser-Wilhelm-Gedächtniskirche** am Breitscheidplatz, der immer noch Treffpunkt von Touristen aus aller Welt ist, die sich rund um den **Weltkugelbrunnen** sammeln. Aktuelle Planungen sehen vor, den Straßentunnel unter dem Platz zu schließen und den Autoverkehr wieder an die Oberfläche zu holen. Zudem ist eine aufwändige Lichtinstallation vorgesehen, die in den Boden eingelassen werden soll.

Die Tauentzienstraße, die am Wittenbergplatz endet, ist eine belebte Einkaufsmeile. Hier liegen das berühmte KaDeWe mit seiner einzigartigen Feinschmecker-Etage, das Europa-Center und zahlreiche kleinere Geschäfte (s. Kapitel "Einkaufen").

Schon seit über 150 Jahren besteht der **Zoologische Garten**, in den man durch das Elefantentor am Olof-Palme-Platz gelangt. Hier leben ca. 14.000 Tiere aus fast 1.400 Arten; Säugetiere, Vögel und – im **Aquarium** – Fische, Reptilien und Insekten. An warmen Sommerwochenenden ist der Zoo meist überfüllt, an Wochentagen kann man aber in Ruhe die Tiere beobachten. Auf dem Weg zurück zum Bahnhof Zoo fällt inmitten von denkmalgeschützter Nachkriegsarchitektur die blaue Kugel eines ehemaligen 3-D-Kinos auf. Hier befindet sich das **Studio Berlin**, in dem sonntags Sabine Christiansen talkt. Anschließend folgt das **Bikini-Haus** mit seinen charakteristischen roten Säulen. Seinen Namen erhielt es in den 50er Jahren, weil damals ein so genanntes "Luftgeschoss" das mittlere Stockwerk bildete. Und der gerade erst erfundene Bikini ließ auch die Mitte frei.

Im Sommer sehr zu empfehlen ist das Kontrast-Programm zum Ku'damm Bummel: ein Spaziergang durch den **Tiergarten**, in den ein Fußgängerweg führt, der am Hardenbergplatz beginnt. Immer am Zaun des Zoologischen Gartens entlang geht es zum **Landwehrkanal**, der auf einer Länge von etwa 10 Kilometern von der Oberspree zur Unterspree führt. Für die Schifffahrt heute ziemlich bedeutungslos, erlangte er im Januar 1919 traurige Berühmtheit.

Der Mord an Luxemburg und Liebknecht

In der Nacht des 15. Januar 1919 wurden die Führer des Spartakusbundes, Rosa Luxemburg und Karl Liebknecht, im Hauptquartier der Garde-Kavallerie-Schützendivision im damaligen Eden-Hotel an der Budapester Straße/Ecke Kurfürstenstraße misshandelt (heute steht dort der Neubau der Grundkreditbank). Vor Mitternacht wurde Karl Liebknecht abtransportiert, zum Neuen See gefahren und erschossen. Wenig später brachte man Rosa Luxemburg auf die Straße. Mit mehreren Kolbenhieben wurde sie bewusstlos geschlagen, in ein wartendes Auto geschleppt und mit einem Kopfschuss getötet. Am Lützowufer (hinter dem heutigen Hotel Berlin Intercontinental) warf man sie in den Landwehrkanal.

Auf einer Insel im Landwehrkanal gleich an der Bahntrasse ragt eine merkwürdige, rosafarbene Konstruktion mit gigantischen Rohren in die Landschaft. Hierbei handelt es sich um den größten **Wasserumlauftank** der Welt. Am Ufer des Landwehrkanals geht es – mit Blick auf Gehege und Volieren des Zoos – Richtung Osten zum **Neuen See**, dem größten Gewässer im Tiergarten. Hier liegt das Café am Neuen See mit seinem Selbstbedienungs-Biergarten, wo es sich nach längeren Spaziergängen durch den Tiergarten oder den Zoo gut bis zum Abend sitzen lässt. Dann werden die Windlichter angezündet, und es wird richtig voll. In der Nähe gibt es auch Ruderboote zu mieten, mit denen man durch die kleinen Wasserläufe des Tiergartens fahren kann. Im Winter dient der zugefrorene See als Schlittschuhbahn. Nach dem Eislaufen (Flutlichtanlage!) wärmt man sich mit Glühwein und heißen Suppen wieder auf.

Vom Neuen See führt der Große Weg zur **Straße des 17. Juni**, benannt nach dem Ostberliner Aufstand im Juni 1953. Die Straße ist Teilstück der so genannten Ost-West-Achse – einer breiten und schnurgeraden Straßenverbindung zwischen der Ost-City und Spandau. Kurz vor der Straße des 17. Juni befindet sich das Berliner **Gaslaternen-Museum**. An der Straße des 17. Juni schlagen am Wochenende die Händler des Floh- und des Kunstmarkts ihre Stände auf (s. Kapitel "Einkaufen"). Krönender Abschluss des Spaziergangs ist eine Rast auf dem Restaurantschiff Capt'n Schillow, das am Charlottenburger Tor vor Anker liegt.

Sehenswertes

Theater des Westens: Außer der Vorlage ist nichts an dem Theaterbau antik, er wurde 1896 errichtet und diente nacheinander vielerlei Zwecken. Bis zum Sommer 2002 gibt es hier Gastspiele, die weitere Zukunft ist ungewiss, da die Subventionen gestrichen wurden.
Infos unter www.theater-des-westens.de.

Künstlerhaus St. Lukas: In dem riesigen roten Backsteinbau mit seinen vielen Türmchen und Erkern, den der Architekt des benachbarten Theaters des Westens, *Bernhard Sehring*, 1889 baute, konnten sich Künstler billige Atelierwohnungen mieten. Von deren Schaffen zeugen die Kunstwerke im Innenhof, der allerdings meist abgeschlossen ist.
Adresse: Fasanenstr. 13.

Der Nachkriegs-Kirchenbau integriert die Ruine der Gedächtniskirche

Jüdisches Gemeindehaus: Seit 1959 besteht das Versammlungshaus der Jüdischen Gemeinde zu Berlin; hier finden kulturelle Veranstaltungen statt. Das Portal stammt von der alten Synagoge, die in der "Reichskristallnacht" zerstört wurde. Im Inneren befinden sich eine Gedenkstätte, interessante Ausstellungen, eine umfangreiche Bibliothek und das koschere Restaurant Arche Noah.
Adresse: Fasanenstr. 79, ✆ 88 62 76 63.

Literaturhaus Berlin: Autorenlesungen, Ausstellungen und andere Veranstaltungen finden hier statt; es gibt auch eine nette, winzige Buchhandlung und vor allem das beliebte Café Wintergarten, in dem Zeitungen aus aller Welt ausliegen.
Adresse: Fasanenstr. 23, ✆ 887 28 60.

Käthe-Kollwitz-Museum: Den Grundstock der Sammlung, die auf vier Stockwerken gezeigt wird, trug der Galerist Hans Pels-Leusden zusammen. Neben Arbeiten von Kollwitz werden hier auch Werke anderer Künstler gezeigt. Im Garten hinter dem Haus, der kostenlos zu besichtigen ist, stehen einige Plastiken von Käthe Kollwitz.
Adresse: Fasanenstr. 24 (U-Bhf. Kurfürstendamm oder Uhlandstraße, Busse 109, 119, 129, 219, 249), ✆ 882 52 10. ⏲ Mi–Mo 11–18 h. Eintritt 5 € (erm. 2,50 €).

Erotik-Museum: Noch zu Lebzeiten hat Beate Uhse ihre private Sammlung von Objekten der Liebeskunst der Öffentlichkeit zugänglich gemacht. Eine Besonderheit ist der *Magnus-Hirschfeld-Raum*, der an den homosexuellen Sexualforscher der Weimarer Republik erinnert.
Adresse: Joachimstaler Str./Ecke Kantstr., ✆ 886 06 66. ⏲ tägl. 9–24 h. Eintritt 5 € (erm. 4 €). Zutritt erst ab 18 Jahre.

Kaiser-Wilhelm-Gedächtniskirche: Sie wurde von 1891 bis 1895 zum Gedenken an den 1888 verstorbenen Kaiser Wilhelm I. erbaut. Die Reste der im Krieg stark angeschlagenen neoromanischen Kirche ließ man stehen und errichtete 1961 einen neuen achteckigen Turm und einen ebenfalls achteckigen Kirchen-

raum nach Plänen des Architekten *Egon Eiermann*. Zu jeder vollen Stunde erklingt aus der Turmruine ein Glockenspiel, das von Prinz Louis Ferdinand, dem Urenkel Kaiser Wilhelms I., komponiert wurde. Besuchenswert ist der Innenraum des Neubaus vor allem wegen seines einmaligen Lichts, das durch die blauen Glasbausteine fällt, und wegen der absoluten Ruhe, die hier dank des perfekten Schallschutzes herrscht.
tägl. 9–19 h; Sa 18 h Orgelmusik. 218 50 23.

Weltkugelbrunnen: Die 5 Meter hohe Plastik aus rötlichem Montfort-Granit, entworfen von *Joachim Schmettau*, symbolisiert die gespaltene Weltkugel. 1983, als der Brunnen auf dem Platz aufgestellt wurde, war "Spaltung" das zentrale Thema der Stadt. Die Berliner Schnauze erfand einen weniger würdevollen Namen für den Brunnen: "Wasserklops".

Zoologischer Garten: König *Friedrich Wilhelm IV.* begründete ihn 1841, als er den Berlinern seine hier gelegene Fasanerie sowie Vögel von der Pfaueninsel schenkte. Der Tiergarten ist flächenmäßig zwar ziemlich klein, rühmt sich aber der "größten Tierschau der Welt". So kommt es, dass die Gehege reichlich klein sind; das ruft Tierschützer auf den Plan. Auch an den andernorts weit verbreiteten Umbau der Gehege im Stil der Region, aus der die jeweiligen Tiere stammen, denkt hier noch niemand. Gitterstäbe prägen weiterhin die Atmosphäre. In den drei riesigen Etagen des **Aquariums** sind nicht nur etwa 5.000 verschiedene Fische, Echsen, Frösche, Krokodile, Salamander, Schildkröten und Schlangen untergebracht, sondern auch Insekten und Spinnen aller Art.

Adresse: Eingänge in der Budapester Str. 34 (Elefantentor) und am Hardenbergplatz 8, 25 40 10, www.zoo-berlin.de. im Winter tägl. von 9 h bis 17 €, im Sommer bis 18.30 h. Eintritt 8 € (erm. 4 €). Aquarium: Eingang Budapester Str. 32/Olof-Palme-Platz oder vom Zoo. tägl. 9–18 €. Eintritt 8 € (erm. 4 €). Wer Zoo und Aquarium besucht, bezahlt 12 €.

Touristen-Treffpunkt Breitscheidplatz

Studio Berlin: Sabine Christiansens Talkshow findet sonntags im ehemaligen 3-D-Kino statt. Wer sich rechtzeitig um eine Eintrittskarte gekümmert hat, kann dabei sein.
Adresse/Kartentelefon: Budapester Str. 38, ☎ 43 03 22 50, 0180/524 32 49.

Tiergarten: Der Tiergarten hat seinen Namen nicht etwa vom heutigen Zoo, sondern vom ehemaligen Jagdrevier der Kurfürsten zu Brandenburg. Seit dem 16. Jh. diente die damals große Waldfläche der Jagd. *Friedrich II.* ließ den Wald nach französischem Vorbild in einen Park verwandeln, aber erst im 19. Jh. wurde die Umgestaltung im Sinne eines Volksparkes abgeschlossen. Heute verläuft der noch nicht ganz fertig gestellte, 3,3 Kilometer lange Tiergartentunnel unter der zentralen Grünen Lunge der Stadt.

Wasserumlauftank: In dem 1974 erbauten 56 Meter langen Ringrohr mit acht Meter Durchmesser befindet sich eine elf Meter lange Versuchsstrecke, auf der die Hydrodynamik von Schiffsmodellen erprobt wird; dazu kann das Wasser mit einer Geschwindigkeit von bis zu 18 km/h durch die Superröhre gepumpt werden. Der Wasserumlauftank ist Teil der Versuchsanstalt für Wasser- und Schiffbau.

Gaslaternen-Museum: Eigentlich ist es gar kein Museum, sondern lediglich eine Ansammlung verschiedener historischer Gaslaternen aus unterschiedlichsten Städten am Rande des Weges in den Tiergarten. An jeder der funktionsfähigen Laternen befindet sich ein Schildchen, das über die wichtigsten Daten informiert.

Praktische Infos

In der West-City gibt es hunderte von Kneipen, Restaurants und Cafés aller Art. Mitte-Preise sind hier längst nicht zu erzielen, sehr Jugendliches ist auch rar. In vielen Lokalen herrscht ein gutes Preis-Leistungs-Verhältnis, das treue Stammgäste anzieht.

Cafés

Schwarzes Café (28), Kantstr. 148, ☎ 313 80 38. Mi–Mo Frühstück rund um die Uhr, Di erst ab 12 h. Zwei leicht abgeschabte Etagen, im 1. Stock liegen auch Zeitungen und Zeitschriften aus. Seit den 1980ern eine Institution fürs frühstücksgekrönte Ende langer Nächte. Immer junges Publikum, auch Kinder sind willkommen. Attraktion: die wechselnd gestalteten Toiletten.
Tearoom in King's Tea-Garden (37), Ku'damm 217, ☎ 883 70 59. ⏱ Mo–Fr 9–20 h, Sa 9–16 h. Viele selbst gemischte Teesorten und einige hausmachte Kuchen im 1. Stock über dem Teegeschäft – Blick aus dem 80er-Jahre-Ambiente über den Ku'damm.
Leysieffer (37), Ku'damm 218, ☎ 885 74 80. ⏱ Mo–Sa 10–20 h, So 11–19 h. Unten traditionelles Spitzencafé mit hausgemachten Torten der Extraklasse; im Sommer 1a-Blick von der Terrasse.
Café Wintergarten im Literaturhaus (38), Fasanenstr. 23, ☎ 882 54 14. ⏱ tägl. 9.30–1 h. Sehr edel ist das Literatencafé in der 1889 für einen Korvettenkapitän erbauten Villa in einer der elegantesten Straßen Berlins. Der namengebende Wintergarten ist zwar ziemlich klein, man sitzt aber auch in den angrenzenden hohen Räumen sehr schön. Auch wer allein hier ist, langweilt sich nicht, denn ein riesiges Angebot an Zeitungen liegt aus. Im Sommer rastet es sich noch paradiesischer im weitläufigen Garten unter Bäumen beim plätschernden Springbrunnen. Das freut Touristen und Berliner Kulturschaffende.

Imbisse und Schnellrestaurants

Soupkultur (12)/(39), Ku'damm 224, Filiale Kantstr. 56 , ☎ 88 62 92 82, www.soupkultur.de. Frisch gekochte (z. T. Bio-) Suppen verschiedenster Geschmacksrichtungen für 3–5 € sind der jüngste Trend im Imbiss-Universum.

Rundgang 4 141

In großzügiger Gartenanlage – das Café Wintergarten

Götterfreuden (35), Wilmersdorfer Str. 78, ✆ 32 70 81 14. ⏰ Mo–Fr 11.30–22 h. Europäische und asiatische Gerichte um 5 €.

Vanfun (57), Uhlandstr. 48, ✆ 885 46 50. ⏰ Mo–Sa 8–22.30 h. Holländischer Stehimbiss in Kombination mit einem Blumenladen. Überwiegend Frittiertes und Gebratenes wie Kroketten in allen Variationen wird hier serviert, was – vor allem in den kalten Monaten – sehr lecker ist. Auch Fish & Chips im Angebot.

Einhorn (42), Wittenbergplatz 5–6, ✆ 211 25 04. ⏰ Mo–Fr ab 10 h, Sa ab 11 h. Nichtraucher-Schnellrestaurant mit kleinen Gerichten aus Asien, USA und Europa für 5–8 €. Im Sommer wird auch draußen auf dem verkehrsberuhigten Platz serviert.

Bachhuber bei Witty's (43), auf dem Wittenbergplatz, ✆ 853 70 55. ⏰ tägl. 11–24 h. Ganz was Seltenes: Currywurst, Buletten und Pommes in Bio-Qualität. Und auch noch lecker, natürlich auch etwas teurer als das entsprechende konventionelle Fast Food.

Biergärten

Loretta am Ku'damm (53), Lietzenburger Str. 89, ✆ 882 34 87. Sehenswert ist dieser Biergarten für 5.000 Gäste in einer Baulücke an der stark befahrenen Lietzenburger Straße, denn er ist wirklich skurril. In die Bäume, die in den letzten 50 Jahren auf dem ehemaligen Trümmergrundstück wild gewachsen sind, hat man Lichterketten gehängt. Echte Gemütlichkeit darf man wegen des Autoverkehrs jedoch nicht erwarten, dafür gibt es aber ein kleines Riesenrad. Touristisches Publikum; Selbstbedienung.

Schleusenkrug (5), Müller-Breslau-Str., ✆ 313 99 09. ⏰ Mo–Fr 11–1, Sa/So 10–1 h. Aus einer schmuddeligen 50er-Jahre-Speisegaststätte an der Tiergartenschleuse wurde vor einigen Jahren mit viel blauer Farbe und neuen Möbeln ein szeniger Biergarten auf mehreren Etagen. Bei Gegrilltem und kalten Getränken kann, wer das Glück hat einen freien Platz zu ergattern, zuschauen, wie die Boote geschleust werden. Abends Clubbetrieb.

Café am Neuen See (6), Lichtensteinallee 1/Ecke Thomas-Dehler-Str., ✆ 254 49 30, www.cafeamneuensee.de. ⏰ März–Okt. tägl. 10–23 h, im Winter 10–20 h. Riesiger Selbstbedienungs-Biergarten mit Publikum von Cabrio-Schnösel bis Studentin; fast glaubt man sich nach Süddeutschland versetzt. Im Winter sitzt es sich beschaulich im Café hinter großen Fensterscheiben.

City West
Karte S. 132/133

Nach dem Rundgang – Rast im Café am Neuen See

Restaurants

Dicke Wirtin (17), Carmerstr. 9, ✆ 312 49 52, www.dicke-wirtin.de. ⏲ So–Do 12–3 h, Fr/Sa bis 4 h. Etwas schummrige Alt-68er-Institution, in der schon Rudi Dutschke aß. Schmackhafte hausgemachte Eintöpfe ab 3 €!

Terzo Mondo (31), Grolmanstr. 28, ✆ 881 52 61, www.terzomondo.de. ⏲ tägl. 18 bis mindestens 2 h. Für alle, die Wirt Kostas Papanastasiou nur als Panaiotis Sarikakis aus der "Lindenstraße" kennen: In seinem griechischen Lokal ist der ehemalige Eckkneipenwirt der erfolgreichsten deutschen Fernsehserie aller Zeiten live zu bewundern. Denn Kostas ist tatsächlich im Wirtsfach aktiv, die Schauspielerei hat er nebenbei betrieben. Hauptspeisen 6–10 €, ab und zu gibt es hier Live-Musik. Oft voll, Reservierung empfehlenswert.

Surya (15), Grolmanstr. 22, ✆ 312 91 23. ⏲ tägl. 12–1 h; Mo–Do 12–17 h preiswerter, leckerer Mittagstisch in kitschigem Ambiente. Sonst kosten die Hauptgerichte 5–13 €.

La Piazza (23), Savignyplatz 13, ✆ 312 39 90. ⏲ tägl. 11–1 h. Mittelmäßiges italienisches Restaurant, im Sommer Touristenabsteige, aber viele Plätze im Freien direkt an der ratternden S-Bahn.

XII Apostoli (22), Bleibtreustr. 49, ✆ 312 14 33. ⏲ tägl. 24 h; warme Küche bis 5 h (!). Restaurant und Croissanterie, im Stil einer römischen Villa eingerichtetes Restaurant, mit Marmorfußboden, Kassettendecke usw. Hier gibt es u. a. leckere und edle Riesenpizzen (z. B. mit Mozzarella, Parmaschinken und Rucola) die nach den 12 Aposteln benannt sind. Jungakademisches Publikum, auch Italiener verbringen hier lange Abende. Pizzen 8–14 €, Fleisch- und Fischgerichte 10–17 €. Im Sommer wird auch im kleinen Hofgärtchen serviert. Reservierung empfehlenswert.

Good Friends (13), Kantstr. 30, ✆ 313 26 59. ⏲ tägl. 12–2 h. Ziemlich hoch gelobtes chinesisches Restaurant ohne die übliche Folklore-Einrichtung; traditionelle Küche. Die europäisierten Gerichte sind jedoch nur guter Durchschnitt. Im Schaufenster hängen verlockend die Peking-Enten. Immer voll, viel chinesisches Publikum.

Kyoto (46), Wilmersdorfer Str. 94, ✆ 883 27 33. ⏲ Di–So 17–23 h. Sushi-Gerichte, auch in Bodennähe auf Tatamis serviert, kommen in diesem alt eingesessenen Restaurant auf nicht mehr als 15 €, doch gibt es auch Speisen für über 30 €. Bei Japanern sehr beliebt.

Porta Capuana (19), Windscheidstr. 26, ✆ 32 70 67 82. Francesco und Salvatore

Rundgang 4 143

betreiben ein familiäres, kleines Restaurant, in dem man hervorragend isst. Kleine, phantasievolle Karte; die Speisen werden frisch zubereitet und auf Wunsch auch abgewandelt. Wagenradgroße, wirklich leckere Pizzen zu mäßigen Preisen. Einige Tische draußen.

Tai Ji (11), Uhlandstr. 194, ✆ 313 28 81. ⓘ tägl. 12–24 h. Von fernöstlicher Philosophie durchzogenes, nach Feng Shui-Prinzipien eingerichtetes Hinterhof-Restaurant. Hier gibt es Gerichte mit Yin- und Yangsoße, andere sind nach buddhistischen Garten-Kreationen benannt (Hauptspeisen 6–20 €). Sehenswert.

Scarabeo (56), Ludwigkirchstr. 6, ✆ 885 06 16. ⓘ tägl. 16–1 h. Ambitionierte ägyptische Speise- und Weinkarte, entsprechendes Publikum. Gigantische Vorspeisenplatten. Hauptgerichte 12–19 €.

Jimmy's Diner (55), Pariser Str. 41, ✆ 882 31 41, www.jimmys-diner.de. ⓘ So–Do 11–2 h, Fr/Sa bis 4 h. Hier lässt man es sich im Fifties Styling echt amerikanisch gut gehen; Burger, Chicken Wings etc. 4–10 €. Am späteren Abend sehr voll!

Arche Noah (32), Fasanenstr. 79/80, ✆ 882 61 38. ⓘ tägl. 11.30–15.30 und 18.30–23 h. Koschere Gerichte aus allen möglichen Ländern. Besonders zu empfehlen: das Buffet am Di und das Schabbat-Menü am Fr (Reservierung unbedingt erforderlich). Hauptgerichte à la Carte 10–15 €.

Diekmann (50), Meinekestr. 7, ✆ 883 33 21, www.j-diekmann.de. ⓘ Mo–Sa 12–1 h. Im Ambiente eines ehemaligen Kolonialwarenladens kann man seit vielen Jahren fein speisen. Überhaupt nicht (mehr) in, aber vielleicht gerade deshalb ein gutes Preis-Leistungs-Verhältnis. Hauptgerichte um 15 €.

Daitokai (34), Tauentzienstr. 9–12 (im Europa-Center), ✆ 261 80 99. ⓘ Di–So 12–14.30 h und 18–24 h. Traditionelles Interieur und ebensolche Rituale; Zubereitung der Speisen am Tisch. Phantastisch, das älteste japanische Restaurant in Berlin. Hierher gehen auch Japaner gerne. Der Geldbeutel sollte aber voll sein: Hauptgerichte 23–40 €.

Tiergartenquelle (2), Bachstr. 6/S-Bahn-Bogen 482 (am S-Bhf. Tiergarten), ✆ 392 76 15. ⓘ Mo–Fr ab 16 h, Sa/So 12–24 h. Die deftigen Gerichte, die im Gewölbe unter der S-Bahn-Trasse serviert werden, kommen auf riesigen ovalen Platten daher und sättigen meist mehr als nur eine Person. Allerdings kommen viele Zutaten aus der Dose; dagegen lässt sich aber bei den moderaten Preisen (Hauptgerichte 5–10 €) nichts sagen. Das Publikum besteht aus Studenten, Alt-Studenten und Uralt-Studenten.

Capt'n Schillow (3), Straße des 17. Juni, ✆ 31 50 50 15, www.capt.schillow.de. ⓘ Mo–Sa 11–24 h, So 10–23 h. Auf schwankenden Schiffsplanken werden hier Kaffee und Speisen serviert. Hauptgerichte (viel Fisch, aber auch Geflügel) 4–10 €. Reservierung bei schönem Wetter unbedingt zu empfehlen!

Verwöhnen ihre Gäste – Francesco und Salvatore vom Porta Capuana

Wasserwelt (1), Altonaer Str. 20, ✆ 39 90 69 33, www.restaurant-wasserwelt.de. ⓘ Mo–Sa 11–2 h, So 10–2 h. Im Sommer werden die riesigen Scheiben des aquariumartig gestalteten Restaurants beiseite geschoben und man sitzt fast im Freien. Zu recht ansehnlichen Preisen werden vegane Gerichte, aber auch Fischiges serviert. Junges Publikum.

Viele Restaurants gibt's rund um den Wasserturm

Rundgang 5: Prenzlauer Berg

Bis heute lebt der Stadtteil Prenzlauer Berg von seinem Mythos als Keimzelle der "Wende". Bereits in den letzten DDR-Jahren galt er als Nische im SED-Staat. Hier trafen sich Künstler und Bohemiens, und es gab sogar Hausbesetzungen im damals sehr grauen Mietskasernenmeer. Heute sind die meisten Häuserzeilen vollständig saniert, und der Prenzlauer Berg ist ein etabliertes Ausgehviertel mit hoher Kneipendichte geworden. Nur noch wenige Künstler, die einst den Ruf des Viertels begründeten, können sich heute die Mieten der renovierten Wohnungen und Ladengeschäfte leisten.

Kulturgeschichtlich bedeutsame Sehenswürdigkeiten gibt es nicht in Prenzlauer Berg, dafür reichlich urbanes Leben im größten Sanierungsgebiet Europas. Wie zahlreiche Berliner Stadtviertel entstand Prenzlauer Berg erst im 19. Jh. durch die sprunghafte Ausdehnung Berlins nach dem Auflassen der befestigten Stadtgrenze im Jahr 1866. Vorher lebten hier kaum mehr als ein paar hundert Einwohner in den wenigen Häusern an der Schönhauser Allee. Damals war Prenzlauer Berg geprägt von Windmühlen, mehreren Brauereien und einem Wasserturm.

Der Wasserturm ist noch heute ein Fixpunkt des Stadtteils: Rundherum konzentrieren sich Kneipen, Restaurants, Cafés und kleine Geschäfte. Auch einige der alten Brauereigebäude haben die Jahrzehnte überstanden und werden heute kulturell oder kommerziell genutzt. Parks und größere Grünflächen gibt es nicht in Prenzlauer Berg; kleine grüne Oasen sind der Kollwitz- und der Helmholtzplatz. Beide Plätze sind umgeben von zahlreichen Cafés und Restaurants, vor denen man im Sommer idyllisch unter Bäumen sitzt. Außerhalb der dicht bebauten Straßenzüge liegen zwei Parks jüngeren Datums: Der in den 1980er Jahren angelegte Ernst-Thälmann-Park und der Mauerpark, der in den 1990ern auf dem ehemaligen Mauerstreifen zwischen Prenzlauer Berg und Wedding angelegt wurde. An diesen großen, aber nur mäßig attraktiven Park grenzt der Falkplatz mit der Max-Schmeling-Halle an, in der Konzerte und Sportveranstaltungen stattfinden.

Spaziergang

Ausgangspunkt ist der U-Bahnhof Senefelder Platz. Auf dem Platz steht das Denkmal für den Erfinder der Lithographie, *Alois Senefelder*, nach dem der Platz benannt wurde. 1841 wurde hier die erste Brauerei der Gegend, die Brauerei Pfeffer errichtet; sie ist heute als Kulturzentrum **Pfefferwerk** bekannt, und wird in den nächsten Jahren völlig saniert und zu einem Kunst-, Gewerbe- und Dienstleistungszentrum umgebaut. Das Pfefferwerk liegt an der Schönhauser Allee, der "Hauptstraße" des Stadtteils. Ein Stückchen weiter befindet sich der Eingang zum 1827 begründeten **Jüdischen Friedhof**, der an Wochentagen besucht werden kann.

Der **Kollwitzplatz** mit dem Spielplatz und dem Käthe-Kollwitz-Denkmal in der Mitte ist das Herz des Stadtteils und einer der schönsten Orte in der ganzen Stadt, um an Sommerabenden unter freiem Himmel ein Bier zu trinken. Auf den extrem breiten Bürgersteigen herrscht an lauen Sommernächten ein reger Trink- und Speisebetrieb mit fast südländischem Flair. Man sieht hier viele Touristen mittleren Alters. Sogar der Bundeskanzler geht hier manchmal essen; im Sommer 2000 lud er den US-amerikanischen Präsidenten in sein Lieblingslokal ein. In der **Kollwitzstraße**, die damals Weißenburger Straße hieß, wohnten von 1891 bis 1943 der Armenarzt Dr. Karl Kollwitz und seine Frau, die Grafikerin und Bildhauerin *Käthe Kollwitz*, nach der Platz und Straße benannt wurden. An der Stelle ihres (1943 zerstörten) Wohnhauses an der Ecke Knaack-/Kollwitzstraße steht ein Werbe-Schaukasten mit wechselnden Kunst-Installationen, die an die Künstlerin erinnern sollen. In den letzten Jahren hat sich die Kollwitzstraße zu einer bunten Einkaufs- und Kneipenstraße entwickelt, die einen Bummel lohnt.

Denkmal für Alois Senefelder

An der Ecke Belforter/Diedenhofer Straße versteckt sich zwischen alten Bäumen auf einer kleinen Anhöhe der "Dicke Hermann", der ehemalige zentrale Wasserspeicher der Stadt.

Restaurants

- ⑥ Restaurant zum Ribbeck
- ⑫ Frida Kahlo
- ⑭ Salamat
- ⑱ Miro
- ㉓ Dodge
- ㊴ Ostwind
- ㊹ Al Sham
- (53) Mao Thai
- (55) Gugelhof
- (57) Pasternak
- (58) Suriya Kanthi
- (64) Treviso

Cafés

- ② Schall & Rauch
- ⑦ Café Mantanes
- ⑩ Eckstein
- ㊵ Sowohlalsauch
- (52) Seeblick
- (62) Chagall

Imbisse

- ⑪ Yogi Tilla
- ⑰ Toast
- ⑳ Tamra
- ㉗ Florya
- ㉘ Falafel Daye
- ㉜ Ye Rim Won
- ㉞ Pizza Bambino
- ㊸ Abdally
- ㊾ Reiskugel
- (51) Tandoor
- (54) Suppen-Kult

Biergärten

- ㉕ Prater
- ㊳ Soda
- ㊷ Leopold's
- (61) Pfefferberg

Bars und Kneipen

- ⑧ 5 Ziegen
- ⑨ Manson
- ⑯ Drei
- ㉑ Bodeguita del Medio
- ㉛ Bambi Bar
- ㉝ Sevilla - Bar
- ㊺ Goldbar
- ㊽ Santiago Bar
- ㊿ Akba
- (56) Anita Wronski
- (60) Vinotheque Mariage

Diskos und Clubs

- ④ Duncker Club
- ⑤ Icon Club
- ㊲ Alte Kantine
- ㊳ Soda Club
- (63) Knaack Club

Einkaufen

- ① Kleidermarkt
- ⑮ Tonikum
- ⑲ Club Sound Records
- ㉒ Vopo Records
- ㉔ Dralon
- ㉖ Eastside Gayllery
- ㉙ Blue Moon
- ㉚ Schumann's
- ㉟ Rock-a-Tiki-Laden
- ㊱ Coration Store
- ㊶ da Capo
- ㊻ Freak Out
- ㊼ Sgt. Peppers

Übernachten

- ③ Pension Amsterdam
- ⑬ Lette'm sleep
- ㉖ Guesthouse eastside
- (59) acksel Haus

Rundgang 5

Die Ziffern beziehen sich auf die entsprechenden Tipps im Buch
Übernachten: Seiten 44-49
Essen und Trinken: Seiten 151-154
Nachtleben: Seiten 68-78
Einkaufen: Seiten 85-91

Die Wassertürme einst und jetzt

Heute bewohntes Wahrzeichen des Prenzlauer Bergs, sorgte der 1875 erbaute dicke Wasserturm bis 1915 für die Berliner Wasserversorgung. Nebenan steht sein unscheinbarer Vorgänger, ein niedriger, schlankerer Turm.

Der "Dicke Hermann"

Englische Firmen hatten ihn 1852/53 hier auf dem Windmühlenberg errichtet, doch erwies sich der Bau als Pleite: Der Turm war zu schmal und nicht hoch genug. Bald saß die Hälfte der Berliner auf dem Trockenen, denn der Wasserdruck reichte nur bis zu den ersten Obergeschossen aus. Daraufhin machte sich Rudolf Virchow für einen neuen Wasserturm stark, der immerhin 40 Jahre in Betrieb blieb. Während des Dritten Reiches befanden sich Folterkammern der Nazis im Wasserbehälter des Turms – durch die extrem dicken Wände drang kein Laut nach außen. Heute ist das Sockelgeschoss manchmal zugänglich, z. B. wenn in dem ehemaligen Wasserspeicher mit seiner einzigartigen Akustik die Kryptonale stattfindet.

Am Anfang der Rykestraße erinnert die **Galerie am Wasserturm** an die künstlerische Vergangenheit des Viertels. Auf der anderen Straßenseite, in einem Hinterhof, versteckt sich die 1903/04 aus rotem Backstein erbaute **Synagoge**. Dass die gründerzeitliche Bebauung dieser Straße heute noch erhalten ist, ist dem Engagement ihrer Bewohner und der "Wende" zu verdanken. Denn Ost-Berliner Städtebauer planten in den 80er Jahren den Abriss von über 5.000 Wohnungen in Prenzlauer Berg, zunächst der Häuser in der Rykestraße. Als Ersatz sollten hier Plattenbauten entstehen. Doch die Anwohner organisierten sich in Bürgerinitiativen und kämpften gegen den Abbruch ihrer Häuser. Schließlich machten die Geschehnisse im Herbst 1989 den Plänen ein Ende.

Die **Husemannstraße** hingegen sollte als Beispiel für die Gründerzeitbebauung erhalten bleiben. Sie wurde 1984–87 saniert, zur 750-Jahr-Feier Berlins stachen die heute schon wieder renovierungsbedürftigen Fassaden aus dem grauen Häusermeer der zum Abbruch vorgesehenen Straßenzüge der Umgebung heraus. Damals wurden hier einige kleine Läden und Gaststätten im Stil der Jahrhundertwende und zwei kleine Museen eröffnet, von denen heute nur noch eins vorhanden ist: das **Museum**

Einst Treffpunkt der DDR-Bürgerrechtsbewegung – die Gethsemanekirche

Berliner Arbeiterleben. Das Friseurmuseum ist nach Marzahn gezogen.
Eine weitere ehemalige Brauerei, die heute u. a. kulturell genutzt wird, ist die komplett sanierte **Kulturbrauerei** mit Ausstellungsräumen, Clubs, Konzertsaal, Restaurants, Multiplex-Kino usw. Im verwinkelten Hof wurden zwei Biergärten eingerichtet, jedoch sieht alles noch ziemlich neu und steril aus. 2002 geriet die Betreiber-gGmbH der Kulturbrauerei in finanzielle Schwierigkeiten; der Betrieb soll jedoch weitergehen.
Die Lychener Straße ist eine der Straßen, die dem so genannten LSD-Viertel (nach den Anfangsbuchstaben der umgebenden Straßen Lychener, Schliemann- und Danziger Straße) um den heute sanierten **Helmholtzplatz** seinen Namen gaben. Es war ein Fluchtpunkt der Hausbesetzerszene; auch Drogen wurden hier offen konsumiert. Heute ist das alles Geschichte, doch ist diese Gegend noch nicht ganz so schick saniert wie das Kollwitzplatz-Viertel. Ein paar Trinker konsumieren weiterhin ihr Dosenbier in der Parkanlage, aber das gehört einfach zur Großstadt. Zahlreiche Kneipen, Restaurants und kleine Geschäfte laden zum Bummeln durch die nähere Umgebung ein.
Die **Gethsemanekirche** an der Stargarder Straße war im Herbst 1989 eines der wichtigsten Zentren der friedlichen Revolution. Die Verlängerung der Stargarder Straße, die Gleimstraße, führt durch einen langen Tunnel direkt nach Wedding. Der Gleimtunnel war jahrzehntelang zugemauert; hier verlief die Grenze zu Westberlin. Heute ist davon nichts mehr zu sehen, nur die große Freifläche des Mauerparks erinnert noch an die Teilung der Stadt.
Neben vielen anderen neuen Errungenschaften ist man in Prenzlauer Berg stolz auf das im Juni 2000 im ehemaligen Abspannwerk "Humboldt" eröffnete private **Vitra Design Museum**, das wechselnden Design- und Architekturausstellungen einen prächtigen Raum bietet. Den Anfang machte eine Verner-Panton-Ausstellung.

Sehenswertes

Jüdischer Friedhof: Hier wurden u. a. 1864 der Komponist Giacomo Meyerbeer und 1899 der Verleger Leopold Ullstein beigesetzt. 1935 beerdigte man den Maler Max Liebermann unter einer schlichten Steinplatte im monumentalen Familiengrab. Von den Nazis wurde der Friedhof geschändet, in den 90er Jahren setzten Neonazis diese furchtbare Tradition fort.
Adresse: Schönhauser Allee 23–25. Mo–Do 8–16 h, Fr 8–13 h. Männern ist das Betreten des Friedhofs nur mit Kopfbedeckung gestattet; Leih-Kippa am Eingang erhältlich.

Auf dem Jüdischen Friedhof

Kollwitzstraße: Infos zum aktuellen Inhalt des Schaukastens im Internet unter www.pat-binder.de/de/kollwitz. Wer sich für das Werk von Käthe Kollwitz interessiert, sollte in die West-City fahren. Dort gibt es ein Käthe-Kollwitz-Museum (→ S. 138).

Kryptonale im Wasserturm: Veranstaltungsreihe mit begehbaren Raum- und Klanginstallationen sowie Tanztheater-Vorstellungen.
Infos unter 42 85 03 54 oder www.kryptonale.de.

Galerie am Wasserturm: In einer alten Panzerschrankfabrik mit Pferdestall befindet sich Wilfried Kargers Galerie, in der wechselnde Ausstellungen gezeigt werden.
Adresse: Rykestraße 2, 441 13 13. Di–So 12–20 h.

Synagoge: Da sie im Hinterhof liegt, hat diese Synagoge die Pogromnacht 1938 überstanden – die "arischen" Anwohner sollten nicht durch einen Brand gefährdet werden. Auch die Bombenangriffe auf die Stadt hat sie nahezu unbeschädigt überstanden und ist nach dem Zweiten Weltkrieg das Zentrum der Ostberliner Jüdischen Gemeinde geworden. Mit der Renovierung der Neuen Synagoge in der Oranienburger Straße und dem zarten Wiederaufkeimen jüdischen Lebens in der Spandauer Vorstadt verlagert sich nun das Leben der Gemeinde wieder mehr und mehr nach Berlin-Mitte.
Adresse/Anmeldung für Besuche: Rykestraße 53, 88 02 80.

Museum Berliner Arbeiterleben: Hier ist eine mit Originalgegenständen eingerichtete Arbeiterwohnung des späten 19. Jh. zu besichtigen, die ahnen lässt, wie hart das Leben seinerzeit war.
Adresse: Husemannstr. 12, 442 25 14. Mo–Do 10–15 h.

Vitra Design Museum: Außenstelle des gleichnamigen Museums in Weil am Rhein. Untergebracht ist das Museum im ehemaligen Abspannwerk "Hum-

Rundgang 5 151

Eine der raren Freiflächen im Prenzlauer Berg – der Kollwitzplatz

boldt", einem imposanten Backsteinbau aus den 1920er Jahren, dessen Schaltanlage noch bis 1993 in Betrieb war. In der ehemaligen Transformatorenhalle wird Wohndesign der 1960er und 70er Jahre gezeigt.

Adresse: Kopenhagener Str. 58/Ecke Sonnenburger Allee (U-/S-Bhf. Schönhauser Allee), ✆ 473 77 70, www.design-museum-berlin.de. ⏰ Mi–So 11–20 h. Eintritt 6 € (erm. 3,50 €).

Praktische Infos

In wenigen Jahren hat sich hier eine Gastronomiedichte entwickelt, die ihresgleichen sucht. Touristen sammeln sich vor allem um den Kollwitzplatz und in der Kulturbrauerei, doch auch hier sind die Preise nicht annähernd so hoch wie in Mitte. Wer aufs Geld achten muss, findet hier zahlreiche Schnellrestaurants und Imbissläden, in denen man bis spät in die Nacht gut und preiswert isst.

Cafés

Seeblick (52), Rykestr. 14, ✆ 442 92 26. ⏰ tägl. 10–2 h. Natürlich gibt's hier weit und breit keinen Seeblick, denn Prenzlauer Berg ist ein Meer aus Stein. Dafür entschädigt der schöne Blick auf den Wasserturm. Café-Restaurant mit leckeren Speisen (4–11 €); So Frühstücksbuffet für 6 €. Besonderheit: Kinder essen hier für 0,50 € pro Lebensjahr.

Sowohlalsauch (40), Kollwitzstr. 88, ✆ 442 93 11. ⏰ tägl. 9–2 h, durchgehend Frühstück (3–13 €). Selbst gebackene Kuchen, viele Sorten Kaffee, auch aromatisiert.

Chagall (62), Kollwitzstr. 2, ✆ 441 58 81. ⏰ tägl. ab 10 h. Riesige Frühstücksportionen verwöhnen den frühen Gast, der bei schönem Wetter draußen sitzen kann. Später am Tag gibt's dann russische Gerichte wie Pelmeni – im Winter auch am Kamin serviert.

Café Mantanes (7), Lychener Str. 64, ✆ 447 75 14. So ab 5 h Frühstück für die tanzende Jugend.

Schall & Rauch (2), Gleimstr. 23, ✆ 443 39 70, www.schall-und-rauch-berlin.de. ⏰ tägl. 9–2 h. Im edlen Design laben sich vorwiegend Gleichgeschlechtliche an

Frisch saniert, aber finanziell angeschlagen – die Kulturbrauerei

Sekt und Milchkaffee. Das Frühstücks-Speisenangebot reicht von frischen Waffeln bis zum Rollmops. Sa/So 9–16 h Brunchbuffet für 7,50 €. Es gibt auch warme Gerichte von 5–10 €. So–Do ist von 0–2 h Cocktailnacht mit verbilligten Cocktailpreisen.

Eckstein (10), Pappelallee 73/Ecke Gneiststr., ✆ 441 99 60. ⓘ tägl. 9–2 h, Frühstück bis 15 h. Diverse Frühstückskreationen von 2–10 €, am Wochenende Brunch. Es gibt auch herzhafte kleine Gerichte wie überbackene Baguettes und Suppen. Das studentische Publikum sitzt im Sommer draußen.

Imbisse und Schnellrestaurants

Reiskugel (49), Kollwitzstr. 74, ✆ 44 03 75 65, www.reiskugel.de. ⓘ Mo–Fr 12–23 h, Sa/So ab 15 h. Suppen für 2 €, koreanische Reis- und Nudelgerichte um 7 €.

Tandoor (51), Rykestr. 42, ✆ 440 84 93. ⓘ tägl. 12–24 h. Preiswerte und sättigende indische Gerichte, darunter viel Vegetarisches. So gut und günstig, dass der Laden fast immer voll ist.

Abdally (43), Sredzkistr. 33, ✆ 44 12 21 22. ⓘ So–Do 11–1 h, Fr/Sa 11–2 h. Libanesischer Imbiss mit Falafel etc. Besonderheit: frisch gepresste Säfte. Ähnlich:

Falafel Daye (28), Danziger Str. 24. ⓘ tägl. 11–2 h. Die Stammgäste loben die Frische der Zutaten.

Tamra (20), Lychener Str. 13, ✆ 47 37 49 61. ⓘ tägl. 11–1 h. Ebenfalls ein orientalischer Imbiss mit großer Auswahl an vegetarischen Gerichten.

Pizza Bambino (34), Danziger Str. 67, ✆ 44 04 69 44. ⓘ tägl. 11–23.30 h. Keine Pizza über 5 €, trotzdem lecker.

Yogi Tilla (11), Pappelallee 19, ✆ 442 76 29. ⓘ tägl. 12–24 h. Große Auswahl, Hauptgerichte um 5 €. Eigentlich fast ein Restaurant.

Ye Rim Won (32), Danziger Str. 61, ✆ 325 64 40. ⓘ tägl. 12–23 h. Buddhistische Gerichte in Mitnehm-Atmosphäre.

Florya (27), Danziger Str. 10. Beliebter Döner-Imbiss.

Toast (17), Raumerstr. 12, ✆ 44 05 61 89. ⓘ Mo–Fr 8–22 h, Sa ab 9 h, So ab 10 h. Wie der Name schon sagt: Toasts – aber in unübertroffener Vielfalt – gibt es hier. Alle Variationen unter 5 €.

Suppen-Cult (54), Prenzlauer Allee 42/Ecke Marienburger Str., ✆ 47 37 89 49. ⓘ Mo–Fr 11–20 h. In letzter Zeit wurden Suppen-Imbisse populär, denn Suppen machen satt, aber nicht dick. Im Winter gibt es kaum was besseres als eine heiße Suppe zum Aufwärmen, im Sommer sind auch kalte (Gemüse-)Suppen im Angebot; alle Suppen deutlich unter 5 €. Wer davon nicht satt wird oder eher auf Süßspeisen steht, bekommt hier auch hausgemachten Grießbrei etc.

Biergärten

Pfefferberg (61), Schönhauser Allee 175–176, ✆ 44 38 31, www.pfefferberg.de. ⓘ tägl. ab 10 h, wenn nicht die Bauarbeiten zu zeitweiliger Schließung führen.

Leopold's (42), in der Kulturbrauerei an der Ecke Schönhauser Allee/Sredzkistr., ✆ 44 35 56 88. Neueröffnung des Jahres 2001:

Rundgang 5 153

Demnächst rollen die Baumaschinen im Pfefferberg wieder ab

deftige bayerische Schmankerln und Weißbier im Schatten des markanten Brauereiturms. Das Ganze muss noch etwas Patina ansetzen, dann wird es sicherlich ganz nett.

Soda (38), Schönhauser Allee 36 (in der Kulturbrauerei), ✆ 44 05 87 07, Reservierung unter ✆ 44 05 60 71, www.soda-berlin.de. ⏲ tägl. 18–2 h. Bierbänke für bis zu 400 Gäste hat der Soda-Club im Hof der Kulturbrauerei aufgestellt. Es wird gegrillt, und auch vegetarische Gerichte sind im Angebot. Mittleres Preisniveau. Ab und zu Live-Musik.

Prater (25), Kastanienallee 7–9, ✆ 448 56 88. Ab 12 h geht an Wochenenden mit schönem Wetter im 1837 eröffneten Groß-Biergarten (800 Sitzplätze) die Post ab, an Wochentagen wird um 16 h geöffnet. Ostberlins bekanntester City-Biergarten, in dem schon Karl Liebknecht eine Molle gezischt haben soll.

Restaurants

Treviso (64), Schönhauser Allee 12, ✆ 44 01 73 33. ⏲ Mo–Sa 12–1 h, So ab 10 h. Südtiroler Spezialitäten werden in edel-schlichtem Interieur aufgetischt; Preisbrecher ist das Mittagsbuffet mit Antipasti, Salaten und Pasta für 6,50 €/Pers. Abends wird's dann teurer, die leckeren Gerichte sind aber ihr Geld wert. Dazu passend werden Weine aus dem Piemont serviert.

Mao Thai (53), Wörther Str. 30, ✆ 441 92 61. ⏲ tägl. 12–24 h. Die nicht ganz billige Siam-Küche wird seit Jahren gelobt, das Restaurant ist meist voll. Unbedingt reservieren!

Suriya Kanthi (58), Knaackstr. 4, ✆ 442 53 01. ⏲ tägl. 12–1 h. Indische Gerichte aus Bio-Zutaten; dafür recht preiswert (Hauptgerichte mit Fleisch um 10 €, Vegetarisches günstiger). Der Restaurantname bedeutet übrigens "Sonnenschein".

Gugelhof (55), Knaackstr. 37, ✆ 442 92 29. ⏲ tägl. 10–1 h. Hauptgerichte 7–17 €. Elsässisches Restaurant, das sich jahrelang die Anfeindungen der Rest-Autonomen-Szene gefallen lassen musste. Im Sommer 2000 führte Gerhard Schröder Bill Clinton hier zum Essen aus, womit die Gegend um den Kollwitzplatz endgültig "salonfähig" wurde.

Pasternak (57), Knaackstr. 22/24, ✆ 441 33 99, www.restaurant-pasternak.de. ⏲ tägl. 10–2 h. Russische Restaurant-Kneipe, die viele Touristen anzieht. Hier treffen sich aber auch aus den GUS-Staaten übergesiedelte Leute. Abends immer voll, viel Stimmung. Di und Do Live-Musik.

Viele Kneipen und Restaurants locken zur Rast am Kollwitzplatz

Ostwind (39), Husemannstr. 13, ✆ 441 59 51. ⏰ Mo–Sa 18–1 h, Sa/So 10–1 h. Original chinesische Küche wird im schlichten Souterrain-Lokal serviert; durchaus empfehlenswert. Hauptgerichte abends 7–17 €, preiswerter Mittagstisch.

Al Sham (44), Sredzkistr. 49, ✆ 440 80 00. Syrische Küche; Mi und Sa Bauchtanz. Für den kleineren Geldbeutel ist ein Imbiss angeschlossen.

Salamat (14), Dunckerstr. 18, ✆ 444 31 36. ⏰ tägl. 11–2 h. Preiswerte arabische Küche mit Falafel, Schawarma und vielem anderen.

Frida Kahlo (12), Lychener Str. 37, ✆ 445 70 16. ⏰ tägl. 10–24 h. Gutes mittelamerikanisches Essen, große Cocktail-Karte, immer voll. Vielleicht werden deshalb die Portionen immer kleiner?

Dodge (23), Dunckerstr. 80a, ✆ 445 95 34. ⏰ Mo–Sa 9.30–2 h, So 10–2 h. US-amerikanisch Essen und Trinken, auch tagsüber zum Kaffee oder kleinen Imbiss sehr angenehm; allerdings soll sich die Qualität der Burger in letzter Zeit verschlechtert haben. Junges Publikum.

Miro (18), Raumerstr. 28/29, ✆ 44 73 30 13. ⏰ tägl. ab 10 h. Der kurdische Maler und Bildhauer Adnan Kalkanci hat sein Restaurant nach seinen künstlerischen Vorstellungen gestaltet – allein das ist schon sehenswert. In einem Raum kann man auf traditionellen Sitzkissen speisen. Hervorragende Küche, viel Vegetarisches. Hauptgerichte 8–14 €, Sa/So Brunch-Buffet.

Restaurant zum Ribbeck (6), Milastr. 4, ✆ 44 05 89 00. ⏰ tägl. 10–1 h. 1998 eröffnetes, sehr angenehmes Café-Restaurant (bis 14 h Frühstück, So Brunch). Bis 24 h werden Gerichte aus unterschiedlichen Regionen Europas serviert, darunter auch viel Vegetarisches. Besonderheit: Vieles hat irgendwie mit Birnen zu tun, worauf schon der Name hindeutet. Fr und Sa (abends) Live-Musik.

Rundgang 6: Friedrichshain

Nach Prenzlauer Berg und Mitte ist nun Friedrichshain der angesagte östliche Stadtteil. Der ehemalige Arbeiterbezirk, der außer dem Volkspark Friedrichshain kaum Grünflächen hat, verwandelt sich derzeit in ein Studenten- und (bedingt) auch Künstlerviertel. Allerdings gibt es jenseits der Kneipenmeilen auch noch recht trostlose Ecken, die nichts Sehenswertes bieten. Auf jeden Fall besuchenswert ist die Frankfurter Allee/Karl-Marx-Allee, monumentalste Hinterlassenschaft des sozialistischen Stadtumbaus.

Der größte Teil des heutigen Friedrichshain lag schon 1735 innerhalb der Berliner Stadtmauer. Denn der "Soldatenkönig" Friedrich I., der damals die Stadtgrenzen festlegte, ließ im Osten die Mauer in einem weiten Umkreis um Berlin legen und dabei gleich die Grundstücke der städtischen Ackerbürger mit einbeziehen. Südlich der heutigen Karl-Marx-Allee lag die Stralauer Vorstadt, nördlich die Georgen- oder Königsvorstadt. Hier hinaus verlegte man, was man in der Stadt nicht haben wollte: die Holzplätze (Holzmarktstraße), die Richtstätte (Strausberger Platz), später Barackenlager (vor dem Frankfurter Tor) und Wollmanufakturen (zwischen Jannowitzbrücke und Stralauer Tor). Sieht man von dem alten Fischerdorf Stralau (auf der Halbinsel zwischen Spree und Rummelsburger See) ab, war die Gegend kaum besiedelt.

Als die Industrialisierung im 19. Jh. die Stadt blitzartig anwachsen ließ, wurde Friedrichshain förmlich zugebaut mit fünfstöckigen Mietskasernen, deren Wohnungen bis heute meist nur ein oder zwei Zimmer haben. Diese kleinen Arbeiterwohnungen – einige noch heute ohne Bad und mit Toilette im Treppenhaus – galten bereits zu DDR-Zeiten als unattraktiv. Kurz nach der "Wende" blühte hier die Hausbesetzerszene; traurige Berühmtheit erlangte die brutale Räumung mehrerer Häuser in der Mainzer Straße im Herbst 1990. Die 90er Jahre hindurch standen viele Häuser leer, Läden waren unvermietbar, das Straßenbild von "hängen gebliebenen" Alkoholikern geprägt. Seit die "Szene" den Stadtteil entdeckt hat, beginnt sich das zu ändern. Glatt sanierte Straßenzüge wie um den Kollwitzplatz in Prenzlauer Berg oder in der Spandauer

Am Frankfurter Tor

Noch nicht sanierte Altbauten in der Boxhagener Straße

Vorstadt darf man hier – von wenigen Ausnahmen abgesehen – aber (noch) nicht erwarten.

Ganz anders wird Friedrichshain aussehen, wenn die ehrgeizigen "Entwicklungsprojekte" am Spreeufer verwirklicht sind. Derzeit werden ehemalige Lagergebäude am alten Osthafen saniert, in die der Musik-Konzern Universal Music ziehen wird. Entlang der Mühlenstraße, wo sich heute noch Stadtbrache erstreckt, sollen dicht an dicht Neubauten mit gläsernen Fassaden entstehen.

Spaziergang

Ausgangspunkt ist die Warschauer Brücke, auf der man steht, wenn man den U- oder S-Bahnhof Warschauer Straße verlässt. Unter einem ziehen sich die breiten Gleisanlagen der S- und Fernbahn hin. Direkt hinter dem U-Bahnhof liegt ein großes ehemaliges Industriegebiet, das in den letzten Jahren zum Dienstleistungszentrum umgebaut wurde: die **Oberbaum-City** mit ihrem Wahrzeichen, dem nachgebauten Glas-Kubus auf dem Dach des ehemaligen Osram-Glühlampenwerks. In den schick sanierten Altbauten ließen sich in den letzten Jahren Unternehmen der mittlerweile kränkelnden New Economy nieder, prominentester Name ist sicherlich Pixelpark. Am Wochenende ist das Gelände ausgestorben, die neu entstandenen Cafés, Läden und Restaurants haben nur geöffnet, wenn hier auch gearbeitet wird.

Mehr als einen Kilometer muss laufen, wer sich die nächste Sehenswürdigkeit komplett anschauen möchte: die **East-Side-Gallery**. 1.300 Meter antifaschistischen Schutzwalls haben kurz nach der "Wende" Künstler aus aller Welt zum Kunstwerk gemacht, indem sie die so genannte Hinterland-Mauer entlang der Mühlenstraße durchgehend bemalten.

Zurück über die Warschauer Brücke geht es nun in Richtung Norden die Warschauer Straße entlang. Die **Simon-Dach-Straße** ist seit einigen Jahren die "heimliche Hauptstraße" des Viertels. Hier etablieren sich zahlreiche Kneipen und ein paar kleine Läden. Der ganze Kiez von hier bis zum S-Bahnhof Ostkreuz befindet sich in schnellem Wandel. Am besten, man bummelt einfach so durch und sucht sich schon mal ein Restaurant oder eine Kneipe für den Abend aus.

Wer sich für den **Wohnungsbau der Jahrhundertwende** interessiert, kann sich zwei bürgerliche Wohnsiedlungen anschauen, die aus dem üblichen Mietskasernen-Einerlei Friedrichshains herausstechen: die **Knorrpromenade** und den **Helenenhof**, die beide frisch restauriert sind.

Über die Boxhagener Straße mit ihren vielen Läden und Lokalen geht es zur ehemaligen Stalinallee. Hinter dem Boxhagener Platz verlaufen die beiden bekanntesten ehemaligen Hausbesetzerstraßen parallel zueinander: die Mainzer Straße und die Kreutzigerstraße. Im Oktober 1990 kam es in der **Mainzer Straße** zu heftigen Straßenkämpfen zwischen Polizei und Hausbesetzern. Haus für Haus wurde die Mainzer Straße von den Ordnungshütern "zurückerobert". Die schockierte, eben erst wiedervereinigte Nation bekam bürgerkriegsähnliche Fernsehbilder in ihre Wohnzimmer gesendet. Heute ist hier vieles saniert, einige Häuser werden noch – mittlerweile legal – von den ehemaligen Besetzern bewohnt. Einer der damaligen Hausbesetzer, *Frederik Over*, wurde übrigens 1995 ins Berliner Abgeordnetenhaus gewählt.

Auf der **Frankfurter Allee** beginnt ein Weg durch die Baugeschichte Ostberlins, mehr als 3 Kilometer immer geradeaus Richtung Westen zum Alexanderplatz (vielleicht zwischendurch ein

Restaurants
- ❸ Umspannwerk Ost
- ❺ Zum Valentin
- ❻ Sala Thai
- ⓭ Kult
- ⓲ Rasputin
- ⓳ Schnuckenack
- ⓴ Papaya
- ㉔ Truxa
- ㉚ Knorre

Übernachten
- ❼ Pegasus Hostel
- ⓫ Globetrotter Hostel Odyssee
- ㉛ A & O Backpackers Hostel
- ㉞ The Sunflower Hostel
- ㊳ East-Side-City-Hotel
- ㊾ BaxPax (52)
- (55) Hotel-Pension Wendenhof
- (56) Die Fabrik
- (57) Gästehaus Freiraum
- (69) Gasthaus Dietrich Herz
- (70) Hotel Transit

Bars und Kneipen
- ❶ Filmriss
- ❾ Kino-Café Intimes
- ⓮ Astro-Bar
- ⓰ Em-Bar
- ㉑ Deponie No.1
- ㉒ Conmux
- ㉓ Apotheke
- ㉖ Die Tagung
- ㉗ Black Bar Jazz Café
- ㉘ Dachkammer
- ㊶ Makabar
- ㊷ Schnabelbar
- ㊹ Bateau Ivre
- ㊺ Würgeengel
- ㊻ Bierhimmel
- ㊼ Roses
- (51) Milchbar
- (53) Intertank
- (54) Wiener Blut
- (59) Madonna
- (61) Café Anfall
- (62) Zyankali-Bar
- (63) Enzian
- (64) Yorkschlösschen
- (71) Haifischbar
- (72) Fogo
- (74) Golgatha
- (75) Großbeerenkeller

Cafés
- ❷ Café Sibylle
- ❹ Café Ehrenburg
- ❿ Fliegender Tisch
- ㉕ Aché
- ㉜ Café Humanus
- (15a) Caiman

Imbisse
- ⓯ Sanabel
- ⓱ Yogi-Snack

Diskos und Clubs
- ㉝ Sage-Club
- ㉟ Casino
- ㊱ Ostgut
- ㊲ Matrix
- ㊴ Busche
- ㊵ Speicher
- ㊽ SO 36
- (58) Wild at Heart
- (65) Schwuz

Einkaufen
- ❽ Rave Age
- ⓬ Madano
- ㉙ Historische Schuhe
- ㊸ Modern Graphics
- ㊾ Headache
- (50) Core Tex
- (60) Scratch Records
- (66) Molotow
- (67) Anagramm
- (68) Ufo
- (76) Colours
- (77) Hammet, Nik
- (78) Schwarze Risse
- (79) Grober Unfug
- (80) RAW

Legende zu Rundgang 6

Die Ziffern beziehen sich auf die entsprechenden Tipps im Buch
Übernachten: Seiten 44-49
Essen und Trinken: Seiten 164/165
Nachtleben: Seiten 68-78
Einkaufen: Seiten 85-91

Stück mit der direkt darunter verlaufenden U-Bahn?). Anfangs ist die Straße noch vom Mietskasernenbau der Zeit vor dem Ersten Weltkrieg geprägt (mittlerweile reichlich versetzt mit sterilen Shopping Malls), dann kommt stalinistischer Zuckerbäckerstil und schließlich die berüchtigte Großplattenbauweise. Der Wind pfeift über die riesigen Flächen zwischen den monströsen Imponierbauten, und der Verkehr schiebt sich rauschend auf 90 Meter Breite über die endlose, schnurgerade Verkehrsachse, die meistbefahrene Straße Berlins. Nicht sehr anheimelnd, aber ein beeindruckendes Denkmal sozialistischer Gigantomanie der frühen Jahre.

Wo der Aufstand begann

Der Volksaufstand vom 17. Juni

Bereits am 16. Juni 1953 demonstrierten Bauarbeiter, die im Akkord auf der riesigen Baustelle an der Stalinallee schufteten, gegen die schlechten Arbeitsbedingungen und die Senkung ihrer Löhne. Einen Tag später trafen sich die streikenden Bauarbeiter hier zum Demonstrationsmarsch ins Zentrum. Sie forderten die Rücknahme der zehnprozentigen Arbeitsnormerhöhung und eine Senkung der Lebenshaltungskosten. Andere Betriebe und Teile der Bevölkerung solidarisierten sich mit ihnen; zum ursprünglichen Protest gegen die Normerhöhung kam die Forderung nach Rücktritt der Regierung und nach freien Wahlen. Die sowjetische Militärkommandantur verhängte den Ausnahmezustand und ließ noch am gleichen Tag ihre Panzer scharf schießen. Am Abend war der Aufstand erstickt. Das ZK (Zentralkomitee) der SED (Sozialistische Einheitspartei Deutschlands) erklärte die Normerhöhung für null und nichtig.
Bis 1991 war der 17. Juni in der Bundesrepublik (National-)Feiertag.

Baudenkmal der 60er – Kosmos-Kino

Hinter dem Frankfurter Tor liegt das denkmalgeschützte Kino **Kosmos**, das 1960–62 entstand. Es wurde bis 1997 zum ersten Multiplex-Kino Berlins umgebaut. An der **Weberwiese** (genauer: in der Marchlewskistraße 25) entstand nach Plänen von *Hermann Henselmann* das erste, inzwischen denkmalgeschützte Wohnhochhaus Berlins. Seine 1952 bezogenen Wohnungen waren für damalige Verhältnisse unglaublich luxuriös: riesiger "Partyraum" auf dem Dach, Müllschlucker und schon überall Telefonanschlüsse – an denen es bekanntlich in der DDR bis zuletzt mangelte.

1993 wurden die "Zuckerbäckerhäuser" der Karl-Marx-Allee an einen Bankkonzern verkauft, der 1995 mit den dringend notwendigen Sanierungsarbeiten begann. Heute sind sie z. T. in sehr begehrte Eigentumswohnungen umgewandelt; teilweise leben hier noch die alten Mieter, die ein Wohnrecht auf Lebenszeit erhielten.

Sehenswertes

Oberbaum-City: Herzstück des ehemaligen Industriekomplexes ist die 1906 eröffnete alte Glühlampenfabrik **Osram**, in der in den 20er Jahren 4.500 Arbeiter und Angestellte beschäftigt waren. In der NS-Zeit wurde das Glühlampenwerk Osram durch "Arisierung" jüdischer Betriebe erheblich vergrößert. Die Produktion wurde mit Hilfe von bis zu 1.000 KZ-Häftlingen bis 1945 aufrechterhalten. Aus Osram wurde nach dem Krieg, in dem die Fabrikgebäude starken Schaden nahmen, der VEB (Volkseigene Betrieb) Berliner Glühlampenwerk **NARVA**, in dem auf neun Hektar Betriebsfläche über 5.000 Menschen arbeiteten. Kaum eine Glühbirne in der DDR, die nicht von NARVA kam! 1992 wurde das Werk geschlossen.

162 Friedrichshain

In einem sanierten Hof der Oberbaum-City

Anschließend rotteten die Reste der Produktionsgebäude und Lagerhallen vor sich hin. Nach dem Umbau zur Oberbaum-City siedelten sich Gewerbe- und Dienstleistungsbetriebe an; zwei Mode-Akademien machten den Anfang, Pixelpark (einige Großraum-Büros im Glas-Kubus des ehemaligen Glühlampen-Werks) und andere IT-Betriebe folgten.

Aktuelle Infos unter www.oberbaum-city.de.

East-Side-Gallery: Bild an Bild ist hier der längste der wenigen noch verbliebenen Abschnitte der Mauer über die gesamte Fläche bemalt oder besprüht. Inzwischen sind die Farben reichlich verblasst, einige Stellen wurden sogar von Unbekannten überpinselt, und ein Durchbruch zum Vergnügungscenter *Speicher* (s. "Nachtleben") entstand. Einige Gemälde wurden restauriert, als erstes *Günther Schaefers* Bild "Vaterland", das eine Kombination aus der deutschen und der israelischen Flagge zeigt. Im Frühjahr 2000 wurden auf weiteren 300 Metern die Bilder abgestrahlt und auf einer neuen Oberfläche neu gemalt.

Um einen weiteren Verfall des einmaligen Kunstwerks zu verhindern, hat sich ein Verein gegründet, der sich über jede Art von Unterstützung freut: **Künstlerinitiative East-Side-Gallery e. V.,** ℡ 251 71 59; weitere Infos unter www.eastsidegallery.com.

Helenenhof: 1903 als Musterbeispiel für den Beamten-Wohnungsbau vom Architekten *Erich Köhn* errichtete Wohnanlage rund um einen großen grünen Innenhof.

Knorrpromenade: Die gesamte Straße wurde vor dem Ersten Weltkrieg als gutbürgerliche Wohnstraße errichtet. Hier gab es seit 1912 auch einen Festsaal, der 1997 als Veranstaltungsort wiederbelebt wurde: die **Knorre**

Adresse: Knorrpromenade 2 (S-Bhf. Ostkreuz), ℡ 29 00 70 77.

Frankfurter Allee/Karl-Marx-Allee: Die Große Frankfurter Straße wurde im Zweiten Weltkrieg fast völlig zerstört

Die Berliner Mauer und ihre Reste

Ein Bauwerk, das in erster Linie durch seine Gründlichkeit und Effektivität "bestach", war die Berliner Mauer. Von ihr ist heute nicht mehr viel zu sehen. Im Westen oft als "Schandmauer" bezeichnet, wurde sie im Osten offiziell "antifaschistischer Schutzwall" genannt. Mit einer Länge von rund 165 Kilometern umgab sie die 480 qkm von Westberlin. 3,5 Meter hoch und hübsch weiß getüncht war sie, jedenfalls auf östlicher Seite. Im westlichen Innenstadt-Bereich wurde sie seit den späten 70er Jahren mit Graffiti verziert, die von politischen Parolen bis zu "Ich war hier"-Sprüchen reichten. Auf östlicher Seite lag dahinter ein nachts beleuchteter Kontrollstreifen, dann folgten in den Boden gerammte und verschweißte Eisenträger, die – je nach Perspektive – gegen die angreifenden Panzer der alliierten Westmächte schützen oder den Durchbruch von Fahrzeugen in den Westteil verhindern sollten. Dahinter folgten noch Hundelaufanlagen, Schutzbunker, Beobachtungstürme und ein Kontaktzaun, der Lichtsignale oder Sirenen auslöste. Ein Durchkommen gab es in beide Richtungen nicht.

Mauersegment am Tränenpalast

An der Bernauer Straße/Ackerstraße ist das einzige Stück der gesamten Sperranlagen erhalten geblieben bzw. rekonstruiert worden. Hier wurde eine Gedenkstätte eröffnet (www.berliner-mauer-dokumentationszentrum.de). Sonst ist die Mauer aus dem Stadtbild weitgehend verschwunden, in der Innenstadt erinnern Markierungen im Asphalt streckenweise an ihren Verlauf.
Besichtigt werden kann ein Stück Grenzanlage in der Niederkirchnerstraße hinter dem Martin-Gropius-Bau. Ein Wachturm steht noch im ehemaligen Niemandsland zwischen Treptow und Kreuzberg/Neukölln an der Puschkinallee/Schlesischen Straße, ein weiterer Wachturm, der die Zeiten überlebt hat, steht nun im Innenhof der neu erbauten Scharnhorsthöfe (Mitte).
Zum 40. Jahrestag des Mauerbaus, also am 13. August 2001, wurden die letzten verbliebenen Mauerreste endlich unter Denkmalschutz gestellt, dennoch gehen Verfall und Vandalismus vorerst ungebremst weiter. Wer sich die Vergangenheit ins Gedächtnis rufen will, kann sich fast 500 privat aufgenommene Mauerbilder im Internet unter www.mauerfotos.de ansehen.

Deshalb plante man hier die Neubebauung mit 5.000 Wohnungen. Zunächst wurde die Straße zu Stalins 70. Geburtstag 1949 in **Stalinallee** umbenannt. Bald darauf begann man mit dem Bauen. Zwischen 1952 und 1958 folgte der erste Abschnitt des Aufbaus der heutigen Karl-Marx-Allee. Zwischen Strausberger Platz und Frankfurter Tor entstanden in großer Eile bis zu 300 Meter lange, reich gegliederte Blöcke (7 bis 9 Stockwerke), die so genannten Arbeiter-Paläste. Die Fassaden entrücken den Betrachter von der Spree an die Moskwa. Türme am Strausberger Platz (damals "Haus des Kindes" und "Haus Berlin") und am **Frankfurter Tor** (den Türmen der Dome des Gendarmenmarkts nachempfunden) bilden den krönenden Abschluss. Die Häuser des ersten Bauabschnitts wurden noch in der traditionellen Ziegelbauweise errichtet. Mehr als zwei Drittel der nötigen Ziegel stammten von den Ruinen zerbombter Häuser.

Die Bauten des zweiten Abschnitts, im wesentlichen Hochhäuser zwischen Strausberger und Alexanderplatz, entlang der vorderen Landsberger Allee und an der Straße der Pariser Kommune, wurden schon in Großplattenbauweise hochgezogen.

Praktische Infos

Seit Friedrichshain zum In-Viertel wurde, sind an der Stelle traditioneller Eckkneipen neue Lokale entstanden, meist im kargen Stil der späten 1990er. Typisch ist die Kombination von Café und Bar-Restaurant, das von vormittags bis nachts geöffnet hat. Deshalb ist die im Folgenden vorgenommene Aufteilung etwas willkürlich:

Cafés

Aché (25), Wühlischstr. 29, ✆ 29 66 62 57. ⏰ tägl. 10–2 h. Seit 1997 bestehende Café-Kneipe mit leckerem Frühstück und griechisch-italienischem Mittagstisch. Abends wird das Lokal zur Bar mit – ab und zu – Live-Musik.
Café Humanus (32), Boxhagener Str. 71, ✆ 291 09 49. ⏰ tägl. 10–2 h. Italienisches Café, das auch warme Speisen anbietet (4–12 €). Tagsüber kinderfreundlich, abends eine gute Adresse für Freunde italienischen Weins.
Fliegender Tisch (10), Mainzer Str. 10, ✆ 292 47 55. ⏰ tägl. 11–24 h. Der namengebende Tisch hängt an einer Kette unter der Decke. Ansonsten ist das Café-Restaurant ganz normal: Süße und salzige italienische Leckereien zum Niedrigpreis.
Caiman (15a), Gabriel-Max-Str. 15, ✆ 29 77 65 90. ⏰ Mo–Fr 18–2 h, Sa/So 11–2 h. Eine gute Adresse für den Wochenend-Brunch (ohne Getränke 5 €/Person), aber auch das südamerikanische Essen ist nicht zu verachten (Hauptgerichte 5–9 €).
Café Ehrenburg (4), Karl-Marx-Allee 103 (U-Bhf. Weberwiese), ✆ 42 10 51 00. ⏰ tägl. ab 9 h. Anfang 2001 nach jahrelangem Leerstand nun als Café mit Cocktailbar wiederbelebtes DDR-Schreibwarengeschäft. Den Namen gab der Schriftsteller Ilja Ehrenburg, dessen Porträt den ansonsten spartanisch-cool gehaltenen Gastraum ziert. Junges Publikum.
Café Sibylle (2), Karl-Marx-Allee 72, ✆ 29 25 22 03. ⏰ tägl. 10–20 h. Im Herbst 2001 eröffnete die frühere Milchtrinkhalle in neuem Gewand. Liebevoll wurden Details der alten Wandbemalung aus den 1950ern wiederhergestellt, die Inneneinrichtung ist sehr stilvoll. Für jeden 2. Mi ist ein kulturelles Abend-Programm geplant, auch soll eine Ausstellung zur Geschichte der Allee eingerichtet werden.

Imbisse und Schnellrestaurants

Sanabel (15), Gabriel-Max-Str. 16, ✆ 29 00 06 99, ⏰ tägl. 11–1 h. Empfehlenswerter arabischer Imbiss-Laden mit Falafel, Schawarma etc.
Yogi-Snack (17), Simon-Dach-Str. 11, ✆ 29 00 48 38. ⏰ tägl. 12–24 h. Indisches Schnellrestaurant mit leckerer Küche in schlichter, etwas düsterer Atmosphäre. Im

Frühstücken in der Simon-Dach-Straße

Sommer zu empfehlen: Das Essen mitnehmen und auf einer Parkbank am Boxhagener Platz verzehren. Die reichlichen Portionen kosten 4–8 €, es gibt viel Vegetarisches. Suppen und Vorspeisen ab 1,50 €.

Restaurants

Papaya (20), Krossener Str. 11. ⏰ tägl. 12–24 h. Leckere asiatisch angehauchte Gerichte um 8 € werden in freundlich-schlichter Umgebung serviert.

Rasputin (18), Krossener Str. 15, ☎ 29 04 95 97. ⏰ tägl. ab 17 h. Russische Küche mit Pelmeni, Piroggen etc. Dazu Fr Live-Musik.

Schnuckenack (19), Krossener Str. 19, ☎ 292 36 26. ⏰ tägl. 16–2 h. Französisch-italienisches Restaurant der Oberklasse, das eine große Auswahl an vegetarischen Gerichten bietet.

Truxa (24), Wühlischstr. 30, ☎ 29 00 30 85. ⏰ tägl. ab 15.30 h, Küche bis 24 h. Ein farbenfroh aufgemachtes karibisches Bar-Restaurant; die Hauptgerichte (viel Fisch) kosten 6–12 €.

Kult (13), Grünberger Str. 52, ☎ 29 77 12 61, ⏰ Mo–Fr ab 9 h, Sa ab 16 h, So ab 10 h. Neues Restaurant-Café mit deutscher Küche, aber auch vielen vegetarischen Speisen; Hauptgerichte 5–14 €. Beliebt ist der Brunch, der an Wochentagen nur 4 € kostet (Getränke extra).

Knorre (30), Knorrpromenade 2, ☎ 29 00 70 77. Küche bis 24 h. Deutsche Gerichte (vegetarische Hauptspeisen ab 4 €) werden im Sommer draußen unter Bäumen serviert.

Sala Thai (6), Frankfurter Allee 73 (in der Frankfurter Allee Plaza), ☎ 42 81 20 20, www.salathai.de. ⏰ tägl. 12–24 h. Wie alle Restaurants der Sala-Thai-Kette edel, aber reichlich kitschig eingerichtet. Das thailändische Essen ist sehr gut, wenn auch wirklich nicht billig (Hauptgerichte 14–32 €).

Zum Valentin (5), Frankfurter Allee 35–37, ☎ 42 78 00 97. ⏰ tägl. 10–23 h. Ebenfalls in einer Shopping Mall, dem Ring-Center, liegt dieses "bayerische" Lokal. Niedriges Preisniveau, allerdings ist die Küche nicht unbedingt original bayerisch zu nennen.

Umspannwerk Ost (3), Palisadenstr. 48 (U-Bhf. Weberwiese), ☎ 42 80 94 97. ⏰ tägl. ab 17 h. Die riesige Trafo-Halle des 1899 erbauten Umspannwerks wurde zu einem Restaurant umgebaut, das auf jeden Fall einen Blick wert ist. Das Essen wird vor den Augen der Gäste zubereitet und in recht kleinen Portionen serviert; Hauptgerichte über 10 €.

Die Dammbrücke führt in die Köpenicker Altstadt

Rundgang 7: Köpenick

Köpenick ist Berlins größter und grünster Stadtteil. 75 Prozent der Fläche bestehen aus Wald, Wasser und Wiesen. Hier haben die Berliner ihr größtes Erholungsgebiet und ihre "Badewanne", den Großen Müggelsee. Köpenick war neben der Doppelstadt Berlin-Cölln und Spandau die dritte mittelalterliche Stadt auf heutigem Berliner Stadtgebiet, allerdings die mit der geringsten Bedeutung. Die mittelalterliche Straßenanlage der Köpenicker Altstadt auf der Insel zwischen Spree und Dahme ist im Wesentlichen noch heute vorhanden.

Auf der **Schlossinsel**, einer Landzunge der Dahme, die in Köpenick in die Spree mündet, wurden Reste einer **slawischen Burg** aus dem Jahr 825 gefunden. Sie war zur Slawenzeit eins der drei politischen Zentren im heutigen Berlin. 1209 wurde Köpenick zum ersten Mal urkundlich erwähnt. 1232 – dreißig Jahre früher als Berlin – erhielt es die **Stadtrechte**. Dennoch konnte das kleine Köpenick, das an einer der wenigen günstigen Übergangsstellen über die Spree gegründet worden war, auf Dauer nicht mit Berlin-Cölln konkurrieren.

Gegen Ende des 13. Jh. hatte die junge Doppelstadt Berlin-Cölln die beiden älteren Städte Spandau und Köpenick wirtschaftlich und politisch weit überflügelt und war zu einer typischen mittelalterlichen Stadt geworden. Köpenick bestand in dieser Zeit aus zwei Teilen: der deutschen Stadt Köpenick und dem slawischen **Kietz**. Ursprünglich eine Dienstsiedlung für die Burg, entwickelte sich der Kietz nach der Verleihung des Fischereirechts im Jahre 1451 zum reinen Fischerdorf, das erst 1898 nach Köpenick eingemeindet wurde.

Im 18. Jh. kamen Textilmanufakturen und Seidenspinnereien dazu. In der Gründerzeit entstanden im wasserreichen Köpenick zahlreiche Wäschereien. Um die Wende vom 19. zum 20. Jh. zogen sich viele Großbetriebe aus dem Zentrum Berlins zurück und ließen sich zwischen Rummelsburg und Köpenick entlang der Spree, an Kanälen und Eisenbahnlinien nieder. Köpenick wurde zum **Industriestandort.**

So interessant und geschichtsträchtig die Köpenicker Altstadt auch ist – man sollte sich kein ruhiges, verschlafenes Städtchen vorstellen. Denn bis die Umfahrung über eine neue Spreebrücke westlich der Altstadt fertig ist (der Bau soll 2003 beginnen), quälen sich jeden Tag 30.000 Autos durch die engen Straßen. Viele Bewohner suchten das Weite – 1998 wohnten nur noch 550 Menschen in Alt-Köpenick; 10 Jahre vorher waren es 3.000! Dennoch lohnen die Schlossinsel und die weitgehend sanierte Altstadt einen Besuch; am besten im Sommer. Im Anschluss an den Rundgang kann man dann eins der nahen Naturbäder besuchen.

Spaziergang

Ausgangspunkt ist der S-Bahnhof Köpenick. Die Bahnhofstraße, die vom Bahnhof in die Altstadt Köpenicks führt, ist die Haupt-Einkaufsstraße Köpenicks. 1997 wurde hier das **Forum Köpenick** eingeweiht, ein Shopping-Center mit 37.000 qm Nutzfläche und 1.200 Parkplätzen. Darunter haben die kleinen Geschäfte in der Altstadt natürlich mächtig zu leiden.

Am Mandrellaplatz (benannt nach dem Amtsgerichtspräsidenten *Rudolf Mandrella*, der 1943 von den Nazis hingerichtet wurde) steht das **Amtsgericht Köpenick**, das 1899–1901 im Neorenaissance-Stil errichtet wurde. Im **Amtsgerichtsgefängnis** und auf seinem Hof fanden im Frühjahr 1933 die schrecklichen Ereignisse der Köpenicker Blutwoche statt: Hier wurde Folter und Mord an vielen hilflosen Gefangenen begangen, die die "SA-Standarte 15" als Regimegegner verhaftet hatte.

Jenseits der Friedrichshagener Straße liegt die **Alte Spree**, ein stiller Arm der Spree mit der Baumgarteninsel in der Mitte. Gegenüber, auf dem Platz des 23. April, steht das **Denkmal für die Opfer der Köpenicker Blutwoche**. Es ist eine mehrteilige Anlage mit zwei gefesselten Figuren und einer sechs Meter hohen Stele, die in einer geballten Faust endet. Seit Anfang der 1990er Jahre war die steinerne Faust immer wieder Thema in der Köpenicker

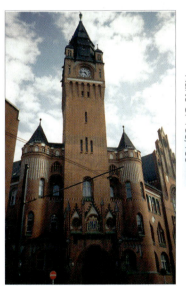

Ein überdimensionierter Turm ziert das Köpenicker Rathaus

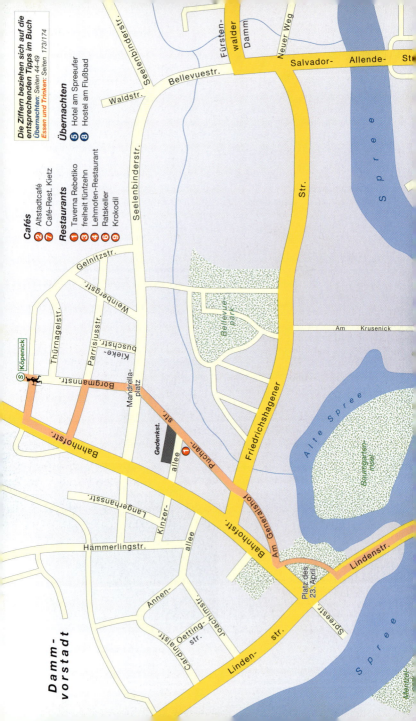

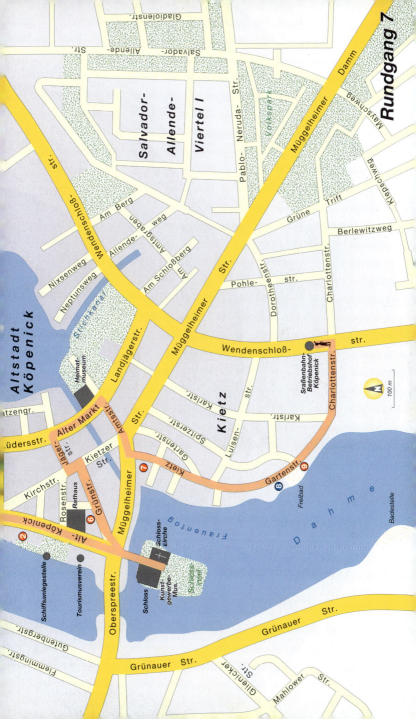

Bezirksverordnetenversammlung, denn CDU und SPD möchten das Denkmal entfernen oder wenigstens umgestalten. Bis heute wurde aber keine Entscheidung darüber gefällt.

Über die Dammbrücke gelangt man nach **Alt-Köpenick**. An der Straße Alt-Köpenick liegt das **Rathaus**, in dem sich die Episode des *Hauptmanns von Köpenick* ereignet hat. Es ist ein typi-

Der Hauptmann von Köpenick

Hast du keine Wohnung, bekommst du keine Arbeit. Hast du keine Arbeit, bekommst du keine Wohnung. Hast du nicht gedient, bist du eine Null. Hast du keine Papiere, bist du ein Nichts. Voigt hatte nicht gedient, Voigt hatte keine Papiere, Voigt wollte raus aus dem Land. Aber ohne Aufenthaltsgenehmigung kein Ausreisepass! Diesen Teufelskreis wollte er durchbrechen, und so geschah Folgendes:

Denkmal für den Schuster Voigt

Am 16. Oktober 1906 borgt sich Wilhelm Voigt aus einem Berliner Kostümverleih eine Hauptmannsuniform. In einer Toilette zieht er sich um. Über zehn Soldaten und einen Gefreiten des 1. Garderegiments übernimmt er das Kommando. Mit dem Vorortzug geht es von Charlottenburg nach Köpenick. Der Bürgermeister wird von Voigt verhaftet, die Stadtkasse mit 3.577 Mark beschlagnahmt (gegen Quittung, versteht sich). Alles steht stramm vor dem Herrn Hauptmann, doch zu seinem Ausreisepass kommt er so leider doch nicht, weil er verhaftet wird. Die "Köpenickiade" geht um die Welt und rückt preußischen Militarismus und Untertanengeist ins rechte Licht. Voigt wird später von Kaiser Wilhelm II. begnadigt und tritt fortan im Zirkus und in Varietés auf. Nun kommt es doch zu weiten Reisen u. a. in die USA. 1922 stirbt er in Luxemburg.

Seit 1996 erinnert ein bronzener Hauptmann vor dem Rathaus an das Geschehen. Buchstäblich auf den Spuren des Hauptmanns wandelt man, wenn man den blauen Fußstapfen auf dem Asphalt folgt, die zu 16 Besichtigungspunkten führen. In den Geschäften der Altstadt erhältliche Flyer erklären die Route. Jeden Mittwoch und Samstag um 11 Uhr wird vor dem Rathaus das damalige Geschehen nachgespielt.

Kleinstadtatmospäre im Kietz

scher Berliner Backsteinbau der Jahrhundertwende mit einem gigantischen Turm. Bereits im Mittelalter stand an dieser Stelle ein – allerdings weitaus bescheideneres – Rathaus.

Am Ende der Straße Alt-Köpenick liegt – durch einen schmalen Graben von der Altstadt getrennt – die **Schlossinsel** mit dem **Schloss Köpenick**. Der im 17. Jh. im holländischen Barock-Stil errichtete Bau wird noch mindestens bis Ende 2002 saniert. Gegenüber steht die barocke **Schlosskapelle** von *Johann Arnold Nering* (1684 erbaut). Nach Abschluss der Sanierungsarbeiten finden im Konzertsaal des Schlosses und in der Schlosskapelle wieder Konzerte statt, im Sommer auch auf dem Schlosshof.

Durch die Grün- und die Jägerstraße gelangt man auf den Alten Markt mit dem **Heimatmuseum Köpenick**. Etwas von der Atmosphäre des früheren Fischerdorfes kann man heute noch schnuppern, wenn man wieder zurückgeht.

Über die Kietzer Straße nach Süden kommt man in den alten Ortsteil **Kietz**, die frühere slawische Fischersiedlung. Hier stehen immer noch viele alte ein- und zweistöckige Häuser, die an die ärmliche Vergangenheit der Siedlung erinnern. Im Dahme-Flussbad oder der zugehörigen Kneipe Krokodil kann man den Spaziergang in Ruhe ausklingen lassen. Zurück zum S-Bahnhof gelangt man mit der Tramlinie 62 (ab Haltestelle Betriebshof Köpenick an der Wendenschloßstraße).

Eine Anlegestelle der Stern- und Kreisschifffahrt befindet sich am Luisenhain an der Straße Alt-Köpenick. Ziele, die von den Ausflugsschiffen angefahren werden, sind u. a. Friedrichshagen, Erkner und Rüdersdorf sowie der Krimnicksee. In etwa einer Stunde erreicht man die Anlegestelle im Hafen Treptow im Treptower Park (→ S. 197 und Karte S. 157).

Das umstrittene Denkmal für die Opfer der Köpenicker Blutwoche

Sehenswertes

Gedenkstätte Köpenicker Blutwoche Juni 1933: Sie erinnert in den ehemaligen Gefängnisräumen an die Ereignisse von 1933 und an den Widerstand gegen den Nationalsozialismus.
Adresse: Puchanstraße 12. ⓘ Mo 10–16 h, Di, Do 10–18 h, Fr 10–14 h und nach Vereinbarung. Es wird auch ein Einführungsvortrag mit Ton- und Filmdokumenten angeboten, für den eine Anmeldung erforderlich ist: ✆ 657 14 67.

Schloss Köpenick: Nach Plänen von *Rutger von Langerfeldt* errichtetes Lustschloss Friedrichs I., der es nur wenige Jahre nutzte. Der ursprünglich dreiflügelig geplante Bau wurde nie ganz vollendet; bedeutendster Raum ist der Wappensaal. Die noch einige Zeit andauernde Sanierung des Schlosses war dringend notwendig, weil das Gebäude jedes Jahr zwei Millimeter in den schlammigen Untergrund der Dahme-Insel absackte, in dem es auf Pfählen steht. Weiteres Absacken soll nun durch eingespritzten Beton verhindert werden. Nach dem Ende der Arbeiten werden hier wieder kunstgewerbliche Schätze aus Renaissance und Barock zu bewundern sein.

Heimatmuseum Köpenick: Im etwa 1665 erbauten Fachwerkhaus sind unter anderem Fundstücke aus aktuellen Ausgrabungen im Stadtteil zu sehen.
Adresse: Alter Markt 1, ✆ 65 84 43 51. ⓘ Di 10–16.30 h, Do 10–18 h.

Flussbad Gartenstraße: Kleines Schwimmbad in der Dahme, Mitte der 1990er neu gestaltet. Sandstrand mit Spielplatz und Beach-Volleyball; der Geschichtsverein "Der Cöpenicker" betreibt hier auch eine Kneipe und ein Hostel.
Adresse: Gartenstr. 46–48. Eintritt ca. 2 €, Kinder haben freien Eintritt.

Praktische Infos

Der **Tourismusverein Köpenick e. V.** (Alt-Köpenick 34) bietet jeden Sonntag um 10 Uhr eine Führung durch die Altstadt Köpenicks an. Um Voranmeldung unter ✆ 65 57 55-0, -1 wird gebeten.

In den Köpenicker Restaurants wird – neben den gängigen ausländischen Küchen – Regionalküche serviert.

Veranstaltungen

Köpenicker Sommer: Am 3. Juniwochenende findet in der Altstadt Köpenick der **Köpenicker Sommer** statt, ein Traditionsfest, das 2002 zum 41. Mal gefeiert wird.
Am Sa gibt es einen Festumzug zum Rathaus Köpenick, wo ein "Hauptmann" die Stadtkasse raubt (in Anlehnung an die Geschehnisse von 1906). Das Rahmenprogramm bilden ein Mittelalterspektakel, ein Höhenfeuerwerk über der Dahme und ein Kammerkonzert. Also für jeden etwas – besonders für Kinder.
Köpenicker Jazz- und Bluesfestival: An den Wochenenden im Juli und August finden – teils hochkarätige – Konzerte auf dem historischen Rathaushof statt. Infos unter ✆ 655 56 52, www.jazz-in-town.de. Veranstalter ist der Ratskeller Köpenick (s. u.).

Cafés

Altstadtcafé Köpenick (2), Alt-Köpenick 16, ✆ 65 47 40 69. ⏱ tägl. ab 10 h. Besonders schön sitzt man im Sommer draußen auf der Terrasse an der Uferpromenade der Spree.
Café-Restaurant Kietz (7), Müggelheimer Str. 1, ✆ 651 71 09. ⏱ tägl. 9–24 h. Neben hausgebackenen Kuchen werden hier auch diverse warme und kalte Gerichte serviert.

Kneipen/Restaurants

Taverna Rebetiko (1), Kinzerallee 28, ✆ 656 72 50. ⏱ tägl. 12–24 h. Traditionelles griechisches Essen in gemütlicher Atmosphäre; Hauptgerichte 4–12 €. Live-Musik an jedem 1. Sa im Monat.
freiheit fünfzehn (3), Freiheit 15, ✆ 65 88 78 25, www.freiheit15.de. Im Frühjahr 2001 vom Berliner Chansonnier Tim Fischer

Die kleinen Geschäfte in Köpenick leiden unter der Konkurrenz der Shopping-Center

Fernab vom Innenstadttrubel – Entspannung am selten überfüllten Naturstrand des Flussbades Gartenstraße

eröffnete Bühne in der denkmalgeschützten ehemaligen Turnhalle einer längst geschlossenen Mädchenschule. Auch eine Bar ist dabei. Wer etwas essen möchte, steigt auf die sanft schaukelnden Planken des zugehörigen Restaurantschiffs auf der Alten Spree, erreichbar von der Freiheit 15, ✆ 65 88 78 14. ⏰ tägl. 12–24 h. Hier werden rustikale Gaumenfreuden serviert. Im Sommer wird auch die Uferterrasse vor dem Schiff (der ehemalige Schulhof) in den Restaurantbetrieb einbezogen, im Winter geht es unter Deck.

Lehmofen-Restaurant (4), Freiheit 12, ✆ 655 70 44. ⏰ Mo–Do und So 12–24 h, Fr/Sa bis 1 h. Recht neues Restaurant mit anatolischen Spezialitäten aus dem Lehmofen, der mitten im Gastraum steht. Hauptgerichte 12–17 €, viel Vegetarisches. Wunderschöne Terrasse zur Alten Spree.

Ratskeller (6), Alt-Köpenick 21, ✆ 655 56 52, www.ratskellerkoepenick.de.

⏰ tägl. 11–24 h. Deftige Hausmannskost in Altberliner Ambiente, die Preise der fleischlastigen Hauptgerichte bewegen sich zwischen 7 und 16 €. Eine Besonderheit sind die regelmäßig hier stattfindenden Jazz-, Blues- und Country-Konzerte. Auch Volkstheater wird hier gespielt. Entsprechendes Publikum mittleren und höheren Alters.

Krokodil (9), Gartenstr. 46–48, ✆ 65 88 00 94, www.der-coepenicker.de. ⏰ Mo–Fr ab 18 h, Sa ab 16 h und So ab 11 h. Bei Berlins einzigem Flussbad hat sich 1996 eine Kneipe etabliert, die erst schließt, wenn der letzte Gast gegangen ist. Küche bis 23.30 h. Sonntags gibt es bis 15 h Brunch, ansonsten preiswerte Gerichte (6–12 €), die im Sommer auf der schönen Terrasse zum niedlichen Flussbad hin serviert werden. Sehr relaxed.

Rundgang 8: Spandau

Ähnlich wie Köpenick besitzt Spandau eine Altstadt, dazu die berühmte Zitadelle und einige Stücke der alten Stadtmauer. Wer einen Ausflug in Kleinstadt-Atmosphäre machen möchte, ist hier richtig. Im Süden des Bezirks ist es sogar noch ein bisschen ländlich: Zwei alte Dörfer, Gatow und Kladow, sind ruhige Wohnorte in Wassernähe. Weniger lauschig sind die in den 1960er und 70er Jahren in unmittelbarer Nähe der Umlandmauer aus dem Boden gestampften Spandauer Trabantenstädte Neu-Staaken und Falkenhagener Feld.

Viele Spandauer empfinden sich nicht als Berliner, sondern als Spandauer. Der Grund dafür ist vielleicht, dass Spandau bereits vor Berlin die Stadtrechte besaß und durch die Havel von der großen Schwester getrennt ist. Die **Altstadt Spandau** ist ein schnucklig hergerichtetes Städtchen mit einer der wenigen Fußgängerzonen Berlins. Sorgen bereitet den Händlern in der Altstadt die neue Shopping Mall "Spandauer Arcaden" am Bahnhof, in die bereits einige alteingesessene Altstadt-Geschäfte umgezogen sind.

Rund 225.000 Menschen wohnen in dem in weiten Teilen von Industrie geprägten Bezirk. Erster Industriebetrieb war eine Pulvermühle, die 1578 errichtet wurde. Im 18. Jh. folgte eine Gewehrmanufaktur, später Rüstungs- und Elektroindustrie mit Firmen wie BMW und Siemens. Nach letzterem Unternehmen wurde sogar ein Ortsteil benannt: Siemensstadt, an der Grenze zu Charlottenburg gelegen. Spandau war nicht nur Waffenschmiede, sondern über Jahrhunderte auch Garnisonsstadt, wovon zahlreiche ehemalige Militärbauten zeugen.

Die ältesten Siedlungsreste, die in Spandau gefunden wurden, stammen aus dem 8. Jh. n. Chr. und sind Teile einer Befestigungsanlage am Zusammenfluss von Havel und Spree. Etwas weiter nördlich wurde im 16. Jh. mit dem Bau der **Zitadelle** begonnen, eines ausgeklügelten Festungsbauwerks, das in mehreren Kriegen nicht eingenommen werden konnte und heute die Haupt-Sehenswürdigkeit Spandaus ist.

Rathaus Spandau

Nur ein Eingang führt in die Wehranlage der Spandauer Zitadelle

Spaziergang

Ausgangspunkt ist der U-Bahnhof Zitadelle. Das Festungsbauwerk liegt gut 300 Meter davon entfernt und ist über eine Brücke, die den Wassergraben überquert, zu erreichen. Denn die **Zitadelle** liegt auf einer Insel in der Havel, nördlich der Einmündung der Spree. Der Grundriss der Festung entspricht einem Quadrat mit einer so genannten Bastion an jeder Ecke. Da heute die gesamte Zitadelle von vielen Bäumen bewachsen ist und die umgebenden Wallanlagen nicht betreten werde dürfen, kann man diese Form nur schlecht erkennen. Markantester Teil der Befestigungsanlage ist der **Juliusturm** aus dem 13. Jh., der bereits lange vor dem Bau der Zitadelle zu Wohn- und Verteidigungszwecken errichtet wurde. Von oben bietet sich eine recht gute Aussicht in alle Himmelsrichtungen, z. B. auf die Insel Eiswerder und auf die Havelspitze, wo auf ehemaligem Industriegelände die Wasserstadt Spandau entsteht, eins der ehrgeizigen Wohnungsbauprojekte, die kurz nach dem "Mauerfall" beschlossen wurden und heute wegen mangelnder Nachfrage fast vor der Pleite stehen.

Auf der Zitadelle kann man mühelos mehrere Stunden verbringen: Im **Palas** finden wechselnde Kunstausstellungen statt, und das ehemalige Kommandantenhaus im Zitadellenhof beherbergt das **Stadtgeschichtliche Museum Spandau**. In den **Katakomben** der Zitadelle überwintern jedes Jahr Tausende von Fledermäusen; zwischen Mitte August und Ende Oktober darf man den Einflug am Wochenende abends beobachten. Tagsüber können in einem abgedunkelten Schauraum während des ganzen Jahres tropische Fledermäuse und Flughunde besichtigt werden. Wer

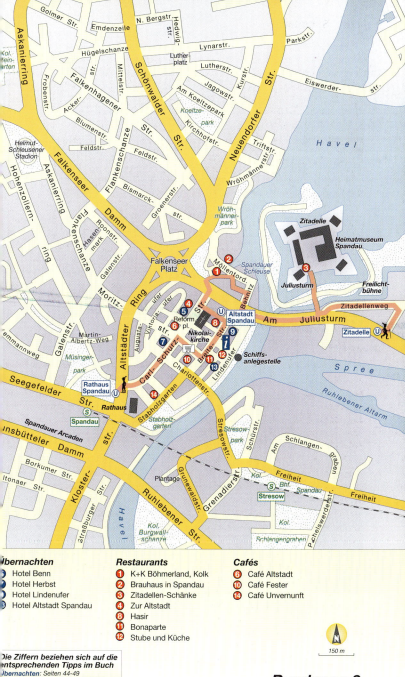

Übernachten
- Hotel Benn
- Hotel Herbst
- Hotel Lindenufer
- Hotel Altstadt Spandau

Restaurants
1. K+K Böhmerland, Kolk
2. Brauhaus in Spandau
3. Zitadellen-Schänke
4. Zur Altstadt
8. Hasir
11. Bonaparte
12. Stube und Küche

Cafés
6. Café Altstadt
10. Café Fester
14. Café Unvernunft

Die Ziffern beziehen sich auf die entsprechenden Tipps im Buch
Übernachten: Seiten 44-49
Essen und Trinken: Seiten 181/182

Rundgang 8

bei den vielfältigen Aktivitäten hungrig geworden ist, kann in der Zitadellen-Schänke – allerdings nicht ganz preiswert – einkehren. Auf der außerhalb des Zitadellen-Walls gelegenen **Freilichtbühne** treten an Sommer-Wochenenden Künstler aller Couleur auf.

Der **Kolk** auf der westlichen Seite der Havel ist der älteste Teil Spandaus. Hier blieb ein Rest der Stadtmauer aus dem 14. Jh. erhalten, an krummen Gässchen stehen alte (Fachwerk-)Häuschen wie die 1743 erbaute Kolkschänke und das um 1750 im preußischen Barock erbaute Wilhelm-Heinemann-Haus Am Behnitz 5. Die **Marienkirche** aus dem Jahr 1848 wurde im Krieg zerstört und erst 1964 wiederhergestellt.

Die **Altstadt Spandau** auf der anderen Seite der sechsspurigen Straße Am Juliusturm ist vom Mühlengraben umgeben, der von alten Laubbäumen gesäumt wird. Zusammen mit kopfsteingepflasterten Sträßchen und höchstens zweistöckigen Häusern erzeugt er echtes Kleinstadtflair. Am besten bummelt man einfach ziellos durch die Altstadt; die Sehenswürdigkeiten Nikolaikirche und Gotisches Haus sind dabei nicht zu übersehen. Im Zweiten Weltkrieg wurde Spandau – auch wegen der hier ansässigen Rüstungsindustrie – stark zerstört. So brannte der Turm der gotischen **St.-Nikolai-Kirche**, deren älteste Teile aus dem 14. Jh. stammen, nach einem Bombenangriff völlig aus. Dabei entwickelten sich so hohe Temperaturen, dass die Backsteine im Inneren des Turmes zerflossen. Mittlerweile ist der Turm längst wieder aufgebaut; wer sich für seine Geschichte interessiert, kann an einer Turmführung teilnehmen. In einem Stockwerk des Turms sind in einer Fotoausstellung erschreckende Bilder Spandaus aus der Kriegszeit zu sehen. Von der Aussichtsplattform bietet sich ein grandioser Fernblick über Spandau und weite Teile Berlins. Das aufwändig restaurierte **Gotische Haus**, übrigens das älteste Wohnhaus Berlins,

Stilles Sträßchen im Kolk

Hier entschied sich 1539, dass alle Preußen protestantisch werden – St.-Nikolai-Kirche

ist Sitz der Spandau-Information. Hier werden Bücher und Broschüren über Spandau angeboten und allgemeine Auskünfte erteilt. Das Haus ist auch Ausstellungsort und Treffpunkt für Stadtführungen.

Der Spaziergang endet am gewaltigen, 1910–13 erbauten **Rathaus Spandau**, wo sich der gleichnamige U-Bahnhof befindet. **Ausflugsschiffe** der Stern- und Kreisschifffahrt und anderer Reedereien starten am Anleger Lindenufer. Fahrtziele sind u. a. Charlottenburg (Schloßbrücke und Tegeler Weg), Nikolaiviertel (Ost-City), Wannsee, Tegel, Potsdam und Werder (weitere Infos im Kapitel "Unterwegs in Berlin").

Sehenswertes

Zitadelle: Um 1560 begann der Bau der Zitadelle – der Kurfürst ließ dazu italienische Baumeister und Facharbeiter nach Spandau kommen. 34 Jahre später war die Festung vollendet, ein eindrucksvolles Beispiel frühitalienischer Festungsbaukunst. Die erste Belegschaft der Zitadelle bestand aus nur 24 Landsknechten. 1731 standen bereits 54 verschiedene Kanonen auf der Festungsanlage. Der **Juliusturm** ist der älteste erhaltene Profanbau Berlins, und im **stadtgeschichtlichen Museum** erfährt man vieles über die Geschichte der Zitadelle und der Stadt Spandau. Hit – vor allem für Kinder – sind die **Fledermäuse**, die in den Gewölben der Zitadelle leben und nach Anmeldung beobachtet werden können. Anfang September findet hier das Europäische Fest der Fledermäuse statt. Ganzjährig unterhält eine **Puppentheater-Bühne** die Kinder mit eigenen Produktionen und Gastspielen.

Infos: 354 94 40, www.zitadelle-spandau.net. Di–Fr 9–17 h, Sa/So 10–17 h,

In der Spandauer Altstadt

Einlass bis 16.30 h. Eintritt ca. 2 € (erm. 1 €). Führungen Mai–Okt. Sa/So 13 h, 14.15 h und 15.30 h.
Fledermauswatching: Mitte Aug. bis Ende Sept. Fr/Sa 20 und 21 h, Okt. Fr 20 und 21 h, Sa 19 und 20 h. Infos und Anmeldung beim Verein Vespertilio e. V. unter ✆ 79 70 62 87, www.fledermaus-online.de. Rechtzeitige Kartenbestellung (ab Juni) dringend zu empfehlen.
Fledermausfest: 2 Tage lang Informationen, Ausstellungen und Führungen zu Fledermäusen und tropischen Flughunden. Infos unter www.fledermausfest.de.
Puppentheater R. Wagner: ✆ 335 37 94.

Freilichtbühne an der Zitadelle: Von Mai bis September an den Wochenenden unterschiedliche Abend-Veranstaltungen im Rahmen des Spandauer Kultursommers.
Adresse: Am Juliusturm, ✆ 333 85 14, 333 40 22, www.freilichtbuehne-spandau. de.

St.-Nikolai-Kirche: Von historischer Bedeutung ist die Kirche, da sich hier 1539 der preußische Kurfürst Joachim II. das Abendmahl nach evangelischer Sitte reichen ließ. Dadurch belegte er seinen Übertritt zum protestantischen Glauben, den nach dem Grundsatz "cuius regio, eius religio" (wessen Reich, dessen Religion) auch alle seine Untertanen vollziehen mussten. Daran erinnern ein Standbild Joachims vor der Kirche und der Straßenname "Reformationsplatz".

Doch auch architektur- und kunsthistorisch hat die Kirche einiges zu bieten. Im 14. Jh. war der dreischiffige Backsteinbau vollendet, dessen gotisches Gewölbe man bei den Turmführungen auch von oben (vom Dachstuhl aus) betrachten kann – eine ziemlich einmalige Sache. Die heutige Gestalt des rekonstruierten Turms geht auf einen Schinkelschen Umbau von 1839 zurück. Viel älter sind der bronzene Taufkessel im Chor (1398), der steinerne acht Meter hohe Renaissance-Altar (1582) und die hölzerne Barock-Kanzel (um 1700), die den verheerenden Turmbrand unbeschadet überstanden hat.

Rundgang 8

Infos: Nov.–April Sa 11–15 h, So 14–16 h, Mai–Okt. auch Mi 10–14 h, Do 10–17 h und Fr 14–18 h. Turmführungen April–Okt. Sa 12 h und 13 h, So 14 h und 15 h (Eintritt ca. 1 €). Zusätzliche Termine über das Gemeindebüro, 333 56 39. Dort gibt es auch Infos zur sommerlichen Orgelkonzert-Reihe.

Gotisches Haus: Neben Kunstausstellungen finden hier von Zeit zu Zeit auch kleine Ausstellungen zur Geschichte Spandaus statt.
Adresse: Breite Straße 32, 333 93 88. Mo–Sa 10–17 h.

Praktische Infos

Allgemeine Informationen zu Spandau sowie ein Veranstaltungskalender finden sich im Internet unter www.spandau.org.

Infos über Spandau-Führungen der heimatkundlichen Vereinigung gibt es im Gotischen Haus (s. o.) oder unter 334 62 70.

Bei den Spandauer Restaurants wird zusätzlich zu den gängigen ausländischen Küchen die Regionalküche gepflegt. Vor allem Havelzander gilt als lokale Spezialiät.

Cafés

Café Altstadt (6), Reformationsplatz 3, 35 30 29 44. Besonders schön sitzt man im Sommer draußen auf der großen Terrasse.
Café Unvernunft (14), Mauerstr. 6, 333 30 02. Im Kulturhaus Spandau untergebracht; hier werden zukünftige Köche ausgebildet – davon profitieren die Gäste. Die Preise sind mäßig, die kulinarischen Genüsse oft groß. Biergarten direkt am Wasser; alles ist rollstuhlgerecht eingerichtet.
Café Fester (10), Am Markt 4, 333 98 72. Traditionelles Konditorei-Café mit Stores an den Fenstern und älteren Stammgästen. Das garantiert höchsten Kuchen- und Tortengenuss.

Weit über die Grenzen Spandaus hinaus bekannt für seine regionalen Spezialitäten – das Restaurant Kolk

Restaurants

Zitadellen-Schänke (3), Am Juliusturm 1, ℡ 334 21 06, www.historische-gaststaette.de. ◷ Di–Fr 18–24 h, Sa/So und feiertags 11.30–24 h. Keineswegs billiges Spitzenrestaurant in der Spandauer Festung; für die "Mittelalter-Menüs" zu 40 € sind ein ausgeruhter Magen und ausgesprochene Trinkfestigkeit gefragt. Der russische Präsident Wladimir Putin ließ sich hier im Sommer 2000 gut gelaunt zum Ritter schlagen.

Brauhaus in Spandau (2), Neuendorfer Str. 1, ℡ 353 90 70, www.brauhaus-spandau.de. ◷ Mo 16–1 h, Di–Do 11–1 h, Fr bis 2 h, Sa 10–2 h, So 10–24 h. Serviert werden hausgebrautes naturtrübes Bier und deftige kalte und warme Speisen – im Sommer auch im Biergarten. Attraktion ist die Brauereiführung (Di 17 h, ca. 4 € inkl. Brezel und Bier; Voranmeldung erbeten). Daneben finden regelmäßig "Events" wie "Böser-Buben-Ball", Muttertags-Brunch oder Martinsgans-Essen statt.

K+K Böhmerland (1), Hoher Steinweg 5, ℡ 33 97 93 60, www.boehmerland.de. Wie der Name schon sagt: tschechisches Bier und tschechische Küche; Hauptgerichte ca. 6–15 €.

Kolk (1), Hoher Steinweg 7, ℡ 333 88 79, www.kolk.im-netz.de. Di–So 12–24 h. An einem Stadtmauerrest liegt die ehemalige Spandauer Feuerwache, in der Familie Richter sehr gute saisongerechte Speisen sowie regionale Spezialitäten (Fisch, Ente) zubereitet. Hauptgerichte etwas über 10 bis knapp 20 €. Im Sommer wird auf der schönen Terrasse serviert. Reservierung empfehlenswert.

Hasir (8), Breite Str. 43, ℡ 35 30 47 92, ◷ tägl. 11–24 h. Empfehlenswertes türkisches Restaurant in Spandaus Altstadt.

Bonaparte (11), Breite Str. 20, ℡ 333 17 09, www.restaurant-bonaparte.de. ◷ tägl. 12–24 h. Eine Nacht hat Napoleon tatsächlich in diesem Altstadt-Haus verbracht. Heute verwöhnen Gérard Cooray und sein Team anspruchsvolle Gäste mit französischer Küche – in allerdings etwas verstaubtem Ambiente. Hauptgerichte ca. 7–18 €.

Stube und Küche (12), Lindenufer 17, ℡ 333 73 73, www.stube-und-kueche.de. Niedliches Restaurant mit kleinem Schankgarten.

Zur Altstadt (4), Carl-Schurz-Str. 55, ℡ 333 55 51. Deftige Regionalküche zu zivilen Preisen in Altberliner Ambiente – das lieben Touristen und Einheimische mittleren Alters.

An warmen Sommertagen sehr erfrischend – naturtrübes Bier aus dem Brauhaus in Spandau

Auch Promis besichtigen das Schloss Charlottenburg

Grünes Berlin

Wer schon ein paar Tage durch Berlins Straßen gelaufen ist, sehnt sich vielleicht nach einem Tag in grüner Umgebung. Und an heißen Sommertagen, an denen es in der Innenstadt oft unerträglich schwül und stickig wird, möchte man nur eins: hinaus ans Wasser. In Berlin kann man einen Ausflug ins Grüne gut mit einem Museumsbesuch kombinieren. Und schön gelegene Ausflugsgaststätten gibt es ebenfalls reichlich.

Schloss Charlottenburg und Umgebung

Zwar in der Innenstadt gelegen, aber dennoch mitten im Grünen, ist das Schloss Charlottenburg auch bei einem Kurzaufenthalt in Berlin einen Besuch wert. Wer alle Sammlungen im Schloss besuchen und auch die nahe gelegenen Museen besichtigen möchte, sollte dafür einen ganzen Tag einplanen. Aber auch ein kurzer Abstecher in eins der Gebäude und/oder den Park ist auf jeden Fall lohnend. Direkt dem Schloss gegenüber, in zwei nahezu identisch aussehenden Gebäuden von *Friedrich August Stüler*, befinden sich ganz unterschiedliche, aber jeweils sehr bedeutende Museen: Das Ägyptische Museum und die Sammlung Berggruen. Sie liegen am Anfang der imposanten Schloßstraße, einer Allee, auf deren grünem Mittelstreifen im Sommer Boule gespielt wird.

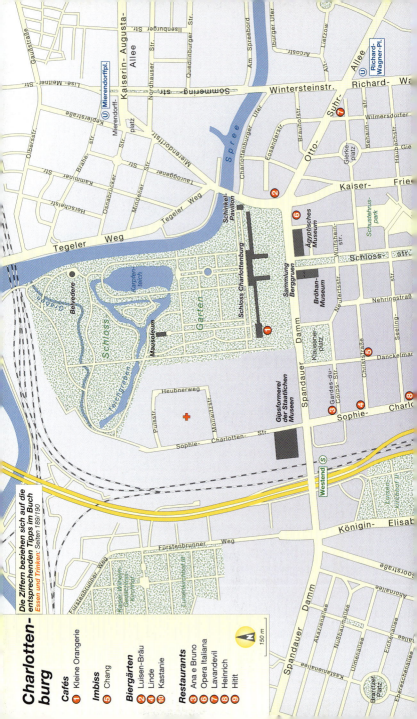

Schloss Charlottenburg

Das Schloss Charlottenburg wurde als Sommerschloss für Sophie Charlotte (Gemahlin des späteren Königs Friedrich I.) nach Plänen von *Johann Arnold Nering* ab 1695 erbaut und nach 1700 von dem schwedischen Baumeister *Johann Friedrich Eosander* erweitert. Erst 1790 war es in seiner heutigen Form fertig gestellt. Im Zweiten Weltkrieg wurde es stark beschädigt und bis Anfang der 60er Jahre wieder aufgebaut. Heute wird die bedeutendste erhaltene Schlossanlage Berlins von der Stiftung Preußische Schlösser und Gärten Berlin-Brandenburg verwaltet.

Zu besichtigen sind folgende Gebäudeteile:

Nering-Eosander-Bau (Altes Schloss): Hier sind u. a. die prunkvollen Wohnräume von Sophie Charlotte und Friedrich I., das Porzellankabinett und die Schlosskapelle zu bewundern. Seit Sommer 2000 ist der *Gobelinraum* zu besichtigen, der den Zweiten Weltkrieg nahezu unbeschädigt überstanden hat. Prunkstücke sind zwei riesige seidene Bildteppiche aus dem 18. Jh., die asiatische Szenen zeigen. Dieser Teil des Schlosses ist nur mit Führung zu besichtigen (die letzte beginnt jeweils um 16 h).

Neuer oder Knobelsdorff-Flügel: Benannt nach dem Architekten *Georg Wenzeslaus von Knobelsdorff*, der diesen (östlichen) Gebäudeflügel als Residenz Friedrichs II. entworfen hat. Fertig gestellt war der Flügel im Jahr 1747. Seit 2000 kann die *Gelbe Atlaskammer* besichtigt werden, die mit kostbaren Rokoko-Möbeln und -Gemälden ausgestattete Wohnung Friedrichs II. Im Erdgeschoss befinden sich Sommerwohnung und "Winterkammern" von Friedrich Wilhelm II. mit Gemälden von Krüger, Gärtner usw., im Obergeschoss die riesigen Rokoko-Festsäle Friedrichs II. Für die Besichtigung erhält man einen Audio-Guide.

Museum für Vor- und Frühgeschichte (Langhansbau im Westflügel): Das zur SMPK gehörige Museum zeigt Artefakte der älteren, mittleren und jüngeren Steinzeit sowie der Eisen- und Bronzezeit. Im Schliemann-Saal ist eine Ausstellung zu *Heinrich Schliemanns* Ausgrabungen in Troja zu sehen. Hierfür ist extra Eintritt zu bezahlen (Tageskarte der Museen der SMPK, die auch zum Besuch weiterer Museen der Stiftung berechtigt, s. u.).

Schlosspark

Der Park des Schlosses Charlottenburg wurde um 1700 als französischer Barockgarten angelegt. Ende des 18. Jh. empfand man die strenge Gestaltung als unmodern und wandelte den Park in einen Landschaftsgarten nach englischem Vorbild um. Vollendet wurde die Umwandlung von dem berühmten Landschaftsgärtner *Peter Joseph Lenné* im frühen 19. Jh. Er ließ lediglich das barocke Alleensystem bestehen und ersetzte Blumenbeete und Hecken durch lose Baumgruppen auf Rasenflächen. Ab den 1950er Jahren wurde der an das Schloss angrenzende Teil des Parks, der nach dem Zweiten Weltkrieg als Acker genutzt worden war, wieder im Barock-Stil angelegt. Diese Anlage, das so genannte **Parterre**, wurde 2001 restauriert und strahlt nun wieder in barockem Glanz. Prunkstücke sind die riesigen *Krönungsvasen*, die an der Mittelallee

---

Prächtige Villa in der Schloßstraße

aufgestellt wurden. Im weitläufigen **Schlosspark**, der kostenlos besucht werden kann (⌚ Winter 6–20 h, Sommer 6–21 h), liegen folgende sehenswerte Bauten:

Belvedere: Ehemaliges Teehaus, 1788 erbaut nach Plänen von *Carl Gotthard Langhans*. Ständige Ausstellung von Berliner Porzellan der Königlichen Porzellanmanufaktur (KPM) von Rokoko bis Biedermeier.

Neuer Pavillon (Schinkel-Pavillon): 1825 nach Plänen von *Karl Friedrich Schinkel* erbaut. Das ehemalige Sommerhaus beherbergt eine ständige Ausstellung von Gemälden, Möbeln und Skulpturen der Schinkel-Zeit.

SMPK – Staatliche Museen zu Berlin – Preußischer Kulturbesitz
Von der Stiftung Preußischer Kulturbesitz werden die Staatlichen Museen Berlins verwaltet. Dazu gehören das **Kunstgewerbemuseum** in Köpenick, die **Dahlemer Museen**, die Museen auf der **Museumsinsel** und am **Kulturforum** am Potsdamer Platz. Auch der **Hamburger Bahnhof**, die **Friedrichswerdersche Kirche** (Mitte) und einige Museen im und um das **Schloss Charlottenburg** zählen dazu.
Die Tageskarte, die zum Eintritt in beliebig viele Museen der Stiftung berechtigt, kostet ca. 5 € (erm. 2,50 €); die 3-Tages-Karte ist für 9 € (erm. 4,50 €) zu haben. Jeden 1. So im Monat ist der Eintritt frei. Für alle angeschlossenen Museen: Infos unter ✆ 20 90 55 55, Anmeldung zu Führungen unter ✆ -66.

Mausoleum: Letzte Ruhestätte von Königin Luise und König Friedrich Wilhelm III., Kaiser Wilhelm I. und weiteren Hohenzollern.
Adresse: Luisenplatz (S-Bhf. Westend, U-Bhf. Sophie-Charlotte-Platz oder Richard-Wagner-Platz, Bus X 21, 109, 145, 210), ✆ 32 09 11, www.spsg.de. Alle Gebäudeteile des Schlosses haben verschiedene Öffnungszeiten, deshalb zur Groborientierung eine "Kern-Öffnungszeit": ⌚ Di-Fr 9–17 h, Sa/So 10–17 h. Das Mausoleum ist nur von April–Okt. geöffnet, die Bauwerke im Park haben kürzere Öffnungszeiten als die Hauptgebäude. Aktuelle Öffnungszeiten etc. unter ✆ 0331/969 42 02. Tageskarte für das gesamte Schloss 7 € (erm. 5 €).

Ägyptisches Museum und Papyrussammlung: Kaum einer Erwähnung bedarf die 3000 Jahre alte Büste der Königin *Nofretete*, die hier zu besichtigen ist. Insgesamt gewährt das Museum, das zu den SMPK gehört, einen guten Überblick über die ägyptische Kunst bis zur Römerzeit. Ab etwa 2006 soll diese Sammlung im dann wieder aufgebauten Neuen Museum auf der Museumsinsel zu sehen sein.
Adresse: Schloßstr. 70 (S-Bhf. Westend, U-Bhf. Sophie-Charlotte-Platz oder Richard-Wagner-Platz, Busse X 21, 109, 145, 210), ✆ 32 09 11. ⌚ Di-So 10–18 h.

Sammlung Berggruen: Ende 2000 verkaufte der für 60 Jahre emigrierte Berliner Heinz Berggruen seine bedeutende Privatsammlung der SMPK für einen symbolischen Preis. Zuvor hatte er sie ab Herbst 1996 als Leihgabe zur Verfügung gestellt. Da er durch die Quasi-Schenkung seine Kinder weitgehend enterbt hätte, entnahm Berggruen der Sammlung einige der wertvollsten Bilder, u. a. die von Paul Cezanne. Es verblieben aber viele wertvolle Meisterwerke der Klassischen Moderne, darunter Bilder von *Pablo Picasso*, mit dem Berggruen befreundet war. Auch Werke von *Paul Klee*, *Alberto Giacometti*, *Vincent van Gogh* und anderen hochkarätigen Künstlern sind hier zu bestaunen.
Adresse: Schloßstr. 1 (U-Bhf. Sophie-Charlotte-Platz oder Richard-Wagner-Platz, Busse 109, 110, 121, 145). ⌚ Di-Fr 10–18 h, Sa/So 11–18 h.

Schloss Charlottenburg und Umgebung

Das Ägyptische Museum in einem der Stüler-Zwillingsgebäude

Bröhan Museum: Schwerpunkte des Landesmuseums für Jugendstil, Art Déco und Funktionalismus bilden Keramik und Glas aus der Zeit von 1889–1939.

Adresse: Schloßstr. 1a, ☏ 32 69 06 00, www.broehan-museum.de. ⏱ Di–So und feiertags 10–18 h. Eintritt 3 € (erm. 1,50 €).

Praktische Infos

Cafés

Kleine Orangerie (1), Spandauer Damm 20, ☏ 322 20 21. ⏱ im Sommer tägl. 10–22 h, im Winter nur bis 20 h. Café/Restaurant in der Orangerie des Schlossparks Charlottenburg. Gartenterrasse mit 200 Sitzplätzen, im Inneren Bewirtung im Wintergarten. Sonntags gibt es ein Frühstücksbuffet mit Musik. Auch als Ziel eines Spaziergangs durch den Schlosspark geeignet. Eigentlich eher Bistroküche, aber des Ambientes wegen sehr zu empfehlen (sehenswert die Kunstobjekte im Inneren und im Garten).

Imbiss

Chang (5), Christstr. 32a. ⏱ tägl. bis 22 h. Chinesischer Imbiss-Laden.

Biergärten

Luisen-Bräu (2), Luisenplatz 1, ☏ 341 93 88. ⏱ So–Do 9–1 h, Fr/Sa 9–2 h; Küche bis 24 h. Trübes, hausgebrautes Bier und deutsches Essen werden direkt an der Schloßbrücke serviert.

Kastanie (10), Schloßstr. 22, ☏ 321 50 34. ⏱ tägl. 12–2 h. Großer Vorgarten mit 100 Sitzplätzen; die namengebenden Kastanien wurden leider vor einiger Zeit gefällt. Charlottenburger Kiez-Institution mit gesetteltem Publikum.

Linde (4), Sophie-Charlotten-Str. 97, ☏ 322 82 81. Tägl. ab 16 h werden hier 25 Biersorten serviert. Ähnlich wie die Kastanie eine Biergarten-Institution der 70er, die ihr Publikum behalten hat.

Restaurants

Hitit (9), Knobelsdorffstr. 35, ✆ 322 45 57. ⏱ So–Do 12–24 h, Fr/Sa bis 1 h. Sehr elegantes, eher kühles türkisches Restaurant. Kalte Vorspeisenplatte (*meze*) und zahlreiche einzigartige (auch vegetarische) Kompositionen machen das Lokal zu einem echten Tipp. Hauptgerichte kosten 7–15 €. Reservierung empfehlenswert.

Ana e Bruno (3), Sophie-Charlotten-Str. 101, ✆ 325 71 10, www.ana-e-bruno.de. ⏱ Di–Sa 18.30–24 h. Einhellig als "bester Italiener Berlins" bezeichnet; 200 edle Tropfen zieren die Weinkarte, klassisches Ambiente gehört dazu. Anschließend zelebriert Bruno Pellegrini "nuova cucina italiana"; Menüs für 65 oder 90 €.

Opera Italiana (6), Spandauer Damm 5, ✆ 34 70 36 26, www.opera-italiana.de. ⏱ tägl. 12–0 h. Seit 1997 gibt es das Restaurant im kathedralenartigen Dekor (Heiligenstatuen allerorten). Qualitätspitzen u. ambitionierte Fleisch- u. Fischgerichte um 15 €.

Lavandevil (7), Schustehrusstr. 3, ✆ 342 92 80. ⏱ Mo–Fr 11.30–1 h, Sa/So 17–1 h. Hauptsächlich persische Küche und extrem scharfe Pizza; viele vegetarische Gerichte. Preiswerter Mittagstisch.

Heinrich (8), Sophie-Charlotten-Str. 88, ✆ 321 65 17. ⏱ tägl. 16–1 h. Echte Berliner Eckkneipe, allerdings behutsam modernisiert, in dem Haus, in dem der Meister Heinrich Zille einst im 4. Stock wohnte. Schwäbische (Vollwert-)Küche, Ross-Spezialitäten aber auch Vegetarisches.

Sonntags im Park

Dahlem

Dahlem, ein Teil des Bezirks Steglitz-Zehlendorf, ist vor allem durch die Freie Universität (kurz FU) bekannt, die größte der drei Berliner Unis. Sie liegt mitten in einem Villenviertel mit schönen Parks. Auch als Museumsstandort ist Dahlem ein Begriff, man spricht regelrecht von den "Dahlemer Museen". Für Kinder interessant ist ein Besuch der Domäne Dahlem, eines ehemaligen Staatsguts, mit Streichelzoo, landwirtschaftlichen Geräten und Werkstätten. Zudem liegt auch der wunderschöne, weitläufige Botanische Garten in Dahlem.

Museen

Dahlem ist das Zentrum der "Museen der Kunst und Kulturen der Welt" in der SMPK (→ S. 188). Im Herbst 2000 war deren Umgestaltung weitgehend abgeschlossen, die Ausstellungsflächen wurden stark vergrößert und die Ausstellungen neu konzipiert.

Adresse: Lansstr. 8 (U-Bhf. Dahlem Dorf, Busse 110, 183), ✆ 830 11. ⏰ Di–Fr 10–18 h, Sa/So 11–18 h

Folgende Museen der SMPK befinden sich in Dahlem:

Museum für Indische Kunst: Nicht nur aus Indien, sondern auch aus Südost- und Zentralasien stammen die hier ausgestellten Kunstwerke. Das Museum für Indische Kunst beherbergt die größte derartige Sammlung in Deutschland. Die Werke beziehen sich mit ihren Motiven auf den Hinduismus und die buddhistische Lehre, die in all diesen Gebieten verbreitet sind. Prunkstück ist eine rekonstruierte buddhistische Höhlenkapelle mit Fresken aus dem 5. Jh.

Museum für Ostasiatische Kunst: Ein Schwerpunkt liegt auf der chinesischen Kunst; hier vor allem interessante Malereien und Kalligraphie. Es sind aber auch fein gearbeitete Kunstwerke aus Japan und Korea zu bewundern, z. B. Keramik, Holzschnitte und die berühmten Lackarbeiten, die als einzigartig gelten. Nach der Umgestaltung gelangte auch vietnamesische Kunst in die Ausstellung. Schon seit 1992 werden hier Teile der Sammlung gezeigt, die während der DDR-Zeit im Pergamonmuseum ausgestellt waren. 90 Prozent der Vorkriegsbestände lagern immer noch als "Beutekunst" in der Eremitage in St. Petersburg.

Ethnologisches Museum: Hier lässt sich in jedem Saal eine Weltreise unternehmen. Die Neugestaltung, die 2003 abgeschlossen sein soll, gab die sehr eindrucksvolle Inszenierung der Ausstellungsstücke in spärlich beleuchteten Räumen zu Gunsten eines thematischen Konzepts auf. Seit 1999 werden hier die Ausstellungen "Indianer Nordamerikas" und "Afrikanische Kunst" gezeigt; "Einführung in die Völkerkunde" und "Ostasien" sind geplant.

Juniormuseum (im Ostpavillon): Es wendet sich mit jährlich wechselnden Ausstellungen an Kinder. In einem 2- bis 3-stündigen Programm soll den Junioren Verständnis für fremde Kulturen vermittelt werden. Dabei wird gemalt, gespielt und gebastelt. Im Herbst 2000 wurde die Neueröffnung dieses Museums mit einer Ausstellung zu den australischen Ureinwohnern begangen.

Blindenmuseum (beim Völkerkundemuseum): Hier sind alle Exponate zu erfühlen, das Museum ist behindertengerecht gestaltet. Nähere Informationen telefonisch unter ✆ 83 01-226, -438.

Kleine Rast beim Museumsbesuch

Naturerlebnis für Großstadtkinder in der Domäne Dahlem

Museum Europäischer Kulturen: Das vormalige Volkskunde-Museum wurde 1999 in neuer Gestaltung wiedereröffnet. In einer ständigen Ausstellung zeigt es Exponate zum Thema "Faszination Bild – Bildthemen und Bildmedien von der frühen Neuzeit bis in die Gegenwart". Daneben gibt es mehrere wechselnde Ausstellungen. Jeden 1. und 3. Mi im Monat: Europäische Kaffeehauskultur – mit Verköstigung (ab 15 h).
Adresse: Im Winkel 6–8, ⏲ Di–Fr 10–18 h, Sa/So 11–18 h.

Domäne Dahlem

Vermutlich wurde das Dorf Dahlem bereits in der ersten Hälfte des 13. Jh. gegründet. Ab 1484 war das Dorf im Besitz der Familie von Spil, die es dann an den Herrn von Wilmersdorf verkaufte. 1841 wurde Dahlem zur Preußischen Domäne, d. h. zum Staatsgut. Heute beherbergt die Domäne Dahlem ein kleines Museum mit wechselnden Ausstellungen zum bäuerlichen Leben früherer Zeit und einen Streichelzoo für Kinder. Es wird auch noch ein bisschen Landwirtschaft zum Anschauen betrieben.
Adresse: Königin-Luise-Straße 49 (direkt am U-Bhf. Dahlem-Dorf, Busse 110, 183, X 11, X 83), ✆ 832 50 00, www.domaene-dahlem.de. ⏲ Mi–Mo 10–18 h.

Botanischer Garten

Die sehr sehenswerte Gartenanlage, in der man vergisst, dass man in der Großstadt ist, entstand 1897–1906 auf einer ca. 42 Hektar großen Fläche zwischen Dahlem und Lichterfelde. Die Vegetation im **Freigelände** reicht von Korea über die ungarische Steppe bis zum Altai und atlantischen Nordamerika. Über 18.000 Pflanzenarten sind insgesamt zu sehen. Das große **Tropenhaus** ist etwas für Freunde von Südostasien oder Südamerika, die darin einmal richtig durchatmen können. Es war im Krieg zerstört und wurde erst 1968 wiedereröffnet, allerdings in seiner alten Form mit Türmchen und Erkern. Auch die Orchideen- und Kakteenhäuser sind sehenswert.

Grünes Berlin

Der Botanische Garten prunkt mit Freiflächen und riesigen Gewächshäusern

Für Blinde und Sehbehinderte wurde ein **Duft- und Tastgarten** angelegt.
Adresse: Königin-Luise-Str. 6–8 (Bus 101 ab U-Bhf. Breitenbachplatz oder Bus X 11 ab U-Bhf. Dahlem Dorf). Ein weiterer Eingang befindet sich Unter den Eichen (S-Bhf. Botanischer Garten oder Bus 148 ab U-/S-Bhf. Rathaus Steglitz), ✆ 83 85 01 00, 83 85 00 27.
Freigelände: ⌚ Nov. bis Feb. tägl. 9–16 h; März, Okt. tägl. 9–17 h; April, Sept. tägl. 9–19 h; Mai bis Aug. tägl. 9–20 h. **Gewächshäuser:** Nov. bis Feb. 9–15.15 h; März, Okt. 9–16.15 h; April bis Sept. 9–17.15 h (Sa/So ab 10 h). Eintritt (mit Museum) 4 € (erm. 2 €).

Botanisches Museum der Freien Universität Berlin: Auch Pflanzen haben ihre Geschichte! Hier erhält der Besucher Informationen über die verschiedensten Arten, z. B. über ihre Verbreitung, Vermehrung und vieles mehr. Das Museum besitzt über 1 Mio. präparierter Pflanzen.
Adresse: Königin-Luise-Str. 6–8 (U-Bhf. Rathaus Steglitz, Busse 101, 183), ✆ 83 85 01 00, Führung durch das Museum nach Anmeldung unter ✆ 83 85 01 33. ⌚ tägl. 10–17 h.

Praktische Infos

Restaurants mit Biergarten

Alter Krug (1), Königin-Luise-Str. 52, ✆ 832 70 00. ⌚ tägl. ab 11 h bis mind. 24 h. Der alte Dahlemer Dorfkrug wurde 2001 unter neuer Leitung wieder eröffnet. Die Verjüngungskur schuf einen großflächigen, leider baumlosen Selbstbedienungs-Biergarten.
Luise (2), Königin-Luise-Str. 40, ✆ 832 84 87. ⌚ tägl. 10–1 h. Der Studententreff an der FU, geeignet auch für den Imbiss nach einem Besuch in den Dahlemer Museen. Gutes und reichliches Frühstück bis 14 h, Küche bis 24 h. Großer, schattiger Biergarten. Bei schlechtem Wetter sitzt man im reichlich abgewetzten Innenraum.
Altensteiner Krug (3), Altensteinstr. 42, ✆ 84 10 96 16. ⌚ tägl. 11–2 h. Eine der wenigen Kneipen in Zehlendorf, deftige Küche (Hauptgerichte 4–15 €). Kleiner Biergarten an der Straße.

Treptower Park

Treptow, das seit 2001 verwaltungsmäßig mit Köpenick zusammengeschlossen ist, ist seit jeher ein beliebtes Ausflugsziel der Berliner. Damit ist besonders der Treptower Park gemeint, ein weitläufiges Areal an der Spree. Hier fahren die Ausflugsschiffe der Stern- und Kreisschifffahrt ab, und hier steht das bombastische Sowjetische Ehrenmal. Astronomisch Interessierte zieht die Archenhold-Sternwarte mit dem längsten Linsenfernrohr der Welt an. Eine Riesenattraktion für Kinder, der derzeit leider geschlossene "Dauerrummel" Spreepark, liegt ein Stückchen weiter im Plänterwald.

Über eine Brücke geht's auf die Insel der Jugend

Für die meisten Erwachsenen ist es sicher schöner, vom S-Bahnhof Treptower Park durch den Rosengarten und dann am Spreeufer entlang zu gehen, wo man nach gut einem Kilometer die **Abteiinsel** (zu DDR-Zeiten als "Insel der Jugend" bekannt) erreicht, auf der sich ein Musikklub etabliert hat. Hier gibt es oft Live-Musik und eine Kneipe; im Sommer auch auf der Terrasse. Die Insel erreicht man über eine 76 Meter lange, in hohem Bogen geschwungene Stahlbetonbrücke, die 1916 von französischen Kriegsgefangenen erbaut wurde. Von der baumbestandenen Insel aus kann man ein kleines Inselchen in der hier zu einem See verbreiterten Spree sehen, die **Liebesinsel**. Diese Insel ist nur per Boot zu erreichen, das einige Meter weiter bei einem **Ruderbootverleih** gemietet werden kann.

Weitere Möglichkeiten, ein Bier oder Wasser zu trinken und eine Kleinigkeit zu essen, bieten das traditionsreiche Ausflugslokal Haus Zenner, in dem sich ein Burger King und der letzte Vertreter der Berliner Kneipen-Restaurantkette Eierschale befinden, sowie das

Am Sonntagnachmittag kann man in der Archenhold-Sternwarte das Riesenfernrohr in Bewegung bestaunen

neue Restaurantschiff Klipper. Jenseits der Straße Alt Treptow/Puschkinallee, die den Park der Länge nach durchschneidet, liegen die Archenhold-Sternwarte und das riesige Sowjetische Ehrenmal.

Sowjetisches Ehrenmal

Es wurde 1946–49 auf dem Gelände errichtet, auf dem 1918/19 zahlreiche Kundgebungen der Arbeiterbewegung stattgefunden hatten, der alten Treptower Spielwiese. Das Ehrenmal erinnert an die 20.000 sowjetischen Soldaten, die im Kampf um Berlin 1945 gefallen sind. 5.000 von ihnen wurden hier beigesetzt. Nach Entwürfen sowjetischer Architekten und Bildhauer arbeiteten 1.200 Handwerker – darunter 200 Steinmetze – drei Jahre an dem gigantischen Bau. Das Material ist schwedischer Granit, der bereits von den Nazis gekauft worden war, um daraus Prachtbauten und Siegesdenkmäler errichten zu lassen. Man sollte das Bauwerk einfach auf sich wirken lassen – bei all seiner Gigantomanie.

Infos unter www.berliner-freunde-russlands.de

Archenhold-Sternwarte

1896 wurde auf Betreiben des Astronomen *Friedrich Simon Archenhold* ein 21 Meter langes Riesenfernrohr gebaut und während der damaligen Weltausstellung in einer Holzkonstruktion im Freien aufgestellt. Um das angeblich auch heute noch längste Fernrohr der Welt geschützt aufstellen zu können, wurde 1909 mit Gewerkschaftsgeldern die massive Sternwarte gebaut, die erste Volkssternwarte Deutschlands. 1915 hielt *Albert Einstein* hier seinen ersten öffentlichen Vortrag über die Relativitätstheorie. Nach einer umfangreichen Sanierung wurde die von einem Verein betriebene Sternwarte 1997 wieder eröffnet. Sie kann besichtigt oder zu Veranstaltungen besucht werden. Für

Treptower Park

Kinder gibt es an einigen Donnerstagen um 15 h spezielle Vorführungen.

Adresse: Alt Treptow 1, ✆ 534 80 80 (Mo–Fr 8–15 h), www.astw.de. ⏱ Mi–So 14–16.30 h. Eintritt 2 € (erm. 1,50 €). Führungen Do 20 h, Sa/So 15 h, pro Pers. 3 €; Vorführung des Riesenfernrohrs in Bewegung nur So 15 h. Diverse öffentliche Veranstaltungen; Führungen und Veranstaltungen für Gruppen ab 10 Pers. nach Vereinbarung.

Spreepark

Voraussichtlich kann man hier ab 2003 wieder Artisten bewundern, einer Seelöwen-Show beiwohnen und vor allem alle möglichen Karussells und Fahrgeschäfte benutzen. (Aktuelle Infos im Internet unter www.michael-mueller-verlag.de, Berlin MM-City, "News & Updates"). Seit sich im Januar 2002 die hoch verschuldete Betreiberfamilie Witte mitsamt den Fahrgeschäften nach Peru abgesetzt hat, ist die Zukunft des Spreeparks ungewiss. Gespräche mit potentiellen Pächtern verliefen ergebnislos, viele Anwohner lehnen den Rummelbetrieb ab.

Anfahrt: S-Bhf. Plänterwald, von dort ca. 1 km zu Fuß oder – nach kurzem Fußmarsch zur Haltestelle – mit dem Bus 166/167 bis Rathaus Treptow. Von hier läuft man noch ca. 300 m.

Im Schatten der Treptowers legen die Ausflugsschiffe im Treptower Park an

Praktische Infos

Hafen Treptow

Hauptbüro und Anlegestelle der **Stern- und Kreisschifffahrt**: Hier kann man im Vorverkauf Fahrkarten für die Ausflugsdampfer (auch die Kombi-Tageskarte, → S. 200) erwerben.

Adresse: Puschkinallee 15 (S-Bhf. Treptower Park), ✆ 536 36 00, www.sternundkreis.de. ⏱ April–Sept. Mo–Fr 9–17 h, Sa 9–13 h. Ab Ende März und bis Ende Okt. eingeschränkte Öffnungszeiten.

Auch ein **Wasserflugzeug** startet hier zu Rundflügen, die über 100 €/Pers. kosten.

Essen/Trinken/Tanzen

Eierschale Zenner, Alt-Treptow 14–17, ✆ 533 73 70, www.eierschalezenner.de. ⏰ Mo–Fr ab 10 h, Sa/So ab 9 h. An den Sommerwochenenden Gartenparties mit Barbecue und Disco. Große Terrasse mit Spreeblick für 1.500 Durstige. Würstchengeruch und der Duft gebackener Kartoffeln liegt in der Luft, und jede Menge Mosel und natürlich Mollen zwitschern die Kehlen hinunter. Verbunden mit einem Besuch des Treptower Parks und des russischen Ehrendenkmals sowie einer Ruderpartie auf der Spree (Vermietung gleich vor Ort) ein ideales Wochenendvergnügen.

Klipper, Bulgarische Str., ✆ 53 21 64 90, www.klipper-am-plaenterwald.de. ⏰ tägl. 10–1 h. Neben der Brücke zur Insel der Jugend ankert seit 2001 ein Restaurant-Schiff mit zusätzlicher Holzterrasse. Der "Klipper" ist ein 1890 erbauter Zweimast-Segler, der 80 Personen Platz bietet. Café und Restaurantbetrieb mit gehobener Küche; Cocktails – entsprechende Preise. Obwohl ganzjährig geöffnet, wird es nur an schönen Sommertagen richtig voll, dann sollte man reservieren.

Insel, Alt-Treptow 6, ✆ 53 60 80 20, www.insel-berlin.com. Über die Brücke geht's zum Tanzen auf die ehemalige "Insel der Jugend" in der Spree. Mi ab 20 h Party für Jugendliche, Fr/Sa Danceclub oder Live-Musik ab 22 h. Eintritt 5–10 €. Special: So Kindernachmittag ab 14 h. An Sommernachmittagen ist die Café-Terrasse Treffpunkt für junge Leute, abends gibt's hier ab und zu Open-Air-Kino. Wer versackt ist, kommt mit dem Nachtbus (Linien N 40 oder N 65) wieder in belebtere Gegenden.

Über einen Bootssteg geht's auf das historische Segelschiff, das das Café-Restaurant Klipper beherbergt

Freizeitparadies Müggelsee

Müggelsee

Ein klassisches Berliner Ausflugsziel ist der Große Müggelsee. Hier kann man spazieren gehen, baden oder eine Fahrt mit einem Ausflugsschiff starten. Interessant ist der Anmarsch zum See vom S-Bahnhof Friedrichshagen durch die Bölschestraße; ein Weg, der auch mit der Straßenbahn zurückgelegt werden kann. Mit dem Ausflugsschiff gelangt man z. B vom Hafen Treptow nach Friedrichshagen. Die Fahrt dauert etwa eineinhalb Stunden.

Friedrichshagen entstand, als sich 1753 die Familien von hundert Baumwollspinnern hier niederließen, darunter viele aus Böhmen. Friedrich II. hatte sie ins Land geholt. Sie waren verpflichtet, Maulbeerbäume für die Seidenraupenzucht zu pflanzen und zu hegen. In der **Bölschestraße** und ihrer Umgebung sind noch einige der kleinen alten Häuser aus dieser Zeit zu sehen. Im späten 19. Jh. war Friedrichshagen ein Literatenviertel. Dem *Friedrichshagener Dichterkreis* wird auch *Gerhart Hauptmann*, der hier gewohnt hat, zugerechnet.

Einen Blick wert ist die **Brauerei** der Berliner Bürgerbräu am Müggelseedamm, die von Zeit zu Zeit besichtigt werden kann. Angeschlossen ist ein geräumiges Restaurant mit Kleinkunstbühne, das Bräustübl.
Durch einen Tunnel unter der Spree oder mit der Fähre kommt man von Friedrichshagen zum West- und Südufer des Müggelsees, ideale Ausgangspunkte für Wanderungen durch den Berliner Stadtwald, z. B. über die leichte Erhebung der **Müggelberge** mit dem **Müggelturm** darauf, der allerdings demnächst abgerissen werden soll. Erholung

Start zur Müggelsee-Fahrt

von den langen Spaziergängen durch Kiefernwälder oder am Seeufer entlang versprechen die Ausflugslokale Müggelsee-Terrassen (auch mit dem Schiff erreichbar) und Müggelturm. In Friedrichshagen starten Dampferfahrten in die grüne Umgebung, z. B. über die **Löcknitz** auf den **Möllensee** (Start 12 h, Rückkehr 16.50 h), über den Großen Müggelsee auf den **Seddinsee** (Start an der Anlegestelle Müggelsee-Terrassen (ehem. Rübezahl) um 13.30 h, Ankunft Hafen Treptow 17.15 h) oder nach **Rüdersdorf** mit seinen Kalkofen-Museumsanlagen (Start 11.30 h, Ankunft 18.15 h in Köpenick oder 19.15 h in Treptow).

Praktische Infos

Ausflugsschiffe

Kombi-Tageskarte der BVG und der Stern- und Kreisschifffahrt: Für einen Tag am Müggelsee oft preiswerter als Einzelfahrscheine ist folgendes Pauschalangebot: VBB-Tagesticket Bereich ABC und beliebig viele Fahrten mit den Dampfern der Stern- und Kreisschifffahrt, ausgenommen die mit Fahrpreisen über 14 €. Die Kombi-Tageskarte kostet etwa 15 € (erm. 7,50 €) und ist an BVG-Verkaufsstellen und Kassen der Stern- und Kreisschifffahrt erhältlich. Zum Vergleich: Die einfache Fahrt von Treptow nach Friedrichshagen/Müggelsee-Terrassen kostet ca. 7,50 €.

Anlegestellen der Stern- und Kreisschifffahrt: Friedrichshagen, am Ende der Josef-Nawrocki-Str.; Müggelsee-Terrassen (ehem. Rübezahl); Dorint Hotel Müggelsee (ehem. Müggelseeperle); Müggelhort.

Freibäder

Freibad Friedrichshagen, Müggelseedamm 216 (S-Bhf. Friedrichshagen und Tram 60, 61), ☏ 645 57 56. Sandstrand, Stege, Spielplatz, Volleyball; Bistro. Das Wasser entspricht den Standards der EU. Seit 2002 wird das Bad von einem privaten Pächter betrieben.

Müggelsee 201

Freibad Müggelsee, Fürstenwalder Damm 838 (S-Bhf. Friedrichshagen und Tram 61 oder S-Bhf. Rahnsdorf und Bus 161), ✆ 648 77 77. Sauna, Solarium; FKK-Strand. Wasser ist o. k.
Ebenfalls möglich ist das Baden an zahlreichen "wilden" Badestellen mit kleinen Sandstränden.

Biergärten

Schrörs am Müggelsee, Josef-Nawrocki-Str. 16, ✆ 64 09 58 80. ⏱ tägl. 11–22 h. Großer, etwas improvisierter Biergarten neben einer leer stehenden Villa. Hier isst und trinkt man recht preiswert und mit schönem Blick auf den See und die Brauerei.

Müggelsee-Terrassen, Am Großen Müggelsee, ✆ 65 88 20, www.mueggelseeterrassen.de. ⏱ April–Sept. Mo–Fr 11.30–17 h, Sa/So 10.30–19 h. Die frisch renovierte Massengaststätte mit drei Terrassen am Anleger der Müggelseefähre hieß bis vor kurzem "Rübezahl".

Müggelturm, In den Müggelbergen, ✆ 656 97 97. Seit 2002 leider wegen Einsturzgefahr geschlossene Gaststätte im Spazierparadies zwischen Langem See und Müggelsee. Bemerkenswert ist vor allem die Aussicht vom Turm – bis Rüdersdorf. Seit Jahren wird über die Zukunft des heruntergekommenen Etablissements gestritten. Zur Diskussion steht auch der Abriss des heutigen Betonturms und die Errichtung einer Replik des bis in die 60er Jahre hier stehenden Holzturms aus der Gründerzeit.

Restaurant/Kleinkunstbühne

Bräustübl, Müggelseedamm 164, ✆ 645 57 16, www.braeustuebl.de. ⏱ tägl. 12–24 h, Küche bis 23 h. Am Wochenende Kabarett-Vorstellungen und Konzerte, ansonsten eine großräumige Brauereigaststätte, in der man zünftig tafeln kann. Ausgeschenkt wird natürlich das nebenan gebraute Berliner Bürgerbräu. Regionale Küche, Hauptgerichte 6–15 €. Ein Biergarten ist auch vorhanden.

Rast im Biergarten Schrörs am Müggelsee neben der Brauerei Berliner Bürgerbräu in Friedrichshagen

Orangerieschloss im Park Sanssouci

Ausflug nach Potsdam

Weltberühmt und auf jeden Fall sehenswert sind Schloss und Park Sanssouci. Wer etwas genauer hinschaut wird bemerken, dass auch die anderen Parks und Freiflächen der Stadt architektonisch durchkomponiert sind. Potsdam ist ein Gesamtkunstwerk, das 1990 von der UNESCO zum Weltkulturerbe erklärt wurde.

So sollte sich ein Potsdam-Besuch keinesfalls auf Sanssouci beschränken, sondern auch die Innenstadt mit dem Holländischen Viertel sowie die Alexandrowka einschließen. An einem Tag kann man Potsdam schon recht gut kennen lernen, vor allem wenn man mit dem Fahrrad unterwegs ist. Denn die seit 2001 sehr gut beschilderten Sehenswürdigkeiten liegen recht weit auseinander. Aber auch zu Fuß – kombiniert mit einigen Straßenbahn- oder Bus-Fahrten – ist Potsdam zu erkunden, ohne dass man sich dabei Blasen laufen muss. Von Berlin aus erreicht man Potsdam schnell und bequem per S-Bahn oder Regionalbahn der DB. Besonders schön ist es aber, mit einem Ausflugsschiff in Potsdam anzukommen (z. B ab Berlin-Wannsee, s. Kapitel "Unterwegs in Berlin"). In Potsdam starten Ausflugsschiffe in die Umgebung. Eine 1,5-stündige Schlösser-Rundfahrt kann man von Mitte Mai bis Mitte September sogar auf einem echten Dampfschiff vom Anfang des 20. Jh. unternehmen (Do–So 11, 13 oder 15 h).

Potsdam ist aber nicht nur Garten- und Residenzstadt, sondern auch Garnisonsstadt – seit dem 18. Jh. Nach dem Abzug der russischen Armee im Jahr 1994 übernahm die Bundeswehr einige der alten Kasernen, andere wurden umgebaut und werden heute zivil genutzt. Einige sind auch verfallen und harren der Zukunft. So lebt Potsdam in einem

Für alte und junge Fritzen

POTSDAM

Früher residierten vor den Toren Berlins Könige und Kaiser, heute Modezaren und Show-Monarchen. Potsdam war eins der ersten Prestigeobjekte, die nach der Wende wieder ordentlich hergerichtet wurden. Zum Glück hatte das vorherige Regime die kapitalistischen Feste nicht dem Erdboden gleichgemacht, sondern einfach herunterkommen lassen. Und das zahlt sich aus – besonders für Freunde des ›dolce far niente‹ und der endlosen Spaziergänge, die vielleicht mal von der Hektik des Berliner Lebens abschalten wollen. Der Preußenkönig hat da in Form von breitflächigen Anlagen für Abhilfe gesorgt. Sanssouci steht Versailles und Konsorten in nichts nach. Aber das ist noch nicht alles. Neben der Größe und Beschaulichkeit der preußischen Gartenkunst wartet im Holländischen Viertel das pralle Leben. Alles in allem eine recht heile Welt, die da geboten wird. Aber auch das muss man einmal auskosten. Ohne viel zu bezahlen.

Sorglos in Sanssouci

Die meisten Wege nach Potsdam führen über Berlin. Um sich ideal in die Stimmung der Idylle vor den Toren der Hauptstadt einzugrooven, empfiehlt sich die Landstraße über den **Wannsee,** bis man schließlich die legendäre **Glienicker Brücke** passiert. Der Blick fällt auf Motorboote und feudale Villen am gegenüberliegenden Ufer. Kaum vorzustellen, wie hier früher die staatlichen Kolonnen in langen Mänteln unter größtem Misstrauen aufmarschierten, um Spion und Spion auszutauschen. Direkt dahinter liegen nicht nur

Potsdam

der zum Baden einladende **Heilige See** und die Redaktion des selbst ernannten ›gedruckten Salons‹, des Cicero, sondern auch der perfekte Stopover für ein zweites Frühstück: Das **Biker's Café** ist eine ehemalige Tankstelle, heute noch von originalen Indian-Zapfsäulen flankiert, und mit einer berüchtigten LP-Sammlung. An der Theke gibt's Sandwich und Cappuccino, bevor Biker und Nicht-Biker gestärkt fortfahren.

Rein ins Flanier-Vergnügen: **Sanssouci** wartet schon. Das heißt, viele sind schon da. Die Busbetriebe haben am frühen Morgen ganze Arbeit geleistet und ihre Coache vor dem Hauptschloss entleert (Tipp: Kostenlose Parkplätze befinden sich an der Voltairestraße, nur ein paar hundert Meter entfernt). Es schadet sicher nicht, einen Blick auf die riesige Anlage mit ihren Fontänen à la Versailles zu werfen. Was aber am meisten strömt, sind die Touristen aus aller Herren Länder.

Alle anderen Sehenswürdigkeiten warten mit weniger Prunk auf und sind viel schöner und einsamer: In der **Orangerie** oder an den **Badehäusern** ist man nicht in Brandenburg, sondern in der Toskana – und das war ja auch die Absicht der Herren Schinkel und Lenné. Diese »in sich geschlossene eigene Welt und doch Teil eines zusammengehörigen Ganzen« (O-Ton) setzt sich am **Neuen Palais,** am **Schloss Charlottenhof** oder am **Chinesischen Haus** fort. Unser Tipp: Die Tour dort beginnen. Denn hier entfalten sich Pracht und Weite ungestört – vor allem von Menschenmassen. Und wie weit Sie sich auf dem leise knirschenden Kiesweg in die Innereien des märchenhaften Parks in Richtung Sanssouci zubewegen wollen, hängt ganz von Ihrer Leidenschaft ab. Sonst kann man sich auch einfach in die Büsche schlagen und unter einem schattigen Baum picknicken.

Kiez mit Kopfsteinpflaster: Das Holländerviertel

Von so viel preußischem Prunk – mit viel Anlehnung an französische und italienische Kultur – berauscht, bringt einen Potsdam schnell wieder auf den Teppich. Wer mit der S-Bahn anreist, darf sich vom ersten Eindruck nicht schocken lassen. Die ›weiträumige‹ DDR-Stadtplanung erstreckt sich nur bis zur einsam wirkenden **Nikolaikirche.** Denn dahinter beginnt das Holländische Viertel, in dem sich die Medien- und Kreativbohème breit gemacht hat.

Die 134 spitzgiebeligen Häuser aus unverputzten roten Ziegeln entstanden zwischen 1723 und 1744 auf Weisung von Friedrich Wilhelm I., der die begehrten niederländischen Bauhandwerker zum Umzug an die Havel bewegen wollte. Moderne junge Stadtmenschen haben es ihnen nachgemacht, nicht ohne Folgen: Die Berliner zogen hinaus, die Preise zogen an. Aber was soll's: Eine dermaßen hohe Cafédichte hat nur noch Berlin-Mitte zu bieten. Gemeint sind wirklich nette Cafés, so dass man sich kaum entscheiden kann, wo man nun Kaffee und Kuchen einnimmt. Beim **Alten Fritz** vielleicht, wo es original Muckefuck mit zerstoßenen Senfkörnern und Genever gibt, wie ihn der

Unterwegs

Von Berlin-Zoo fahren Bahn (direkt) und S-Bahn (2,60 €) nach Potsdam Hbf. Für Eiligere im Schlossgarten empfiehlt sich ein Fahrrad.

Potsdam – Tipps

Relaxen im Holländischen Viertel

Genannte eben zu trinken pflegte? Im **Daily Coffee** mit quirligen jungen Leuten? Oder im **Maison du Chocolat,** wo diese variantenreich serviert wird? Außerdem wären da natürlich noch die diversen Shoppingadressen und Restaurants, die uns den Aufenthalt versüßen und Berlin vergessen lassen. Hier befinden sich denn auch die netten Unterkünfte, die den Potsdam-Besuch abrunden.

Wer langsam in Urlaubsstimmung kommt, bleibt länger, um die Gewässer ringsherum zu genießen. Zum Beispiel den nahe liegenden, schönen **Templiner See,** wie die Havel bei Potsdam heißt, die per Schiff bis weit nach Brandenburg ›erfahrbar‹ ist. Natürlich geht die Seefahrt auf Wunsch auch in Richtung ›Westen‹ auf den **Wannsee** und die **Pfaueninsel.** Oder man übernimmt selbst das Ruder, mietet ein Boot oder lernt sogar Wasserski. Wir sind jedenfalls mit Potsdam vollauf zufrieden. Jetzt kann man Jauch, Joop und Co. verstehen.

Information
Sanssouci, Besucherzentrum an der Historischen Mühle, An der Orangerie 1, Tel. 0331-9694-202, www.spsg.de, 1. März–31. Okt. 8.30–17 Uhr, 1. Nov.–28. Februar 9–16 Uhr.
Bootsverleih und Wasserskischule: Moisl's Bootsvermietung, Tel. 033209-84779, 1. Mai–30. September, Kajak-Zweisitzer 20 € (5 Std.).

Unterkunft
Für kleine Maus: Am Bassin, Brandenburgerstr. 37, Tel. 0331-700835, www.hochlland.de, DZ 59 €/Nacht. Gästehaus mit Blick auf die Nikolaikirche im Holländerviertel, recht familiär (Selbstversorgerküche …).
Für Designfreaks: artotel Potsdam, Zeppelinstr. 136, Tel. 0331-981 50. Innen entworfen von Jasper Morrison und mit Kunst von Katarina Sieverding kann sich das ehemalige Lagerhaus der Sanssouci-Konstrukteure sehen lassen. Zum Beispiel im Rahmen eines Berlin-Weekend-Special inklusive

Potsdam – Tipps

Cocktail, 3-Gang-Menü, Tagesticket nach Berlin-Brandenburg, Saunagarten, Fitness-Bereich sowie Shiatsu-Massage (tutti completti 278 €).

Für den Kurzurlaub: Das Kleine Apartmenthotel (Holländerhaus), Kurfürstenstr. 15, Tel. 0331-279 11, www.hollaenderhaus.potsdam.de. Wie der Beiname sagt: Viel roter Ziegel und direkt am Holländerviertel. Regulär 80–180 €, aber bei 7 Übernachtungen ab 450 €. Latest Chic, Innenhof, Sauna, Fitnessraum, Fahrradverleih.

Shopping

Holländisches Viertel, Klamotten, Design, Kunst, Kitsch durch mehrere Straßenzüge rauf und runter.

Essen & Trinken

Biker's Café, direkt hinter der Glienicker Brücke. Geführt von sympathischen, politisch engagierten Menschen. Man ist auch ohne Harley willkommen. Sandwiches für kleines Geld. Am besten fürs Picknick in Sanssouci eindecken.

Kaffee Alter Fritz, Benkertstr. 16. Gemütliches Interieur, leckere kleine Sachen und Kaffee, wie ihn der ›Alte Fritz‹ trank: Muckefuck mit zerstoßenen Senfkörnern und Genever …

Restaurant Juliette, Jägerstr. 39, Tel. 0331-270 17 91, www.restaurant-juliette.de. Französische Küche. Gehört zu den besten Restaurants Brandenburgs, Mick Jagger war auch schon da. Das »Menu Classique« kostet 55 €, gutes Preis-Leistungsverhältnis.

Nightlife

Besser eine **Mondscheinfahrt** auf der Havel unternehmen, statt eine Disco zu suchen. Schiffsfahrten-Information unter 0331-275 92-10/-20/-33 oder www.schiffahrt-in-potsdam.de. Ableger: Lange Brücke.

Best of …

Picknick in **Sanssouci,** Sonnenuntergang am **Belvedere.**
Natur: auf der **Havel** in See stechen oder Schlittschuh fahren.

RECHNUNG

Ihre Rechnung für 2

Richtig wohnen im Kleinen Apartmenthotel	160,00 €
Imbiss oder Picknickrequisiten im Biker's Café	10,00 €
Runde Kaffee Alter Fritz	7,00 €
Fahrt in den Sonnenuntergang mit dem Dampfschiff »Gustav«	32,00 €
Cocktail auf der artotel-Terrasse mit Havelblick	16,00 €
Einmal sich fühlen wie zu Kaisers Zeiten	keine Ursache
Potsdam King Size	**225,00 €**

eigenartigen Spannnungszustand zwischen der Tradition des strengen preußischen Militarismus und italienisch-bukolisch wirkender Garten- und Schloss-Romantik.

Kaum zu merken ist, dass Potsdam auf einer Insel liegt. Doch genau das macht den Reiz der Stadt aus: die sich zu Seen verbreiternden Wasserläufe der Havel, zwischen denen das Stadtzentrum liegt und die in die Gestaltung der Parks einbezogen sind.

Potsdams Schlösser und Gärten

Im 18. Jh. wurden die ersten Grundsteine der heute einmaligen Schlösser und Gärten gelegt: Residenzbauten für den Großen Kurfürsten Friedrich Wilhelm I. und seinen Sohn Friedrich II. (den "Großen"). Zuvor hatte Friedrich Wilhelm befohlen: *"Das ganze Eiland muss ein Paradies werden."* Mit der 150 Jahre dauernden Umgestaltung der sandigen und sumpfigen Flächen zwischen dem gewundenen Lauf der Havel in ein Paradies wurde neben anderen Gartenarchitekten Peter Joseph Lenné betraut. Er schuf das **grandiose Sichtachsen-Konzept**, das noch heute – leider gestört durch einige DDR-Bauwerke und die 1990er-Jahre-Bebauung am Glienicker Horn – zu erkennen ist.

Im Zweiten Weltkrieg, dessen Ende im Potsdamer Schloss Cecilienhof besiegelt wurde, wurden viele Bauwerke zerstört. Was den Krieg überlebt hat, wurde z. T. danach abgerissen; so die Garnisonkirche und das Stadtschloss, die in naher Zukunft wieder aufgebaut werden sollen.

Zu DDR-Zeiten war Potsdam durch die hier stationierten Teile der Westtruppen der Roten Armee geprägt. Sie nutzten ganze Stadtviertel, die von der Zivilbevölkerung nicht betreten werden durften. Nach der "Wende" wurden viele Villen und Wohnhäuser an die Alteigentümer oder deren Nachkommen rückübertragen und anschließend saniert. Die ehemaligen Nutzer mussten in der Regel ausziehen. Während der Jahre der ungeklärten Eigentumsverhältnisse entstand in Potsdam eine recht große Hausbesetzerbewegung, die weit über 100 Häuser bewohnte. Mittlerweile ist diese Szene aus der Innenstadt verdrängt, wohlhabende Mieter und Neueigentümer sind in die teilweise fast disneylandartig sanierten Bauten gezogen. Die teuersten Cafés und Restaurants der Stadt konzentrieren sich um den Luisenplatz, der im Sommer sehr italienisch wirkt.

Altes Rathaus

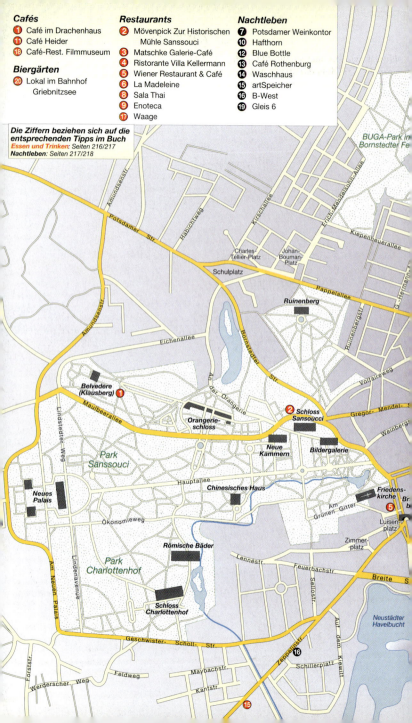

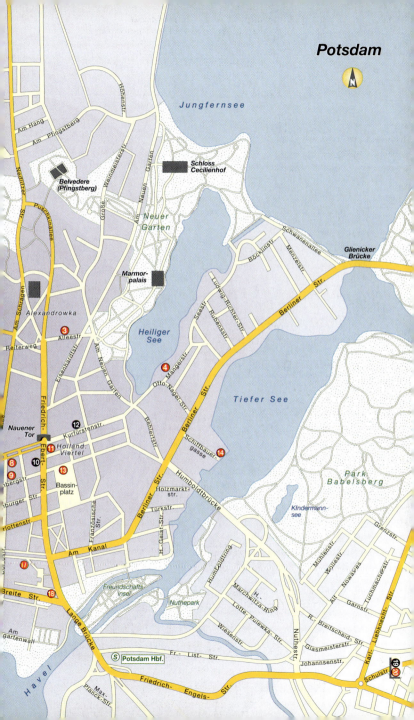

Potsdams Hauptattraktion ist das Schloss Sanssouci

Sehenswertes

Sanssouci

Park Sanssouci: Im und um den 290 Hektar großen Park Sanssouci liegen die Haupt-Sehenswürdigkeiten Potsdams, die seit 1995 von der Stiftung Preußische Schlösser und Gärten verwaltet werden. Durch den Park kann man stundenlang gehen und immer wieder auf Neues stoßen. Besonders schön ist das an einem sonnigen Herbsttag – nur nicht am Wochenende. Zu entdecken sind Fontänen, Grotten und Gartenplastiken der Künstler *Johann Peter Benckert*, *Georg Franz Ebenhech* und *Friedrich Christian Glume*, ein chinesischer Pavillon und natürlich die zahlreichen Schlösser.

① Nov.–Jan. bis 18 h, Feb. und Okt. bis 19 h, März und Sept. bis 20 h, April und Aug. bis 21 h, Mai–Juli bis 22 h. Der Eintritt in den Park ist frei.

Schloss Sanssouci: Als Sommerresidenz für Friedrich II., der übrigens seit 1991 auf der Terrasse beigesetzt ist, wurde das Schloss von 1745–47 auf dem extra angelegten Weinberg nach Plänen von *Georg Wenzeslaus von Knobelsdorff* erbaut. Die angebauten Flügel (Damenflügel und Schlossküche) stammen von *Persius* und *Arnim*. Berühmt sind der Vorsaal und der in Weiß, Grau und Gold gehaltene Marmorsaal mit Säulengruppen und Rokoko-Marmorstatuen. Von der Terrasse hat man eine herrliche Aussicht über den Park bis zu den Hochhäusern an der Neustädter Havelbucht. Die Weinstöcke in den Mauernischen der Weinberg-Terrasse wurden ursprünglich übrigens mit erhitzten Holzkohlen zum früheren Treiben animiert.

Schloss: ① April–Okt. Di–So 9–17 h, Nov.–März Di–So 9–16 h. Besichtigung nur mit

Führung (alle 20 Min.). Eintritt 8 € (erm. 5 €). Am Wochenende oft lange Warteschlangen! **Schlossküche:** ◎ Mitte Mai–Mitte Okt. Sa/So 10–17 h. Eintritt 1 €. **Damenflügel:** ◎ Mitte Mai bis Mitte Okt. Sa/So 10–17 h. Eintritt 2 € (erm. 1,50 €).

Bildergalerie: 1755–63 wurde das älteste als Museum konzipierte Gebäude Deutschlands nach Entwürfen von *Johann Gottfried Büring* errichtet. In diesem lichten Barockbau sind 119 Renaissance- und Barock-Werke, u. a. von *Peter Paul Rubens, Anthonisz van Dyck* und *Michelangelo da Caravaggio* zu sehen.
◎ Mitte Mai bis Mitte Okt. Di–So 10–17 h. Eintritt 3 € (erm. 2,50 €) (mit Führung).

Neue Kammern: Sozusagen das Pendant zur Bildergalerie auf der anderen Seite des Sommerschlosses. Sie wurden 1747 von *Jan Bouman* nach *Knobelsdorffs* Entwurf als Überwinterungshaus für die empfindlichen Kübelpflanzen wie Zitronen und Granatäpfel errichtet, die die Schlossterrasse schmückten. Später wurden die Kammern zum Gästeschloss umgebaut und mit einer Kuppel mit Laterne versehen, um sie der Bildergalerie optisch anzugleichen. Besonders eindrucksvoll ist der Jaspis-Saal mit Wandverkleidungen aus dem gleichnamigen Stein. Hier sind Teile der Antikensammlung Friedrichs II. zu sehen.
◎ April bis Mitte Mai Sa/So 10–17 h, Mitte Mai bis Mitte Okt. Di–So 10–17 h. Eintritt 3 € (erm. 2,50 €) (mit Führung).

Historische Mühle: Hinter den Neuen Kammern hatte der "Müller von Sanssouci" seine Windmühle. Die heutige Bockwindmühle, die von der Mühlenvereinigung Berlin-Brandenburg betrieben wird, wurde um 1790 an der Stelle einer älteren hölzernen Windmühle erbaut. Im Zweiten Weltkrieg brannte sie völlig ab und wurde 1993 wiederhergestellt.
◎ April–Okt. tägl. 10–18 h, Nov.–März Sa/So 10–18 h. Eintritt 1,50 € (erm. 0,50 €).

Ruinenberg: Über dem Schloss Sanssouci gelegen, deshalb hat man von hier noch eine spektakulärere Aussicht als von der Schlossterrasse. Der Blick

Kaschiert ein Wasserbassin – der Ruinenberg

reicht über große Teile der Stadt bis zum Waldgebiet um den kleinen Ravensberg. Die Ruine, die dem Berg den Namen gab, wurde Mitte des 18. Jh. von *Knobelsdorff* errichtet, um den Wasserspeicher zu kaschieren, der die Fontänen im Park speisen sollte. Das Hochpumpen des Wassers in dieses Bassin funktionierte übrigens nie! Deshalb wurde fast 100 Jahre später das Dampfmaschinenhaus im maurischen Stil an der Neustädter Havelbucht gebaut, das dann endlich die Fontänen zum Sprudeln brachte. Es ist nur von Mitte Mai bis Mitte Oktober Sa/So 10–17 h geöffnet.

Orangerieschloss: 1851–64 nach Plänen von *Persius*, *Stüler* und *Hesse* für Friedrich Wilhelm IV. erbaut, diente dieses mächtige Schloss mit seinen beiden Türmen als Gäste- und Repräsentationsbau. Sehenswert ist der im Turm untergebrachte *Raffaelsaal* mit Kopien von Gemälden Raffaels, die Friedrich Wilhelm sammelte.

⏱ Mitte Mai bis Mitte Okt. Di–So 10–17 h. Eintritt 3 € (erm. 2,50 €) (mit Führung). Turm: Eintritt 1 €.

Belvedere auf dem Klausberg: Unter Friedrich II. wurde das mittlerweile frisch sanierte Belvedere oberhalb des Orangerieschlosses erbaut. Nebenan liegt das ehemalige Winzerhaus von Sanssouci, das **Drachenhaus**. Hier ist vor einigen Jahren ein Café eingezogen.

Neues Palais: Das 300-zimmrige Prunkschloss Friedrichs II. wurde nach dem Ende des Siebenjährigen Krieges 1763–69 von *Johann Gottfried Büring* und weiteren Architekten für fast das Zehnfache des Preises von Schloss Sanssouci erbaut. Es ist einem Castle in Yorkshire nachempfunden und beherbergt u. a. den mit wertvollen Edelsteinen und Fossilien geschmückten **Grottensaal** und das **Schlosstheater**. Zuvor hatte eine Grotte hier den Abschluss des Parks gebildet. Das Schlosstheater wird bis heute (vom Hans-Otto-Theater) bespielt.

Im Neuen Garten

Heute ohne Affen – das Chinesische Haus

Adresse: Hinter der Straße Am Neuen Palais. ⏲ April–Okt. Sa–Do 9–17 h, Nov.–März nur bis 16 h. Eintritt mit Führung 6 € (erm. 5 €). Theater: Auskünfte unter ✆ 981 18, Karten unter ✆ 275 58 88.

Communs: Gegenüber dem Neuen Palais gelegen, beherbergten die durch Säulen verbundenen Geschwisterbauten ursprünglich Küchen und Wirtschaftsräume für das Neue Palais. Heute residiert hier die Universität Potsdam.

Schloss Charlottenhof: *Karl Friedrich Schinkel* gab dem heutigen Schlösschen, das zuvor ein Gutshaus war, 1826–29 seine heutige Gestalt. *Peter Joseph Lenné* gestaltete den zugehörigen **Park** mit dem künstlichen See namens **Maschinenteich**, an dem die Römischen Bäder liegen. Zu besichtigen sind die weitgehend original eingerichteten Räume, u. a. das Esszimmer Friedrich Wilhelms IV.
⏲ Mitte Mai bis Mitte Okt. Di–So 10–17 h. Eintritt mit Führung 4 € (erm. 3 €).

Römische Bäder: Verborgen im Innenhof des nach *Schinkels* Plänen von *Ludwig Persius* in mehreren Bauabschnitten von 1829 bis 1840 erbauten Ensembles aus antiker Villa, Tempel und italienischem Landhaus liegt das namengebende Bad, das jedoch nicht zu besichtigen ist. Das mittlere Gebäude, das einstige Gärtnerhaus, diente später u. a. *Alexander von Humboldt* als Gästehaus. Hier werden wechselnde Ausstellungen gezeigt.
⏲ Mitte Mai bis Mitte Okt. Di–So 10–17 h. Eintritt mit Führung 3 € (erm. 2,50 €).

Chinesisches Haus: Friedrich II., für den es 1754–57 errichtet wurde, nannte es "Affenhaus", denn hier sausten Affen in jeder Ausführung in den Dekorationen herum. Heute sind in dem teilweise mit echtem Blattgold überzogenenen Pavillon Meissner und ostasiatisches Porzellan zu besichtigen.
⏲ Mitte Mai bis Mitte Okt. Di–So 10–17 h. Eintritt 1 €.

Friedenskirche: Nach Skizzen von *Friedrich Wilhelm IV.* erbauten *Persius* und *Stüler* 1844–54 die Kirche mit 42 Meter hohem Glockenturm, deren Schiff an die frühchristliche Basilika San Clemente in Rom erinnert. Die Apsis schmückt ein italienisch-byzantinisches Mosaik aus dem 12. Jh., das Friedrich Wilhelm IV. einst ersteigert hatte. Sein Sarkophag sowie die von Kaiser Friedrich III. und Kaiserin Victoria stehen im Mausoleum neben der Kirche, und 1991 wurde auch Friedrich Wilhelm I. hier beigesetzt. Seine sterblichen Überreste und die Friedrichs II. (s. o., Schloss Sanssouci) wurden nach der "Wende" in einer pompösen Aktion unter Anwesenheit zahlreicher Hohenzollern-Nachfahren hierher überführt.
Adresse: Am Grünen Gitter 3, ✆ 97 40 09. ⏱ Mai–Okt. tägl. 9–18 h, Nov.–April tägl. 12–15 h.

Holländisches Viertel

Das Holländische Viertel wurde 1734–42 unter Leitung *Jan Boumans* für niederländische Einwanderer, die als Arbeitskräfte angeworben werden sollten, errichtet. Doch es kamen nicht genug Einwanderer und so bezogen zahlreiche einheimische Soldatenfamilien die holländisch aussehenden Häuser. Ende der 1980er Jahre stand das Viertel zu großen Teilen leer und verfiel. In den vergangenen zehn Jahren wurden die meisten Häuser denkmalgerecht saniert; kleine Geschäfte, Werkstätten, Cafés und Kneipen zogen ein. Schön sind die Hinterhöfe, von denen einige zu Cafégärten umgestaltet wurden. Bedauerlich ist nur, dass das Viertel sehr stark mit Autos zugeparkt ist. Eine Initiative aus dem Holländischen Viertel möchte das ändern und macht sich außerdem dafür stark, die Mittelstraße in eine Fußgängerzone umzuwandeln. Wer mehr über die Geschichte dieses Viertels erfahren möchte, ist im **Jan-Bouman-Haus** richtig. Dieses originalgetreu rekonstruierte Holländer-Haus kann vom Keller bis zum Dachboden besichtigt werden. Auch eine Daueraus-

Komplett erhalten – das Holländische Viertel

Wieder schön herausgeputzt – Holzhaus in der Kolonie Alexandrowka

stellung zur Bau- und Nutzungsgeschichte des Viertels ist hier zu sehen.
Adresse: Mittelstr. 8, ℡ 280 37 73. ⏰ Sa/So 11–18 h, Mo 12–16 h und auf Anfrage. Eintritt 2 € (erm. 1 €). **Führungen** durch das Holländische Viertel beginnen im Sommerhalbjahr tägl. am Info-Laden in der Benkertstr. 17. Anmeldungen unter ℡ 280 06 96.

Kolonie Alexandrowka

Eine andere Gruppe von Einwanderern wurde vor knapp 200 Jahren in der Alexandrowka angesiedelt: russische Musiker, die am Hof Friedrich Wilhelms III. sangen. Er hatte sie zu diesem Zweck aus einer größeren Gruppe Kriegsgefangener ausgewählt. Die 14 außen mit Holz verschalten Häuser stehen in der Nauener Vorstadt inmitten riesiger Garten-Grundstücke an zwei schmalen Straßen, die sich wie ein Andreaskreuz schneiden. Angeblich werden einige der Häuser noch von Nachfahren der russischen Sänger bewohnt. Architektonisch interessant ist auch die zugehörige, von *Schinkel* im russischen Stil entworfene **Alexander-Newski-Kirche**, die besichtigt werden kann. Sie steht etwas oberhalb der Kolonie in einem Wäldchen.
⏰ tägl. 10–17 h, ℡ 29 63 13.

Neuer Garten

Zwischen Jungfernsee und dem Heiligen See liegt ein weiteres landschaftsarchitektonisches Kleinod, der Neue Garten. Er wurde ab 1787 als zweiter großer Park in Potsdam angelegt, im Stil eines englischen Landschaftsgartens. Er wird von der Stiftung Preußische Schlösser und Gärten verwaltet und kann zu den selben Zeiten wie der Park Sanssouci ebenfalls kostenlos betreten werden.

Belvedere auf dem Pfingstberg: Mitte des 19. Jh. erbautes Schloss, das seit 2001 – teilweise restauriert – wieder betreten werden kann. Zuvor war es jahrzehntelang eine (Kriegs-)Ruine; das Gelände ringsum war der Bevölkerung

Das Marmorpalais am Ufer des Heiligen Sees

nicht zugänglich, da es zum abgesperrten Bereich des KGB-"Städtchens" gehörte.
① April–Sept. Di–So 10–18 h, Okt. bis 16 h, Nov.–März Sa/So 11–16 h. Eintritt 3,50 € (erm. 2,50 €).

Marmorpalais: Oberhalb des Ufers des Heiligen Sees 1787–92 nach einem Entwurf von *Carl von Gontard* und *Carl Gotthard Langhans* für Friedrich Wilhelm II. erbautes Sommerschloss, das als Zentrum des Neuen Gartens gilt. Der vollständig restaurierte frühklassizistische Bau mit Intarsienkabinetten, in dem klassizistische Möbel und Wedgwood-Porzellan ausgestellt sind, kann besichtigt werden.
① April–Okt. Di–So 10–17 h, Nov.–März Sa/So 10–16 h. Eintritt 3 € (erm. 2,50 €) (mit Führung).

Potsdamer Konferenz

Vom 17.7 bis 2.8.1945 tagten im unzerstört gebliebenen **Schloss Cecilienhof** der US-Präsident Harry S. Truman, der sowjetische Ministerpräsident Joseph Stalin und der britische Premierminister Winston Churchill. Sie beschlossen zunächst die später so genannte Potsdamer Deklaration, in der sie Japan ultimativ zur Kapitulation aufforderten. Am Ende der Zusammenkunft verabschiedeten sie das **Potsdamer Abkommen**, das die weitere Vorgehensweise gegenüber den besiegten Deutschen festschrieb. Am 7. August stimmte auch Frankreich – allerdings unter Vorbehalten – diesem Abkommen zu. Außerdem wurden u. a. die Entmilitarisierung Deutschlands, die Aufhebung der Nazi-Gesetzgebung und die Bestrafung der Kriegsverbrecher beschlossen. Auch wurde in diesem Abkommen die Oder-Neiße-Linie als Ostgrenze Deutschlands festgelegt.

Schloss Cecilienhof: 1913–17 wurde das Schloss von *Paul Schultze-Naumburg* im englischen Landhausstil errichtet. In den größten Teil des Schlosses ist ein exklusives Hotel mit ebensolchem Restaurant eingezogen. Die Räume, in denen das historische Abkommen unterzeichnet wurde, können aber besichtigt werden.

Anfahrt: April–Okt. Di–So 9–17 h, Nov.–März Di–So 9–16 h. Eintritt mit Führung 4 € (erm. 3 €). 969 42 44. Zu erreichen mit dem Bus 694, Haltestelle "Schloss Cecilienhof".

Rund um Potsdams Brandenburger Tor hat sich Nobel-Gastronomie niedergelassen

Praktische Infos

Diverses

Telefon-Vorwahl für Potsdam: 0331
Internet: www.potsdam.de
Touristen-Information: Potsdam Information, Friedrich-Ebert-Str. 5 (am Alten Markt), 27 55 80, information@potsdam.de, www.potsdam.de. April–Okt. Mo–Fr 9–20 h, Sa 10–18 h, So 10–16 h; Nov.–März Mo–Fr 10–18 h, Sa/So 10–14 h.
Tourist-Information und Ticketservice in den Bahnhofspassagen am Hbf., 270 91 50. tägl. 9–20 h.
Info-Laden im Holländischen Viertel, Benkertstr. 17, 280 06 96. tägl. 9–18 h.
Anreise: DB- und S-Bhf. Potsdam Hauptbahnhof (S- und RB-Tarifgebiet C), ab dort Busse und Straßenbahnen in die Innenstadt sowie Regionalbahnen in die Umgebung. Die Fahrzeit von Berlin-Zoo bis Potsdam Hbf. beträgt mit der S-Bahn (S 7) gut 30 Min., die Regionalbahn fährt schneller, da sie seltener hält.
Neben dem Hbf. (der bis Sept. 1999 Potsdam Stadt hieß) hat Potsdam mehrere Regionalbahnhöfe (Charlottenhof, Pirschheide, Sanssouci), die aber seltener angefahren werden.

Ausflug nach Potsdam

Friedrich-Ebert-Straße und Nauener Tor

Öffentlicher Nahverkehr: Der in den Verkehrsverbund VBB eingegliederte Verkehrsbetrieb Potsdam (ViP) betreibt die Potsdamer Bus- und Tramlinien. In Potsdam gelten die Tickets des ABC-Bereichs sowie des lokalen Potsdamer Tarifs. Kundenzentrum mit Fundbüro: Holzmarktstr. 6–7, ✆ 237 50. ⏱ Mo–Fr 7–18 h. Ein weiteres Kundenzentrum befindet sich in der WilhelmGalerie am Platz der Einheit, ⏱ Mo–Fr 7–20 h, Sa 7.30–16 h. Info-Hotline: ✆ 237 52-75, -76.

Ausflugsdampfer: Die Schiffe der Potsdamer Weißen Flotte legen von der Anlegestelle an der Langen Brücke (Hotel Mercure) ab. Daneben starten die Schiffe der Havel-Dampfschifffahrt. Auskünfte unter ✆ 275 92-10, -20, -33, gemeinsame Fahrplanansage ✆ 275 92-30, Reservierung -33; www.schifffahrt-in-potsdam.de.

Fahrradvermietung: Potsdam per Pedales, Rudolf-Breitscheid-Str. 201 (im S-Bhf. Griebnitzsee), ✆ 748 00 57, www.potsdamper-pedales.de. ⏱ Karfreitag bis 31. Okt. tägl. 9–18.30 h. Preis der City- und Holland-Räder: 9 € (erm. 7 €) für einen Tag. Für Wochenenden ist eine Reservierung ratsam. Als Pfand müssen 50 € hinterlegt und es muss ein Personalausweis vorgezeigt werden. Hier beginnen auch geführte Radtouren (Sa/So), die inkl. Radmiete 12–15 € (ohne 8–10 €) kosten.

Cityrad Radstation, in den Bahnhofspassagen am Hbf., ✆ 620 11 50. ⏱ tägl. 9–20 h.

Sanssouci

Verkehrsverbindungen: Zum Schloss Sanssouci fährt man am besten mit dem Bus 695 von Potsdam-Hbf. bis Haltestelle Maulbeerallee. Oder man steigt am Bhf. Sanssouci aus, von wo man zu Fuß in ca. 10 Min. den Parkeingang am Neuen Palais erreicht.

Besucherzentrum: An der Historischen Mühle, ✆ 96 94-202, Bandansage für Öffnungszeiten/Preise -203, -204. ⏱ April–Okt. tägl. 8.30–17 h, Nov.–März tägl. 9–16 h.

Internet: www.spsg.de

Eintrittspreise: Wer mehrere Schlösser besichtigen will, nutzt am besten die Tageskarte für 15 € (erm. 9 €). Gültig für alle **Potsdamer Schlösser** der Stiftung sowie die Berliner Schlösser Jagdschloss Grunewald, Pfaueninsel, Glienicke und Charlottenburg. Die Karte, die nur im Schloss Sanssouci erhältlich ist, gilt am Tag des Kaufs und am folgenden Tag.

Feste und Veranstaltungen

April: an einem Wochenende Mitte April wird im Holländischen Viertel das **Tulpenfest** gefeiert – mit Musik, niederländischen Handwerker- und Essensständen und natürlich Tulpen, Tulpen, Tulpen.

Mai: Sehsüchte, das Potsdamer Studentenfilmfest, findet Anfang Mai statt. Infos unter www.sehsuechte.de.

Pfingstbergfest, am Wochenende vor Pfingsten, vielfältiges Kulturprogramm im Grünen. Infos unter ℡ 270 63 93.

Mai–September: Potsdamer Arkadien, das Sommer-Kulturprogramm der Stadt. Klassik- und Pop-Konzerte, Theater, Tanz und Comedy an verschiedenen Orten. Infos unter ℡ 289 19 44.

Juni: Musikfestspiele Potsdam-Sanssouci, 14 Tage voller – oft hochkarätiger – Klassik-Konzerte im Park und in Kirchen und Schlössern Sanssoucis. Insgesamt ca. 30 Konzerte von Klassik bis Jazz, den Abschluss bildet ein Barock-Feuerwerk. Infos unter ℡ 288 88 26, www.musikfestspiele-potsdam.de.

Rosenfest, poetisch-verträumtes Fest an einem Sa Ende Juni auf dem Neuen Markt. Infos unter ℡ 29 63 58.

Juli: Ska-Fest, am 1. Juliwochenende im Lindenpark. Infos unter www.lindenpark.de.

August: Potsdamer Schlössernacht: 1999 bis 2001 war in einer Augustnacht von Samstag auf Sonntag ganz Potsdam auf den Beinen. 2002 fällt das Fest wegen Insolvenz des Veranstalters aus. Aber ab 2003 sollen in einer Nacht wieder alle Schlösser festlich beleuchtet sein und überall Konzerte stattfinden (Klassik, Jazz u. a.). Viele Bauten im Park Sanssouci und im Neuen Garten können dann einmal bei Nacht betreten werden. Infos voraussichtlich weiterhin unter www.schloessernacht.de.

September: Der immer sehr gut besuchte **Töpfermarkt** mit ca. 70 Ständen findet am 1. Septemberwochenende im Holländischen Viertel statt, alle Geschäfte des Viertels sind auch am So geöffnet. Infos unter ℡ 289 19 42.

Dezember: Weihnachtsmarkt auf dem Bassinplatz und in der Brandenburger Straße.

Sinterklaas im Holländischen Viertel, niederländischer Weihnachtsmarkt mit Kerzenziehen, Zinngießen usw. an einem Wochenende Mitte Dezember.

Die Communs bei der Potsdamer Schlössernacht

Essen und Trinken, Nachtleben

Cafés

Wiener Restaurant & Café (5), Allee nach Sanssouci/Ecke Luisenplatz, ✆ 967 83 14. Tägl. ab 9 h kann hier hausgebackener Kuchen verzehrt werden. Mittags wird dann Wiener Schnitzel oder Backhendl aufgetischt. Bei schönem Wetter gibt es einen besonderen Service: reich bestückte Picknickkörbe für den Spaziergang in den Park. Alles nicht gerade preiswert.

Im Café Heider lässt man sich's gut gehen

Café im Drachenhaus (1), an der Maulbeerallee im Park Sanssouci, ✆ 29 15 94. Im Sommer von 11–19 h, im Winter nur bis 18 h geöffnetes Café im alten Winzerhaus von Sanssouci.

Café Heider (11), Friedrich-Ebert-Str. 29, ✆ 270 55 96. Potsdamer Traditionscafé in einem prächtigen Eckhaus des Holländischen Viertels. ⏱ tägl. ab 8 h. Mittlerweile hat es sich kräftig verjüngt: nichts mehr mit Sahnetorten-vertilgenden Damenkränzchen jenseits der 70.

Café Restaurant Filmmuseum (18), Breite Straße/Ecke Schloßstraße, ✆ 270 20 41. ⏱ tägl. von 10–24 h. Durchgehend werden kleine und größere italienische Gerichte zu angemessenen Preisen serviert; angenehmes Publikum. Auch sehr zu empfehlen ist ein Besuch im ältesten Kinomuseum Deutschlands, das sich hier – im Marstall des ehemaligen Stadtschlosses – befindet (⏱ Di-So 10–18 h, www.filmmuseum-potsdam.de). Auch ein Kino ist angeschlossen.

Restaurants

Waage (17), Am Neuen Markt 12, ✆ 270 96 75. Küche bis 23 h. In diesem Häuschen befand sich die Ratswaage; was darauf gewogen wurde, kann man anhand der im Restaurant ausgestellten Wiegezettel nachvollziehen. Das kleine Restaurant ist spätestens seit dem Bundeskanzler-Besuch im Januar 2000 unter Potsdamern sehr populär. Erlesene Speisekarte mit saisonal wechselnden Gerichten, darunter viel Vegetarisches. Fleischlose Hauptgerichte um 10 €, fleischige um 15 €. Im Sommer wird auf dem Platz serviert.

Ristorante Villa Kellermann (4), Mangerstr. 34–36, ✆ 29 15 72. ⏱ Di-So 12–24 h, Mo 18–24 h. Im Sommer der Knüller: Terrasse am Heiligen See mit Blick auf den Pfingstberg. Im Winter sitzt man in den hohen Räumen der alten Villa. Hier wird italienisch gekocht, und zwar hervorragend. Nach einem Wechsel der Küchenverantwortlichen im Frühjahr 2000 wurde es deutlich exklusiver; die Preise stiegen entsprechend. Reservierung – zusätzlich zur gut gefüllten Brieftasche – unbedingt erforderlich!
Etwas preiswerter ist der Ableger

Enoteca (9), Gutenbergstr. 30, ✆ 270 49 69. ⏱ Mo-Sa 10–24 h, So 12–20 h. Hier gibt es – wie der Name schon sagt – Wein und dazu kleine Speisen.

Mövenpick Zur Historischen Mühle Sanssouci (2), Am Park Sanssouci, ✆ 28 14 93, www.moevenpick.com. ⏱ tägl. 8–24 h. Auch dieses nach jahrelanger Schließung frisch renovierte Restaurant ist traumhaft gelegen: direkt im Park Sanssouci, neben der Historischen Mühle! Schön ist das neue Palmenhaus mit 120 Sitzplätzen. Normales Mövenpick-Angebot, also Salatbuffet, wechselnde Gerichte (10–15 €).

Praktische Infos 217

Draußen essen direkt am Nauener Tor

Für den eiligen und/oder sparsamen Gast gibt es im **Biergarten** kleine Gerichte wie Leberkäse, Würstchen und Hähnchen sowie Kuchen (Selbstbedienung).

La Madeleine (6), Lindenstr. 9, ✆ 270 54 00. ⏱ tägl. 11–23 h. Bretonisches Restaurant mit Crêpes und Galettes in zahllosen Variationen (um 5 €). Im Sommer Tische auf dem breiten Gehweg vor dem Restaurant.

Sala Thai (8), Dortustr. 71 c (im Hof), ✆ 280 36 70, www.salathai.de. Auch Potsdam hat sein Sala Thai – wie immer gut, aber nicht billig. ⏱ Mo–Fr 12–15 h und 18–24 h, Sa/So 12–24 h.

Arco, Friedrich-Ebert-Str. (im Nauener Tor, daher der Name), ✆ 270 16 90. ⏱ tägl. ab 10 h. Edles italienisches Café-Restaurant im schlichten Stil; leckere Salate und hausgemachte Antipasti. Schön: die Sommerbestuhlung direkt neben dem alten Stadttor.

Matschke Galerie-Café (3), Alleestr. 10, ✆ 270 12 10. ⏱ im Sommer tägl. 12–23 h, im Winter Di–Fr 12–23 h, Sa 16–23 h, So 12–20 h. Zwischen der Kolonie Alexandrowka und dem Neuen Garten in einer alten Villa gelegenes Restaurant mit Galerie und gutbürgerlicher Küche, aber auch russischen Spezialitäten: Passend zur Vergangenheit dieser Gegend! Sommergarten. Normales Preisniveau.

Lokal im Bahnhof Griebnitzsee (20), Rudolf-Breitscheid-Str. 209 a, ✆ 74 28 26. ⏱ tägl. ab 11 h. Keine Bahnhofsgaststätte im herkömmlichen Sinn, sondern ein unkompliziertes junges Lokal, in dem man auf ausrangierten S-Bahn-Bänken sitzt. Zu fast jeder Zeit werden hier kleine Speisen (belegte Baguettes, Aufläufe, Gemüsepfanne etc.) für ca. 5 € serviert. Biergarten.

Nachtleben

Hafthorn (10), Friedrich-Ebert-Straße 90, ✆ 280 08 20. ⏱ tägl. ab 18 h. Studentenkneipe, in der es auch kleine Speisen gibt. Ansonsten viel Bier und einen Hofgarten für den Sommer.

Gleis 6 (19), Karl-Liebknecht-Straße (im S-Bhf. Babelsberg), ✆ 748 24 29. In der ehemaligen Gepäckaufbewahrung, die mit reichlich Eisenbahn-Utensilien aus alten Zeiten dekoriert ist, treffen sich tägl. ab 15 h Studierende und anderes junges Volk. Immer voll. Es gibt kleine Gerichte für 3–8 €. Geschlossen wird um 1 h, Fr/Sa um 3 h.

B-West (16), Zeppelinstr. 146 (im Bhf. Charlottenhof), ✆ 951 07 98. ⏱ So–Do 17–2 h, Fr/Sa bis 4 h. Noch eine "Bahnhofs-

218 Ausflug nach Potsdam

Gartenlokal an der Anlegestelle der Potsdamer Ausflugsschiffe

Kneipe" mit für Potsdam außergewöhnlich langen Öffnungszeiten.

Potsdamer Weinkontor (7), Lindenstr. 18, ✆ 280 20 61. ⏰ tägl. 11–23 h. In der Potsdamer City gelegenes Weinlokal, in dem zahlreiche offene Weine ausgeschenkt werden. Dazu kleine Gerichte (5–10 €).

Blue Bottle (12), Kurfürstenstr. 52, ✆ 270 65 47. ⏰ Di–So ab 19 h. Jazzkneipe mit Live-Musik im Keller eines Logenhauses.

Café Rothenburg (13), Gutenbergstr. 33. Nette Café-Kneipe, in der des Öfteren Live-Konzerte (akustisch) stattfinden.

Waschhaus (14), Schiffbauergasse 1, ✆ 27 15 60, www.waschhaus.de. Szenemäßiges Zentrum in einer ehemaligen Großwäscherei. Musik-, Tanz- und Theatervorstellungen; im Sommer Open-Air-Kino und anschließend Open-End-Party.

Waldschloß, Stahnsdorfer Str. 100 (S-Bhf. Griebnitzsee), ✆ 748 14 49. Ähnlich wie das Waschhaus, aber etwas weiter draußen gelegen. Nebenan der

Lindenpark e. V., Stahnsdorfer Str. 76, ✆ 747 97-0, -26; www.lindenpark.de. Seit 1990 betreibt der Verein Lindenpark e. V. das Kulturzentrum, das zuvor ein Kreiskulturhaus war. Disco und Live-Musik zu moderaten Eintrittspreisen. Im Garten liegt das kleinere **j. w. d.,** Jugendhaus im Garten, ✆ -16.

artSpeicher (15), Zeppelinstr. 136, ✆ 981 50, www.artspeicher.de. Tanzen kann man seit März 2000 im Art'otel auf edlem Parkett, jeden 2. Sa ab 22 h zu Salsa und Merengue. Ab 21.30 gibt der veranstaltende Club Latino Tanzanleitungen für Anfänger. Do, Fr und an den anderen Sa ab 22 h Parties mit verschiedenen DJs und Mottos. Eintritt am Do frei, Fr und Sa bis 23 h 3,50 €, später 5 €.

Verlagsprogramm

Unsere Reisehandbücher im Überblick

Deutschland
- Altmühltal
- Allgäu
- Berlin & Umgebung
- *MM-City* Berlin
- Bodensee
- Franken
- Fränkische Schweiz
- Mainfranken
- Nürnberg, Fürth, Erlangen
- Oberbayerische Seen
- Schwäbische Alb

Niederlande
- *MM-City* Amsterdam
- Niederlande
- Nordholland – Küste, Ijsselmeer, Amsterdam

Nord(west)europa
- England
- Südengland
- Irland
- Island
- *MM-City* London
- Norwegen
- Südnorwegen
- Südschweden
- Schottland

Osteuropa
- Baltische Länder
- Polen
- *MM-City* Prag
- Westböhmen & Bäderdreieck
- Ungarn

Balkan
- Slowenien & Istrien
- Kroatische Inseln & Küste
- Nordkroatien – Kvarner Bucht

Griechenland
- Amorgos & Kleine Ostkykladen
- Chalkidiki
- Griechenland
- Griechische Inseln
- Nord- u. Mittelgriechenland
- Karpathos
- Korfu & Ionische Inseln
- Kos
- Kreta
- Kreta – der Osten
- Kreta – der Westen
- Kreta Infokarte
- Kykladen
- Lesbos
- Naxos
- Paros/Antiparos
- Peloponnes
- Rhodos
- Samos
- Samos, Chios, Lesbos, Ikaria
- Santorini
- Skiathos, Skopelos, Alonnisos, Skyros – Nördl. Sporaden
- Thassos, Samothraki
- Zakynthos

Türkei
- *MM-City* Istanbul
- Türkei – Mittelmeerküste
- Türkei – Südküste
- Türkei – Westküste

Frankreich
- Bretagne
- Côte d'Azur
- Korsika
- Languedoc-Roussillon
- *MM-City* Paris
- Provence & Côte d'Azur
- Provence Infokarte
- Südwestfrankreich

Italien
- Apulien
- Chianti – Florenz, Siena
- Elba
- Gardasee
- Golf von Neapel
- Italien
- Italienische Riviera & Cinque Terre
- Kalabrien & Basilikata
- Liparische Inseln
- Oberitalien
- Oberitalienische Seen
- *MM-City* Rom
- Rom/Latium
- Sardinien
- Sizilien
- Toscana
- Toscana Infokarte
- Umbrien
- *MM-City* Venedig
- Venetien & Friaul

Nordafrika u. Vorderer Orient
- Sinai & Rotes Meer
- Tunesien

Spanien
- Andalusien
- Costa Brava
- Costa de la Luz
- Ibiza
- Katalonien
- Madrid & Umgebung
- Mallorca
- Mallorca Infokarte
- Nordspanien
- Spanien

Kanarische Inseln
- Gomera
- Gran Canaria
- *MM-Touring* Gran Canaria
- Lanzarote
- La Palma
- *MM-Touring* La Palma
- Teneriffa

Portugal
- Algarve
- Azoren
- Madeira
- *MM-City* Lissabon
- Lissabon & Umgebung
- Portugal

Lateinamerika
- Dominikanische Republik
- Ecuador

Schweiz
- Tessin

Malta
- Malta, Gozo, Comino

Zypern
- Zypern

Aktuelle Informationen zu allen Reiseführern finden Sie im Internet unter www.michael-mueller-verlag.de

Gerne schicken wir Ihnen auch das aktuelle Verlagsprogramm zu.

Michael Müller Verlag GmbH, Gerberei 19, 91054 Erlangen
Tel. 0 91 31 / 81 28 08-0; Fax 0 91 31 / 20 75 41;
E-Mail: mmv@michael-mueller-verlag.de

Sach- und Personenregister

A

Anreise 26
– Auto 28
– Bahn 26
– Bus 26
– Flugzeug 27
Ausflugsschiffe 36, 171, 179, 199, 214

B

Backpacker-Hostels 42
Bahnhöfe 26
Barenboim, Daniel 53
Bars 67
Bed & Breakfast 42
Behinderte 40, 43, 45, 46, 62, 66, 99, 192, 194
Berggruen, Heinz 188
Berlinale 62
Beuys, Joseph 101
Bezirks-Struktur 19
Bouman, Jan 207, 210
Brandt, Willy 17
BTM (Berlin-Tourismus-Marketing GmbH) 41
Bücherverbrennung 15
Büring, Johann Gottfried 207, 208

BVG (Berliner Verkehrs-Betriebe) 32

C/D

Camping 43
da Caravaggio, Michelangelo 207
Castorf, Frank 52
Churchill, Winston 212
Clubs 75
DDR 123
Diepgen, Eberhard 23
Dietrich, Marlene 100
Diskotheken 75
van Dyck, Anthonisz 207

E

Eiermann, Egon 139
Einkaufen 79
Einstein, Albert 196
Eintrittskarten 51
Eisenman, Peter 97
Eosander, Johann Friedrich 186
Ephraim, Veitel Heine 127

F

Fahrradvermietung 34, 214
Flavin, Dan 101

Fledermauswatching 180
Flughäfen 27
Foster, Norman 97
Friedrich I., König 12, 112, 121, 155, 172, 186
Friedrich II., König 13, 127, 140, 186, 199, 203, 206, 207, 208, 209, 210
Friedrich III., Kaiser 210
Friedrich Wilhelm I., Kurfürst 12, 108, 203, 210
Friedrich Wilhelm II., König 13, 186, 212
Friedrich Wilhelm III., König 188, 211
Friedrich Wilhelm IV., König 139, 208, 209, 210

G/H

Gästewohnungen 42
Geschichte 12
Giacometti, Alberto 188
van Gogh, Vincent 188
von Gontard, Carl 212
Grimshaw, Nicholas 134
Haring, Keith 101
Hauptmann von Köpenick 170

Sach- und Personenregister

Henselmann, Hermann 161
Hitler, Adolf 14, 16, 93, 100
Hugenotten 12, 122, 126
von Humboldt, Alexander 209
von Humboldt, Wilhelm 110

I–K

Industrie 22
Internet 39
Internet-Cafés 40
Joachim II., Kurfürst 180
Juden 15, 105, 108
Kabarett 54
Karsch, Anna Louisa 113
Kaufmann, Oskar 52
Kinder 36, 39, 44, 45, 46, 49, 55, 80, 88, 102, 140, 151, 173, 179, 192, 193, 197, 198
Kindertheater 58
Kinos 59
Klee, Paul 188
Kleihues, Joseph Paul 134
Kleinkunst 54
Kneipen 67
von Knobelsdorff, Georg Wenzeslaus 111, 186, 206, 207, 208
Köhn, Erich 162
Kollwitz, Käthe 110, 135, 145
Köpenicker Blutwoche 167
Kulturveranstaltungen 62

L

von Langerfeldt, Rutger 172
Langhans, Carl Gotthard 188, 212
Lenné, Peter Joseph 186, 203, 209
Libeskind, Daniel 109
Liebknecht, Karl 14, 137, 153
Literaturtipps 24
Love-Parade 63
Luise, Königin 188
Luxemburg, Rosa 137

M/N

Mandrella, Rudolf 167
Märkte 79
Mauer 17, 18, 93, 158, 162, 163
Mies van der Rohe, Ludwig 95
Ming Pei, Ieoh 111
Mitfahrzentralen 28

Mitwohnzentralen 42
Multikulturalität 19
Musical 55
Musik 56
Nachtleben 67, 217
Nachtlinien (BVG/S-Bahn) 33
Napoleon 13
Nationalsozialismus 14, 105, 109, 111
Nering, Johann Arnold 171, 186

O–R

Öffentlicher Nahverkehr 30
Ohnesorg, Benno 17
Oper 52
Ostermeier, Thomas 52
Persius, Ludwig 206, 208, 209, 210
Peymann, Claus 51
Picasso, Pablo 188
Poelzig, Hans 60
Politik 22
Regierungsumzug 19
Reichskristallnacht 15, 134, 138, 150
Rembrandt 99
Rubens, Peter Paul 207
Ruderbootverleih 195

S

S-Bahn 32
Schabowski, Günter 18
Scharoun, Hans 56, 95
Scheidemann, Philipp 14
Schinkel, Karl Friedrich 56, 110, 112, 122, 123, 126, 127, 180, 188, 209, 211
Schliemann, Heinrich 186
Schlüter, Andreas 128
Schmettau, Joachim 139
Schröder, Gerhard 153
Schultze-Naumburg, Paul 213
Schwimmbäder 65, 172, 200
SED 16, 160
Senefelder, Alois 145
SMPK (Staatliche Museen zu Berlin – Preußischer Kulturbesitz) 188
Sophie Charlotte, Königin 112, 186
Sport (aktiv) 64
Sportveranstaltungen 61, 62
Sprechtheater 51

Stadtführungen 35
Stadtgeschichte 12
Stadtrundfahrten 35
Stadtschloss 119, 123
Stalin, Joseph 212
von Stauffenberg, Claus Graf Schenk 16
Stiftung Preußischer Kulturbesitz 98, 188
Stüler, Friedrich August 183, 208, 210

T

Tanztheater 53
Taxi 33
Telefonnummern 38
Telefon-Vorwahl (Berlin) 38
Telefon-Vorwahl (Pots.) 213
Tessenow, Heinrich 65
Thalbach, Katharina 51
Theater 51, 57, 208
Touristen-Information 41, 213
Trampen 28
Truman, Harry S. 212
Twombly, Cy 101

U/V

Übernachten 41
Ulbricht, Walter 123
Ullman, Micha 111
Varieté 54
VBB (Verkehrsverbund Berlin-Brandenburg) 30
Velotaxi 33
Veranstaltungen 62, 215
Verkehrsbetrieb Potsdam (ViP) 214
Victoria, Kaiserin 210
Virchow, Rudolf 148
Voigt, Wilhelm 170
Volksaufstand vom 17.6.1953 96, 137, 160

W/Z

Waltz, Sasha 52
Warhol, Andy 101
Wilhelm I., Kaiser 13, 138, 188
Wilhelm II., Kaiser 170
Wilms, Bernd 51
Wirtschaft 22
Wowereit, Klaus 23
ZOB (Zentraler Omnibusbahnhof) 27

Sehenswürdigkeiten in Berlin

A

Alte Bibliothek 111
Amtsgericht Köpenick 167
Aquarium 136, 139
Archenhold-Sternwarte 196
Art-Déco-Theater 52
Auswärtiges Amt 122

B

Bauakademie 123
Belvedere 188
Berliner Dom 112
Bikini-Haus 136
Botanischer Garten 193
Brandenburger Tor 97, 100
Bundesbauministerium 123
Bundeskanzleramt 98, 101
Bundesministerium für Arbeit 121
Bundesratsgebäude 96

C/D

Checkpoint Charlie 118, 119
Denkmal für die Bücherverbrennung 111
Denkmal für die Ermordung der europäischen Juden 97
Denkmal für die Opfer der Köpenicker Blutwoche 167
Deutsche Staatsoper 112
Deutscher Dom 126
Domäne Dahlem 193

E/F

East-Side-Gallery 158, 162
Ephraimpalais 127
Fernsehturm 125, 128
Finanzministerium 96
Franziskaner-Klosterkirche 128
Französischer Dom 126
Friedrichswerdersche Kirche 122, 127

G

Galerie am Wasserturm 150
Galeries Lafayette 121
Galgenhaus 124
Gedächtniskirche 136, 138
Gedenkstätte Köpenicker Blutwoche 172
Gendarmenmarkt 62, 121, 164
Gerichtslaube 124
Gethsemanekirche 149
Gotisches Haus 178, 181

H

Hackesche Höfe 105, 113
Hamburger Bahnhof 101
Haus der Kulturen der Welt 57
Helenenhof 159, 162
Humboldt-Universität 110

I/J

Insel der Jugend 195
Jüdischer Friedhof 145, 150
Jüdisches Gemeindehaus 134, 138
Juliusturm 176

K

KaDeWe 82, 136
Kaiser-Wilhelm-Gedächtniskirche 136, 138
Kalifenschloss Mschatta 113
Knoblauchhaus 127
Knorrpromenade 159, 162
Kommode (Alte Bibliothek) 111
Konzerthaus Berlin 126
Kronprinzenpalais 112
Kronprinzessinnenpalais 112
Kulturbrauerei 149
Kulturforum 93, 95
Künstlerhaus St. Lukas 134, 137
Kunst-Werke, Galerie 113

L

Landwehrkanal 136
Liebesinsel 195
Literaturhaus Berlin 138
Ludwig Erhard Haus 134
Lustgarten 105

M

Marienkirche (Mitte) 125, 128
Marienkirche (Spandau) 178
Marstall 123
Max-Schmeling-Halle 61, 145
Müggelsee 199
Museumsinsel 104, 105, 112

N

Neptunbrunnen 125
Neue Wache 110
Neuer See 137

Neues Kranzler-Eck 135
Nicolaihaus 123
Nikolaikirche (Mitte) 127
Nikolaiviertel 119, 124
Nofretete 188

O/P

Oberbaum-City 158, 161, 162
Olympiastadion 61
Opernpalais 112
Palais Podewil 124
Parochialkirche 128
Pergamonaltar 112
Philharmonie 56, 62
Postfuhramt 114
Potsdamer Platz 95

Q/R

Quartier 206 81, 121
Rathaus Köpenick 170
Reichstagsgebäude 97, 100
Ribbeckhaus 127
Rotes Rathaus 125

S

Scheunenviertel 105
Schinkel-Pavillon 188
Schloss Charlottenburg 186
Schloss Köpenick 171, 172
Schlossportal 123
Sony-Center 93, 96
Sophienkirche 113
Sowjetisches Ehrenmal (Treptow) 196
Spandauer Vorstadt 104, 105
Spreepark 197
St.-Hedwigs-Kathedrale 111
St.-Nikolai-Kirche (Spandau) 178, 180
Staatsbibliothek 100, 109
Staatsratsgebäude 123
Studio Berlin 136, 140
Synagoge (Rykestraße) 148, 150
Synagoge, Neue 114

T

Tacheles 109, 114
Tempodrom 58
Theater des Westens 134, 137
Tiergarten 136, 140
Treptower Park 195

Sehenswürdigkeiten in Berlin

V/W
Velodrom 61
Wasserturm 148
Wasserumlauftank 140

Weltkugelbrunnen 139

Z
Zentrale Gedenkstätte der Bundesrepublik 110
Zeughaus 110
Zitadelle 176, 179
Zoologischer Garten 136, 139

Weltberühmt – das Pergamonmuseum

Museen

Ägyptisches Museum 183, 188
Altes Museum 112
Antikensammlung 112
Blindenmuseum 192
Bodemuseum 112
Botanisches Museum 194
Bröhan Museum 189
Deutsche Guggenheim 109
Deutsches Historisches Museum 110
Deutsches Technikmuseum 95, 99
Erotik-Museum 138
Ethnologisches Museum 192
Filmmuseum 96, 100
Fragen an die deutsche Geschichte 126
Gaslaternen-Museum 137, 140
Gemäldegalerie 99
Haus am Checkpoint Charlie 119, 125
Heimatmuseum Köpenick 172
Hugenottenmuseum 126
Jüdisches Museum 109
Juniormuseum 192
Käthe-Kollwitz-Museum 135, 138
Kunstgewerbemuseum 99
Modemuseum 127
Museum Berliner Arbeiterleben 150
Museum Europäischer Kulturen 193
Museum für Gegenwartskunst 101
Museum für Indische Kunst 192
Museum für Islamische Kunst 113
Museum für Kommunikation 125
Museum für Vor- und Frühgeschichte 186
Musikinstrumenten-Museum 100
Neue Nationalgalerie 100
Museum für Ostasiatische Kunst 192
Pergamonmuseum 112
Sammlung Berggruen 183, 188
Schinkel-Museum 127
Stadtgeschichtliches Museum Spandau 179
Stadtmuseum Berlin 124, 128
Stasi-Ausstellung 126
Vitra Design Museum 149, 150
Vorderasiatisches Museum 113

Berlins "Wohnzimmer" – der Pariser Platz

Straßen und Plätze

Alexanderplatz 119, 159, 164
Bebelplatz 15, 111
Breitscheidplatz 136
Budapester Straße 139
Fasanenstraße 134
Frankfurter Allee/Karl-Marx-Allee 155, 159, 162, 164
Frankfurter Tor 164
Friedrichstraße 81, 118, 119
Gendarmenmarkt 62, 121, 164
Hardenbergplatz 139
Hausvogteiplatz 121
Helmholtzplatz 149
Husemannstraße 148
Kollwitzplatz 145
Kurfürstendamm 82, 131
Leipziger Platz 96
Mainzer Straße 155, 159
Oranienburger Straße 68, 109, 150
Potsdamer Platz 81, 95
Schönhauser Allee 84, 145
Simon-Dach-Straße 159
Straße des 17. Juni 137
Tauentzienstraße 82, 136
Unter den Linden 104
Wilhelmstraße 93
Wilmersdorfer Straße 83
Wittenbergplatz 136

Sehenswürdigkeiten in Potsdam

Alexander-Newski-Kirche 211
Belvedere auf dem Klausberg 208
Belvedere auf dem Pfingstberg 211
Bildergalerie 207
Chinesisches Haus 209
Communs 209
Filmmuseum 216
Friedenskirche 210
Historische Mühle 207
Holländisches Viertel 210
Jan-Bouman-Haus 210
Kolonie Alexandrowka 211
Marmorpalais 212
Neue Kammern 207
Neuer Garten 211
Neues Palais 208
Orangerieschloss 208
Park Sanssouci 206
Römische Bäder 209
Ruinenberg 207
Schloss Cecilienhof 203, 213
Schloss Charlottenhof 209
Schloss Sanssouci 206, 214